기독교문서선교회 (Christian Literature Center: 약칭 CLC)는 1941년 영국 콜체스터에서 켄 아담스에 의해 시작되었으며 국제 본부는 미국 필라델피아에 있습니다. 국제 CLC는 약 650여 명의 선교사들이 59개 나라에서 180개의 서점을 운영하며 이동 도서 차량 40대를 이용하여 문서 보급에 힘쓰고 있으며 이메일 주문을 통해 130여 국으로 책을 공급하고 있는 국제적 문서선교 기관입니다.

추천사 1

강 준 민 목사
LA 새생명비전교회 담임

저자는 6080 세대를 4차 산업혁명 시대의 신동력으로 보고 있습니다. 이 책은 고령화된 시대의 희망 메시지입니다. 인간은 희망하는 존재입니다. 그래서 무엇보다 필요한 것이 희망입니다.

저자는 희망을 주되, 희망의 근거를 자세히 알려 줍니다. 헛된 희망이 아니라 사실에 근거한 희망 말입니다. 저자가 제시하는 희망의 근거는 하나님 말씀입니다. 또한, 발전하고 변화된 의학과 과학을 그 근거로 삼고 있습니다.

저자는 나이가 든 어른들이 교회 성장의 동력이 될 수 있다고 합니다. 고목이 아니라 거목이 될 수 있다고 말합니다. 그렇다고 사람은 영원히 사는 존재가 아닙니다. 언젠가는 끝맺음을 해야 합니다. 저자는 이 책을 통해 아름다운 끝맺음을 할 수 있도록 도와줍니다.

떠나야 한다면 아름다운 이별을 해야 합니다. 바울의 고백처럼 사는 것도 죽는 것도 하나님의 영광을 위한 것입니다(롬 14:8). 그러므로 우리는 사는 동안, 마지막 순간까지 하나님의 영광을 드러내야 합니다.

기독교적 관점에서 죽음은 '끝이 아니라 새로운 시작'입니다. 더불어 '죽음은 쇠퇴가 아니라 영화에 이르는 길'이라고 합니다.

저자는 아름다운 어른의 모습이 어떠해야 하는가를 가르쳐 줍니다. 또한, 성숙한 어른이 되는 법, 아름답게 죽음을 맞이하는 법을 가르쳐 줍니다. 우리는 나이 먹은 사람은 많지만 성숙한 어른이 적은 시대에 살고 있습니다. 사람은 지속적으로 성장하고 성숙하며 원숙해져야 합니다.

원숙한 어른은 얼마나 고상한가!
얼마나 무게가 있는가!
얼마나 지혜로운가!

이 책은 사람이 원숙의 경지에 이르는 길을 제시해 줍니다. 저자는 나이가 든 어른은 주변인이나 경계인이 아니라 소중히 여겨야 할 보화임을 증언합니다. 그러면서 나이가 들어 가면서 겪을 수 있는 신체적, 정서적, 환경적 변화를 직시하도록 도와줍니다. 그러나 거기에 머물지 않고 나이가 든 어른들만이 가질 수 있는 지혜와 경험과 깊이를 이야기하며 나이 듦의 소명과 사명을 강조합니다. 어떻게 살면 영화로운 면류관을 얻게 되는지 가르쳐 줍니다.

이 책을 아름다운 어른이 되고자 하는 분들께 추천하고 싶습니다. 나이 듦의 한계를 인정하면서도 영원한 청춘으로 살고 싶은 분들과 인생의 마지막 순간까지 보람 있고 의미 있는 삶을 살기 원하는 분들에게 추천하고 싶습니다. 또한, 어떻게 죽음의 순간까지 아름다울 수 있는지 알고 싶은 분들과 어른들을 돌보면서 그들을 이해하고 싶은 가족들에게 추천하고 싶습니다. 아울러 교회에 참석하는 어른들을 교회 성장의 동력으로 세우기 원하는 목회자들에게도 추천합니다.

추천사 2

오 정 현 목사
사랑의교회 담임

흔히들 다음 세대의 신앙 교육에 대해 "자녀는 부모의 뒷모습을 보고 자란다"는 말을 합니다. 신앙은 말이 아닌 삶으로 가르쳐야 함을 강조하는 것입니다.

감사하게도 한국 교회에는 신앙을 삶으로 보여 준 믿음의 세대가 있습니다. 바로 이 민족의 전쟁과 고난의 시대를 믿음으로 돌파해 낸 노년 세대입니다. 후진국에서 태어나 중진국을 거쳐 선진국에서 살아가고 있는 현 노년 세대는, 하나님께서 한국 교회에 허락하신 '말씀 자본, 기도 자본, 헌신 자본'의 산 증인입니다. 이 귀한 노년 세대를 다음 세대 사역자로 세우고, 사명감으로 불타오르게 하는 뜻깊은 책이 발간되었습니다.

전 세계 교회가 '고령화와 다음 세대로의 믿음 계승'이라는 과제를 안고 씨름하고 있는 이 시점에, 이미 우리에게 주신 소중한 노년 세대를 다음 세대를 살리는 시대의 주역으로 바라보는 『4차 산업혁명 시대의 신동력 6080 세대: RE-START』를 기쁘게 추천합니다.

이 책은 단순한 이론서가 아닙니다. 한국과 미국의 문화를 경험한 저자의 생생한 현장 이야기가 페이지마다 담겨 있어, 책의 마지막 장을 덮을 때는 어느새 다음 세대 사명자로 가슴 벅참을 느끼게 될 것입니다. 온 세대가 하나 되어 하나님 나라 확장을 꿈꾸는 모든 성도에게 일독을 권합니다.

추천사 3

이 상 명 박사
캘리포니아프레스티지대학교 총장

'고령화 사회'(Aging Society) 속 교회의 과제와 역할은 무엇일까요?

고령화 사회에서 고령 사회로, 고령 사회에서 초고령 사회로의 빠른 전이는 재앙과 동시에 축복이라는 야누스적 얼굴을 지닌 채 우리 일상생활 공간과 세계 질서를 급속히 재편하고 있습니다. 급변하는 시대에는 창의적 사고와 발상의 전환이 요구됩니다.

이 책에서 6080세대를 '4차 산업혁명 시대의 신동력'이라고 일컫는 저자는 고령 인구를 사역 주체로 바라보는 인식의 변화를 주문합니다.

저자는 본문에서 웰에이징(well-aging), 웰빙(well-being), 웰다잉(well-dying)의 세 단계에 있어 진정한 '나이 듦'은 일상과 사역 현장 속에서 하나님의 부름에 어떻게 반응하는가에 달려있다고 역설합니다. 나아가 나이 듦은 하나님의 부름으로부터의 멀어짐이나 떠남이 아닌 그 안에서의 지속적 '머뭄'과 '자람'임을 깨우칩니다.

시니어들이 '그리스도 안에서' 창조적이고 생산적인 삶을 살 수 있도록 돕는 목회가 활성화되면 교회 안팎에 새로운 변화의 바람이 불 것입니다.

『4차 산업혁명 시대의 신동력 6080 세대: RE-START』는 6080 세대를 돌봄의 대상이 아닌 사역의 주체로 세우는 데에 탁월한 길라잡이로서 제 역할을 감당할 것입니다.

추천사 4

이 영 선 목사
미주복음방송 사장

이 책은 교회뿐 아니라, 사회 전반이 노인을 대하는 태도와 시각을 근본적으로 바꿔야 한다는 메시지를 강력히 전달하고 있습니다. 저자는 '신동력으로서의 노인'이라는 개념을 제시하면서 노인을 단순히 연로한 존재로 바라보는 대신, 새로운 사역의 동력으로 인식할 것을 촉구합니다. 그는 노인들이 여전히 건강과 지혜, 경험을 바탕으로 교회와 사회에서 중요한 역할을 할 수 있다고 강조합니다.

특히, 저자는 노인 사역을 'Re-Tire'로 설명합니다. 여기서 'Re-Tire'는 은퇴하여 더 이상 활동하지 않는 상태가 아닙니다. 새 타이어를 장착하여 새로운 사역의 동력으로 다시 출발할 수 있는 존재로 재해석한 개념입니다. 이는 노인의 가치를 새롭게 조명하며, 그들이 교회와 사회에서 지속적으로 활동하고 기여할 수 있도록 지원해야 한다는 중요한 메시지를 담고 있습니다.

또한, 4차 산업혁명의 맥락에서 기술 발전과 노화 사이의 균형을 맞추는 교회의 역할도 강조됩니다. 기술의 발전은 노인들에게 새로운 기회와 도전을 동시에 제공하며, 이러한 시대적 변화 속에서 노인들이 소외되지 않도록 하는 것이 교회의 중요한 사명 중 하나임을 설명합니다.

저자는 신앙과 삶의 조화를 이루어 노인들이 건강한 영적 성숙을 이룰 수 있도록 이끄는 다양한 목회적 방법을 제시합니다.

마지막으로, '아름다운 마무리'를 다루는 부분에는 노년의 삶과 죽음을 바라보는 신앙적 관점이 담겨 있습니다. 저자는 삶의 마지막 순간을 어떻게 신앙적으로 준비하고, 하나님 앞에서 어떻게 삶을 마무리할 것인지를 묵상하게 합니다. 이는 교회뿐만 아니라 개개인이 자신의 삶을 어떻게 돌아보고, 남은 여정을 어떻게 준비할지에 대한 귀한 통찰을 제공합니다.

결론적으로, 저자의 『4차 산업혁명 시대의 신동력 6080 세대: RE-START』는 4차 산업혁명 시대에 교회와 사회가 어떻게 노인을 대해야 할지를 심도 있게 다룬 책입니다.

노인을 단순히 돌봄의 대상으로 보지 않고, 그들이 하나님의 사역에서 중요한 동역자가 될 수 있음을 제시하며, 목회자와 성도들에게 큰 영감을 줍니다. 교회 안팎에서 노인 사역의 방향을 고민하는 모든 이에게 이 책은 중요한 길잡이가 될 것입니다.

4차 산업혁명 시대의 신동력 6080 세대
: RE-START

The new driving force of the 4th industrial revolutionera. The 6080 Generation : RE-START
Written by Byoungho Kim
All rights reserved.
Korean Edition Copyright ⓒ 2025 by Christian Literature Center, Seoul, Korea.

4차 산업혁명 시대의 신동력 6080 세대 : RE-START

2025년 1월 20일 초판 발행

지 은 이 | 김병호

편　　집 | 오현정
디 자 인 | 이보래
펴 낸 곳 | (사)기독교문서선교회
등　　록 | 제16-25호(1980.1.18.)
주　　소 | 서울특별시 동대문구 천호대로71길 39
전　　화 | 02-586-8761-3(본사) 031-942-8761(영업부)
팩　　스 | 02-523-0131(본사) 031-942-8763(영업부)
이 메 일 | clckor@gmail.com
홈페이지 | www.clcbook.com
송금계좌 | 기업은행 073-000308-04-020 (사)기독교문서선교회
일련번호 | 2025-7
ISBN 978-89-341-2773-4 (03230)

이 책의 출판권은 (사)기독교문서선교회가 소유합니다.
신저작권법에 의하여 한국 내에서 보호받는 저작물이므로 무단 전재와 무단 복제를 금합니다.

4차 산업혁명 시대의 신동력

6080세대

: RE- START

김병호 지음

CLC

목차

추천사 1　강 준 민　목사 | LA 새생명비전교회 담임　001
추천사 2　오 정 현　목사 | 사랑의교회 담임　003
추천사 3　이 상 명　박사 | 캘리포니아프레스티지대학교 총장　004
추천사 4　이 영 선　목사 | 미주복음방송 사장　005

서문　013

제1부

백발의 영화로서의 노인: 노인답게 늙는 것(Well-Aging)

제1장　4차 산업혁명 시대와 고령화 시대　022

　1. 4차 산업혁명의 특징　026
　2. 포스트휴먼(Posthuman) 시대의 노인　028
　3. 원석에서 가공으로의 발달　031

제2장　4차 산업혁명이 노인에게 미칠 사회 과학적 측면　037

　1. 노인에게 일어나는 신체적 변화들　043
　2. 노인에게 나타나는 심리적 변화들　048

제3장　고령화 시대의 노인 사역에 대한 선교학　058

　1. 6080을 깨우는 새로운 빛　059
　2. 아름다운 노년　065
　3. 영성으로 늙어 가는 노인　069
　4. 존경과 공경으로 늙어 가는 노인　078

제2부

신동력으로서의 노인: 노인답게 사는 것(Well-Being)

제1장 교회 성장의 새로운 동력   091
    1. 변곡점에 서 있는 노인 사역   098
    2. 영적 은사 활용   102
    3. 영적 연료 게이지   107

제2장 고령화 시대에 노인답게 사는 것   117
    1. 소명자로서의 노인   120
    2. 지혜와 스승답게 사는 노인   124
    3. 경건한 삶으로 사는 노인   126
    4. 양육자로서 사는 노인   131
    5. 성육신적인 노인의 역할   133

제3장 다시 쓰는(Re-Start) 노인 사역   137
    1. 노인이 체감하는 사회적 변화   146

제4장 부르심의 소망을 향해   152
    1. 잠재력이 풍부한 저장고   157
    2. 누가 주인공인가?   163
    3. 양육 프로그램을 만들라   168
    4. 깐부가 필요하다   175
    5. 노인 부양이 주는 현실   184

제5장	아웃—리치(Out-reach)에서 인—릿치(In-reach)로	187
	1. 동질 집단의 원리	188
	2. 심장에 불을 붙여라	195
	3. 치유와 회복의 기도	198
	4. 비계	199

제3부

아름다운 마무리: 노인답게 죽는 것(Well-Dying)

제1장	인생 절정(Climactic)을 향해	211
	1. 노인의 종교성	223

제2장	인생의 아름다운 마무리를 위해	229

참고 문헌 253

서문

인생의 나이는 길이보다 의미와 내용에서 평가되는 것이다.
누가 오래 살았는가를 묻기보다는
무엇을 남겼는가를 묻는 것이 역사이다.

— 김형석,『백년을 살아보니』중에서

    이 책을 쓴 이유는 4차 산업혁명 시대와 맞물려 고령화되어 가는 교회와 그것으로부터 찾아온 목회 사역의 위기 때문이다. 대체로 일반 서적 가운데는 노인복지학이나 노년학, 노인상담학 등을 볼 수 있지만 기독교적 세계관으로 바라본 노인에 관한 연구나 서적은 별로 없는 듯하다.

    이런 이유로 목회자와 노인 사역자 그리고 노인 목회에 관심 있는 분들과 더불어 평신도에게도 참고 서적으로 활용되길 기대하는 마음으로 이 책을 썼다.

    "노인들이 교회의 신동력이다", "노인들과 함께 사역하는 시기이다"라고 말은 하지만 현실은 그렇지 않다. 여전히 노인에 대한 이해도 부족하고, 사역과 프로그램도 부족할 뿐만 아니라, 노인의 역할도 한정되어 있다. 그러나 성경은 노인을 향해, "늙어도 여전히 결실하며 진액이 풍족하고 빛이 청청한"(시 92:14), 성장과 성숙의 시기라고 말씀하신다.

    필자는 노인 사역이 향후 교회 안에서 가장 빠르게 성장하는 사역이 될 것을 믿는다. 단순히 은퇴한 노인이나 경험 많은 노인으로 머무는 것이 아니라 다양한 영역에서 지도자로 세워지는 모습을 보게 될 것을 믿는다. 이 모든 일을 실현하기 위해서 타이밍, 그 타이밍이 중요하다. 지금이 하나님이 그분들을 향한 부르심을 분별할 수 있도록 적절한 도움과 재교육이 필요한 시점이다. 교회 안에 경계선을 뛰어넘어 신앙으로 선종할 수 있도록 영적 순례의 길을 계속 걸어갈 수 있도록 격려해 줘야 한다.

우리는 노인들과 함께 새로운 비전을 품어야 한다. 단순한 노인 사역 차원이 아니라, 영적 성장과 성숙을 향해 나아가야 한다.

필자의 작은 소망이 있다면, 이 책을 읽으면서 4차 산업혁명 시대에 노인들이 교회의 신동력으로 자리매김하고 노인 사역에 확실한 동기 부여제가 되길 바란다.

◆ ◆

> 너희가 늙을 때까지 내가 너희를 돌보겠고, 너희 머리가 희어질 때까지 내가 너희를 품어 주겠다. 내가 너희를 지었으니 너희를 돌보겠다. 너희를 인도하며 구원해 주겠다(사 46:4, 쉬운 성경).

고령화 문제가 전 세계적으로 대두된 것은 어제와 오늘의 문제가 아니다. 서구에서부터 시작한 인구 고령화 문제가 이제는 팬데믹화되었다. 고령화 문제가 국제 사회에 민감하게 대두되는 이유는 2000년에는 약 6억 명에 지나지 않았던 60세 이상 고령자가 50년 후에는 약 20억 명으로 3배 이상 증가할 것으로 예상되기 때문이다.

60세 이상 고령자 인구 변화 추이를 살펴보면, 2000년에서 2015년 사이에

48.4퍼센트, 2015년에서 2030년 사이에 55.7 퍼센트가 증가할 전망이다.

이미 고령 국가에 접어든 유럽과 북아메리카를 제외한 대륙에서는 2015년에서 2030년 사이에 40퍼센트 이상씩 고령자가 증가할 것으로 예상된다. 고령화는 유난히 아시아(66.2%)와 아프리카(70.7%)에서 가장 큰 비율로 나타나고 있다.[1] 이렇듯 고령화는 세계적인 문제로 대두되고 있다.

고령화 사회로 가면서 여러 부작용도 발생하고 있다. 2023년 5월에는 한 '노시니어존'(No Senior Zone: 60세 이상 어르신 출입 제한) 카페가 등장하며 온라인에서 화제가 되었다. 글쓴이는 사진을 공유하면서 "무슨 사정인지는 몰라도 부모님이 지나가다 보실까 무섭다"고 했다. 카페 사장이 노인 혐오자는 아닐 것이라 믿지만, 어쨌든 노인에 대한 좋지 못한 이미지를 가지고 있는 것으로 보인다. 카페 주인이 이렇게까지 한 분명한 이유가 있을 것이다. 미국에서는 이런 일들이 있었다.

LA 웨스턴+7가(Western+7th)에 있는 맥도날드는 미주 한인들에게는 노인정과 같은 곳이다. 고향을 떠나 타향에서 같은 민족을 만나 언어가 통하고, 문화를 공유하면서 이민자로서 겪었던 상처와 아픔들을 내어놓고 이야기할 수 있는 곳이기 때문이다. 정치와 경제, 사회 각 이슈를 주제로 각자의 의견을 내놓으며 향수를 느낄 수 있는 곳이기에 오전부터 오후까지 앉아 이야기꽃을 피우는 장소이다.

문제는 맥도날드의 입장이다. 매일 한인 노인들이 와서 커피 한 잔을 시켜 놓고 하루 종일 앉아서 이야기를 하니 다른 손님이 앉을 자리가 없을 뿐 아니라 시끄러운 소음 공해로 불편했다. 여기에 매장 직원을 참을 수 없게 한 것은 매장 안에 놓은 일회용 설탕과 크림, 커피 스틱과 휴지는 물론 일회용 케첩까지 가져가는 행위였다.

---

[1] KKIDI 한국보건산업진흥원, SFIR 2017-5, "고령친화산업과 4차 산업혁명", 고령친화산업 REPORT, p. 2. https://www.khid.or.kr.

이런 일이 한두 번도 아니고 매일 반복되니 매장 입장에서도 난처했다. 몇 번씩 커피나 음료수를 리필(무료 보충 서비스)하니 다른 매장에 비해 소비가 많을 수밖에 없었다. 이에 고민이 커진 해당 맥도날드는 매장에 있던 휴지와 설탕 그리고 음료수를 카운터 안으로 옮겼다.[2]

또한, 매장 밖에 있는 의자를 없애고 주차장으로 바꾸었다. 장기와 바둑을 두는 손님들 때문에 잦은 다툼이 일어났고 오물 문제도 있었기 때문이다. 이후 리모델링을 했음에도 매장 밖에는 벤치가 없다. 그런데도 종종 주차장 구석진 곳에서 삼삼오오 모여서 바둑이나 장기를 두는 노인들을 볼 수 있다.

2014년 뉴욕에서는 60대 한인이 맥도날드 매니저에게 폭행당한 사건이 일어났다. 이 사건은 한인 사회나 주요 매스컴에 오르내리는 이슈가 되었다.

커피가 생각했던 것보다 오랫동안 나오지 않자 60대 한인 노인은 불평하기 시작했고 맥도날드 매니저는 이렇게 응수했다.

"당신 같은 사람에게는 커피를 팔지 않으니 당장 가게에서 나가라."

이 말을 들은 한인 노인도 언쟁을 높여 항의하다 결국 매장 밖으로 쫓겨나면서 몸싸움이 일어난 것이다. 이를 본 사람들의 입장은 매우 달랐다.

먼저 분노를 표출한 한인들의 입장은 이랬다.

'맥도날드에서 저런 사람을 매니저로 세웠다니, 저런 사람은 인종차별로 당장 신고해야 해.'

'인종차별을 받았으니 데모도 하고 불매 운동도 해야지.'

맥도날드의 입장도 강경했다.

'오죽하면 인종차별적인 언사를 하고 폭행 사건까지 일어났겠는가?'

이 사건이 있기 3개월 전인 2014년 1월 뉴욕 플러싱(Flushing) 맥도날드 매장에서도 오랜 시간 머문다는 이유로 6명의 한인 노인들을 쫓아내 논란

---

2 아마도 미국 내 맥도날드가 이런 행동을 취한 것은 최초일 것이다. 지금은 리모델링을 통해 다른 매장과 같은 구조로 되어 있다.

이 되었다. 물론 이렇게 생각할 수 있다.

'아니, 오래 머물 수도 있지. 그렇다고 어떻게 저리할 수 있어?'

그러나 그 내면을 보면, 한인 노인들이 하루 이틀도 아니고 매일 이 맥도날드에 와서 오랜 시간을 보내니 무려 4차례나 경찰에 신고한 것이다. 새로운 산업혁명의 물결 속에 오갈 데 없는 노인이 발생하자, 2008년에는 <노인을 위한 나라는 없다>는 영화가 개봉했고 이런 말이 등장했다.

"노인을 위한 자리는 없다."

세계는 고령화되어 가는 노인 문제를 심각하게 보고 있다. 매스컴은 종로 3가역 1번 출구에서 조금만 걸어가면 나오는 탑골공원에 적어도 수백 명의 노인이 삼삼오오 모여 있는 것을 심심찮게 보도한다.

우리 주위에서 일어나고 있는 이런 현상을 더 이상 옆 동네 불난 집 구경하듯 하면 안 된다. 그 불길이 언제 바람을 타고 우리 동네, 혹은 우리 교회와 가정을 덮칠지 모른다. '우리 교회 교인은 설마 아닐 것'이라는 생각, 혹은 '노인이 아니니까 상관이 없다'는 생각을 갖고 있거나 무관심해서는 안 될 것이다.

앨빈 토플러(Alvin Toffler)는 『미래 쇼크』(*Future Shock*)에서 "기존의 전통과 가치관의 붕괴로 인하여 영속성은 사라지고 일회용 사회, 다양화된 사회로 바뀌므로 이러한 삶의 격변에 적응의 한계를 느끼며 미래의 쇼크를 당한다"[3]라고 했다. 즉, 전통적인 가치관 붕괴로 노인에 대한 공경은 사라지고 다양화된 사회에 적응하지 못하는 노인은 삶의 한계를 느끼며 몸과 마음으로 쇼크를 받고 있다.

이는 미래에 다가올 쇼크가 아니라 곧 우리 교회와 교인들의 문제로 다가올 것이고 나의 부모, 나의 가족 중 한 분이 당하게 될 것이다. 그런데도 노인 문제는 개선되지 않고 있고, 노인들의 생활 방식과 태도 역시 마찬가지다. 특히, 노인에 대한 인식과 이해가 부족해 교회 내부에서도 노인에 대한

---

3 앨빈 토플러, 『미래 쇼크』, 이규행 옮김(서울: 한국경제신문사, 2001), 79.

배려와 투자가 소극적이다. 이에 노인 성도들에 대한 새로운 목회 방안을 고민해야 한다.

 필자가 목회한 한인교회는 약 85퍼센트 이상이 노인들로 구성된 교회였다. 젊은 층에 속한 남녀 성도는 점점 줄어 갔지만 반대로 노인들은 늘어났다. 뿐만 아니라 해가 갈수록 교회 안팎으로 신체적, 경제적 그리고 가족 구성원 간의 문제와 갈등이 심각해졌다. 이러한 생태계의 변화 속에서도 교회는 여러 가지 이유를 들며 노인에게 소홀히 했다.

 '좋은 것이 좋다', '별로 문제될 것이 없다'며 묵살해 버리거나 문제가 있더라도 그 문제가 확대되는 것을 우려하며 문제삼는 것을 원하지 않았다. 그러면서 '은혜스럽게'라는 말 한마디로 모든 것을 종결 짓게 했다.

 '은혜스럽게 하자'라고 했음에도 반론이 나오거나 반대를 하면, 믿음이 없는 사람, 교회나 목사에 대해 반감이 있는 사람으로 취급해 버렸다. 그러니 더 이상 반론도, 반대도 있을 수 없었다.

 이 이야기가 단지 내가 섬겼던 교회만의 이야기는 아닐 것이다. 대부분의 교회 현실은 노인 성도들에 대한 투자나 그들을 위한 교육적 배려가 별로 없다. 그나마 재정과 규모가 있는 교회에서는 노인대학을 운영하고 있지만, 그렇지 못한 교회는 일년에 한두 차례 효도관광이나 경로잔치로 노인들에 대한 교회의 사명을 다한 듯 생각하고 있다.

 아직도 하나님 나라를 위해 귀하게 쓰임 받아야 할 일꾼을 나이가 들었다고, 은퇴했다는 이유로 사역의 경계선 밖으로 내모는 것은 참으로 안타깝다. 여전히 활동할 수 있는 체력과 지혜와 경륜 그리고 재정과 시간이 충분한 노인들에게 사역할 수 있는 장(fild)이 필요하다. 따라서 사역자들이 그들을 더 이상 은퇴한(Retire) 노인이 아닌 신동력(Re-tire)으로 바라봤으면 한다.

 특히, 사회나 교회에서 얻은 풍부한 경험과 지식을 바탕으로 교회와 지역사회에 봉사할 수 있는 방안을 강구해야 한다. 먼저는 인간의 수명이 늘어나고 있는 현시점에 정신적으로나 육체적으로 건강한 노인들이 교회나 사회에서 외면당하지 않도록 재교육이 시급하다. 이에 고령화에 따른 노인에 대한 교회의 역할과 노인 문제에 대해 다각적인 검토와 계획을 세워야 한다.

이미 사회는 고령화에 따라 노인에 대해 다각적으로 연구하고 해결 방안을 시행하고 있지만, 유독 기독교 생태계에서는 예외인 듯하다.

필자는 각 교단을 떠나 기독교라는 우산 안에서 노인을 이해하고 노인들이 전인적인 그리스도인으로 살 수 있게 하는 것을 목표로 신학교나 총회 차원에서 양육과 훈련 프로그램을 만들었으면 한다. 전인적 노인의 삶은 오롯이 예수 그리스도를 인격적으로 만나고, 그 삶의 자리에서 하나님의 자녀로서 이웃과 함께하는 행복한 여정이어야 한다.

무엇보다 4차 산업혁명은 노인 목회라는 커다란 숙제를 안겨 주고 있다. 따라서 4차 산업혁명 시대의 기술 발달이 가져올 노인의 변화에 대한 상황적 관점과 목회적 관점 그리고 사회 과학적 관점을 가져야 한다. 그러므로 고령화 시대의 노인 성도를 위한 목회 방안을 함께 고민하고 함께 기도하며 하나씩 문제를 풀어 갔으면 한다.

지역이나 교회가 노인을 사회의 한 일원으로 바라보고, 함께 하나님의 나라를 위해 동역하는 동역자로 세우는 새로운 인식의 변화가 일어나길 기대한다.

2020년 OSCARS 시상식 때 <기생충>으로 상을 받은 봉준호 감독이 이런 말을 했다.

> One you overcome the one-inch tall barrier of subtitles, you will be introduced to so many more amazing films(1인치짜리 자막의 장벽을 뛰어넘으면 더 많은 훌륭한 작품들을 감상할 수 있다).

이 말을 이렇게 표현하고 싶다. 1인치짜리 장벽을 뛰어넘으면 세대 간의 장벽은 없어질 것이고 더 훌륭한 기독교인으로서 통전적인 노인들로 살 수 있다. 우리는 노인들에게 예전에 품었던 열정과 헌신이 다시 불타오르도록 RE-START 할 수 있게 교육하고 관심을 가져야 한다.

속도와 변화의 시대 속에 사는 목회자들에게 변화를 맞이할 수 있는 마음과 받아들일 수 있는 자세가 있어야 교회가 변화할 수 있다. 목회자가 변해야 성도가 변화되고, 교계의 상태계가 변화할 수 있다.

이 변화를 위해 신학교에서는 노인에 대한 과목을 신설하고, 노회와 총회에서는 앞장서서 교육해야 할 것이다. 이로써 노인들이 4차 산업혁명 시대의 노인 목회로 인해 노인의, 노인에 의한, 노인을 위해 전인적인 그리스도인으로 양육되어져 아름다운 사역자의 모습을 남기길 기대해 본다.

필자는 노인을 초기 노인(65~74세), 중기 노인(75~84세), 후기 노인(85세 이후)으로 구분하지 않았다. 통틀어 노인, 혹은 노년으로 통합해서 사용했다. 무엇보다 노인을 세분화하여 구분하고 싶지 않았기 때문이다.

이 책은 다음과 같이 구성되었다.

제1부, 백발의 영화로서의 노인 : 노인답게 늙는 것(Well – Aging)

제2부, 신동력으로서의 노인 : 노인답게 사는 것(Well – Being)

제3부, 아름다운 마무리 : 노인답게 죽는 것(Well – Dying)

제1부

백발의 영화로서의 노인
노인답게 늙는 것(Well Aging)

백발은 영화로운 면류관이니, 의로운 길을 걸어야 그것을 얻는다
(잠 16:31, 새번역).

제1장
4차 산업혁명 시대와 고령화 시대

> 우리는 낙심하지 않습니다. 우리의 겉사람은 낡아가나, 우리의 속사람은 날로 새로워집니다(고후 4:16, 새번역).

4차 산업혁명이 고령화되어 가고 있는 사회와 교회에 언제, 어떻게, 어떤 모습으로 우리에게 쓰나미로 몰려올지 모른다. 클라우스 슈밥(Klaus Schwab)은 "4차 산업혁명이 우리에게 쓰나미처럼 몰려올 것이며 그것이 모든 시스템을 바꿀 것"이라고 전망했다.[1]

모든 시스템을 바꿀 정도의 강력한 힘이 이미 우리 주위에 와 있다. 앞으로 우리는 20~30년 동안은 인류 역사상 이전에 전혀 느껴 보지 못했던 과학기술과 혁명적 발전을 볼 것이다.

이 혁명은 지난 250년 동안 제1차, 2차, 3차 산업혁명에서 보여 준 기계 발달, 산업화, 정보혁명과는 차원이 다른 혁명(Revolution)이다. 이 혁명은 슈밥이 말했던 것처럼 급진적이고 근본적인 변화를 의미한다.

역사 속 혁명은 신기술과 새로운 세계관이 경제 체제와 사회 구조를 완전히 변화시킬 때 발생한다.[2] 급진적이고 근본적인 변화의 물결에 휩싸이지 않

---

1 미래전략정책연구소, (e Book) 『2027 10년 후 4차 산업혁명의 미래』(서울: 일상이상, 2017), 179.
2 클라우스 슈밥, (e Book) 『제4차 산업혁명』, 송경진 옮김(서울: 새로운현재, 2016), 16.

고 이 물결을 새로운 재생 동력으로 만들기 위해서는 우리 스스로 고정관념과 사고의 틀을 부수고 깨뜨려 리노베이션(Renovation)을 준비해야 한다.

다산연구소 황상익 서울대 의대 교수는 조선 시대 평균 수명을 35세 내외, 혹은 그 이하로 추정했다. 조선의 국왕 27명의 평균 수명은 46.1세로, 영조만 81세 5개월을 살았고, 만 60세를 넘긴 왕은 20퍼센트도 안 되었다.

해방 후 우리 나라 평균 수명은 45세 정도였다. 1960년에는 평균 수명이 50세였다. 그래서 60년을 살면 오래 살았다고 환갑 잔치를 했다. 70세까지 장수하면 동네에서 가장 오래 산 어르신이 되어 칠순 잔치를 했다.[3]

그런데 지금 우리가 살고 있는 시대는 어떠한가?

전 유엔 사무총장이었던 코피 아난(Kofi Atta Annan)은 2002년 4월 8일 스페인 마드리드에서 열린 제2차 세계 고령화 회의에서 이렇게 연설했다.

> 전 세계적으로 고령 인구가 매우 빠른 속도로 증가하고 있으며 이것은 앞으로 인간의 존재를 거의 알아볼 수 없을 만큼 바꿔 놓게 될 것이다.

교회에 새로운 분이 오셨는데, 65세인 분에게 청년이라며 청년부서에 가야 된다고 말하고, 79세인 분들에게는 한창 일할 나이라며 장년부서에 들어가서 봉사해야 되고, 99세 되신 분에게 노년부서에 등록해야 한다고 하면 그분들에게 어떤 반응이 나오겠는가?

아마도 열 명이면 열 명 모두 이런 반응을 보일 것이다.

65세의 나이가 청년이라고?

중년이 79세이고 노년이 99세야?

아무리 고령화 시대라지만, 아직까지는 이렇게 분류하지 않는다. 그런데 우리의 고정관념을 깨뜨리는 내용을 2015년 UN에서 발표한 것이다.

2015년 4월 UN은 전 세계 인류의 체질과 평균 수명을 측정하여 새로

---

3   최윤식, 『2020 2040, 한국 교회 미래지도 2』(서울: 생명의말씀사, 2015), 239.

운 연령분류 표준 규정을 발표했다. UN에서 사람의 평생 연령을 5단계로 나누어 발표한 결과는 <표 1>과 같다.[4]

단계	나이	연령 분류의 표준 규정
1	0~17세	미성년자
2	18~65세	청년
3	66~79세	중년
4	80~99세	노년
5	100세 이후	장수 노인

<표 1> 사람의 평생 연령 5단계

우리가 생각하는 기준과 세상의 기준에서 65세는 노인이다. 중년으로 여기는 나이는 보통 40세에서 60세까지로 본다. 그러나 연령 분류의 표준에 새로운 규정을 정한 UN은 그렇게 보지 않고 있다. 65세가 청년이고, 중년이 79세이며, 80세가 되어야 비로소 노인이라 말할 수 있다.

2015년 4월에 발표한 UN의 보고를 접한 미국 사회는 발 빠르게 각종 보험을 비롯한 사회 전반적으로 인간 수명의 기준을 120세로 보고 모든 계획을 수정했다.

통계적으로 봐도 미국은 2050년이 되면 65세 이상 노인 인구가 6,600만 명, 일본은 2050년에 1,000만 명에 이른다. 전 세계적으로는 100세 이상인 사람이 2000년에는 18만 명, 2010년에는 45만 명이었던 것이 2050년에는 320만 명이 될 것이라는 예상을 하고 있다.

로봇공학, 생명공학, 의료 기술 등 과학기술의 발전 및 위생 시설이 개선되어 전반적으로 삶의 질(quality of life)이 향상되고 인간 수명이 연장됨

---

[4] 2015년 4월 UN에서 전 세계 인류의 체질과 평균 수명에 대한 측정 결과, 연령 분류의 표준에 새로운 규정(출처 : UN 보고서).

에 따라 육체적, 사회적, 심리적 그리고 종교적인 영향은 막대할 것으로 예상한다. 빠르게 변화되어 가는 사회 속에서 도태, 세대 간의 갈등, 문화적 충돌, 사회 부적응, 소외와 고립, 고독사 등이 큰 문제가 될 것으로 보인다. 이에 하우스(J.S. House)는 이렇게 말했다.

> 우리는 생애 기간을 추가시키는 데 성공했다. 이제는 이 늘어난 시간에 삶을 추가시켜야(add life into the added life) 할 때다.[5]

늘어난 시간에 삶의 다가올 미래의 모습을 대비하여 우리가 사는 현재 상황에서 다른 세대가 함께 어울리고 함께 하나님 나라를 세우는 일꾼으로 사역할 수 있도록 교회의 역할과 노인의 문제에 대해 다각적으로 검토하고 계획을 세워야 한다. 이러한 시대의 흐름 앞에 사회의 한 일원이며 교회의 한 지체인 노인을 전역한 노병(老兵)으로 취급하는 것이 아니라, 그동안 사회나 교회에서 얻은 풍부한 경험과 지혜와 경륜을 재활용할 수 있는 방안을 만드는 것이 필요하다.

그런 점에서 4차 산업혁명 시대의 상황적 측면에서 교회 목회의 청사진을 살펴보면, 세대별로 접근해야 하는 사역의 방향이 매우 상이하다는 전제로 노인 사역으로의 전환이 필요할 때이다. 이는 과학의 발달과 생활 개선으로 인간 수명은 연장되었고, 육체적 측면이나 교육적 측면을 보다라도 예전의 잣대로 노인을 판단하거나 바라봐서는 안 될 것이다. 그래서 고령화 시대의 노인들에게는 무엇보다 신앙과 삶에 있어서 통합을 지향하는 영적 성숙이 중요하다.

그동안 교회가 노인 성도를 섬기는 차원에서 사역했다면, 이제는 노인 성도를 목회자의 동반 사역자로 세우는 것이 필요할 때이다. 앞으로 교회

---

5 한경애 외 3 공저, 『노년학』(서울: 신정, 2019), 48.

의 가장 중요한 역할을 할 세대가 바로 노인 세대이기 때문이다.

피터 브라이얼(Peter Brierley)은 "우리에게는 미래에 초점을 맞추어 전략적인 변화를 계획해야 할 긴박한 필요성이 있으며 만약 지금 변화하지 않는다면 20년 후에는 변하고 싶어도 존재하지 않을 것이다"[6] 라고 했다.

20년까지 갈 필요도 없이 코로나19 이후 사회, 경제, 문화, 종교 생태계에 변화를 감지하고 있다. 새들백교회(Saddleback Church)의 릭 워렌(Rick Warren) 목사, 라이프교회(Life Church)의 크레이그 그로셀(Craig Groeschel) 목사, 엘리베이션교회(Elevation Church)의 스티븐 퍼틱(Steven Furtick) 목사의 우리가 생각하는 교회의 모습으로 돌아가기보다는 코로나 사태 이후 새로운 모습으로 들어가게 될 것[7] 이라고 한 전망을 되새김질할 필요가 있다.

1. 4차 산업혁명의 특징

18세기 후반 제임스 와트(James Watt)의 증기기관 개량이 촉발한 제1차 산업혁명을 시작으로 전기 발명으로 야기된 19세기 후반의 제2차 산업혁명, 20세기 중반부터 반도체, 디지털, 정보통신 기술 발전으로 인한 제3차 산업혁명에 이르기까지 근 250년간 진행되어 온 산업혁명은 말 그대로 혁명적으로 인간의 삶을 바꾸어 놓았다.

우리는 제1차, 제2차, 제3차의 산업혁명을 거쳐 4차 산업혁명을 맞이했다. 4차 산업혁명은 2016년 1월 20일 스위스 다보스에서 열린 '세계 경제 포럼'(World Economic Forum: WEF)에서 처음 언급되었다.

다보스 포럼을 통해 주목받고 있는 4차 산업혁명은 인공지능(AI), 사물

---

[6] 에디 깁스, 『넥스트 처치』, 임신희 옮김 (서울: 교회성장연구소, 2010), 29.
[7] 김병삼 외, 『올라인 교회』 (서울: 두란노, 2021), 20.

인터넷(IoT), 로봇공학, 가상 현실(Virtual Reality: VR)과 증강 현실(Augmented Reality: AR), 3D 프린팅, 자율주행차, 블록체인, 빅데이터, 바이오 공학, 유전자 테크놀로지, 나노 테크놀로지 등이 복합적으로 결합하는 것을 말한다.[8]

클라우스 슈밥은 4차 산업혁명에 관해 다음과 같이 언급했다.

> 4차 산업혁명의 진보된 기술은 경제, 사회뿐만 아니라 문화 인류의 환경에 지대한 영향을 미칠 것이다. 따라서 4차 산업혁명이 모든 사람에게 기회를 주는 변화가 되도록 이끄는 것은 바로 우리의 몫이다.[9]

이 변화는 단순히 산업과 직업 세계에서 변화를 일으킬 뿐만 아니라 기본적인 삶의 양식에도 변화를 예고하고 있다. 그래서 슈밥은 일상생활 자체가 이전과는 다른 양상으로 영위될 가능성을 안고 있고 직업과 노동 영역에서의 변화는 경제 활동 전반에 변화를 일으킬 수 있으며, 이것은 다시 삶의 전 영역에 직·간접적인 영향을 미칠 것을 예고한다.[10]

여기에 4차 산업혁명과 더불어 고령화 현상은 점차 심화되어 그동안 겪어 보지 못한 불확실성 시대를 초래할 것이다. 그러므로 이런 고민을 하지 않을 수 없다.

4차 산업혁명 시대에 사는 노인들을 어떻게 전인적으로 양육할 것인가?

인류의 역사는 현대의 기술, 산업, 정치, 경제는 물론 철학, 예술, 문화에 이르기까지의 진보라는 하나의 목적을 지향하고 있었다. 단순히 생존에 머무는 것에 그치는 것이 아니라 끊임없이 더 의미 있는 삶을 지향하고자 부단히 노력해 왔다. 물론, 인간의 진보가 가져다준 긍정적인 결과는 엄청난 것이다.

---

8   문상철, "4차 산업혁명과 선교혁신"(서울: 한국선교연구원, 2017), 12.
9   클라우스 슈밥, (e Book)『제4차 산업혁명』, 송경진 옮김(서울: 새로운 현재, 2016), 34.
10 문상철, "4차 산업혁명과 선교혁신", 38.

한마디로 기술 문명의 진보는 인간 삶의 질을 향상했으며, 30~40년 전만 해도 SF 공상 만화나 영화에서만 보던 기술력이 우리의 상상을 넘는 수준으로 확대·발전되어 왔다. 인간은 삶의 조건과 노동의 조건을 개선하고 생산과 소비를 향상하여 욕구를 충족시키는 면에서는 만족을 줄 수 있었다. 그러나 그 이면에 나타난 현상은 삶과 인성을 파괴하며 계층 간의 충돌을 일으켰고, 무분별한 자연 개발과 에너지 자원의 고갈로 자연재해를 일으키는 환경오염과 생태계 질서를 파괴하는 위험도 증가했다.

여기에 현대 의학 기술의 발전이 인간의 질병을 치료하고 인간의 생명을 보호하는 데 크게 이바지한 것도 사실이지만, 그 기술을 사용하는 인간의 탐욕과 부주의와 무책임 때문에 인간의 생명에 중대한 손상을 가하는 기술로 남용되고 있는 것도 사실이다.

또한, 첨단 기술 발전으로 인한 인간 수명 연장으로 노화를 극복하게 된 노인들을 전인적 그리스도인으로 살아갈 수 있도록, 즉 노인을 노인 답게(Well Aging) 늙어 갈 수 있게 도와줘야 한다. 노인의 모습은 거울에 투영된 내 모습에 통합된 나의 일부이다. 나의 젊은 육신인 동시에 미래의 육신이기도 하다. 노인은 젊은이들에게 늙음의 고귀함과 아름다움을 보여 주고 가르쳐 줄 수 있고, 젊은이들은 노인들에게 평안과 안식을 제공해 줄 필요가 있다.

2. 포스트휴먼(Posthuman) 시대의 노인

조엘 드 로스네이(Joel de Rosnay)는 "장수(longevity)라는 혁명은 우리가 제대로 인식하지 못하는 사이에 시작되었다"고 했다.[11] 과학은 인류가 '절대 불가능하다'고 여겨 왔던 자연계의 법칙을 연금술사처럼 현실로 만들어

---

[11] 조엘 드 로스네이 외 3, 『노인으로 산다는 것』, 권지현 옮김(서울: 계단, 2014), 8.

왔다. 투명 망토, 순간 이동 등 현재까지도 사람들이 불가능하다고 여기는 것들이 과학의 힘으로 하나하나 현실이 되어 가고 있다.[12]

불로장생, 불사불멸이라는 개념도 마찬가지다. 2009년 노벨 생리학상 수상자로 텔로미어(Telomere)[13] 를 처음 발견한 3명의 과학자[14]가 공동으로 선정됐을 정도로 노화와 관련된 연구는 관심이 집중되는 분야이다.

인간 수명 연장은 현재 광범위하게 연구가 진행되고 있다. 생명 연장 기술로 평균 수명이 100세 이상으로 늘어나고 있고, 예전에는 상상으로만 여겼던 현상들이 지금 나타나고 있다. 줄기세포, 성체줄기세포, 배아복제, 이종이식[15] 등으로 필요한 장기를 이식하거나 텔로미어 조작으로 젊음을 유지하여 생명을 연장하는 수준이 현실로 다가왔다.

사회나 기업은 고령화에 대비해서 분명하게 변하고 있다. 어떻게 변하고 어떻게 흘러갈 것인가는 예측 불가능하겠지만, 그런데도 계속 발전과 연구, 투자가 이루어지고 있다. 인공지능(AI)과 빅데이터의 중요성과 디지털 전환(Digital Transformation: DT)[16] 의 분석 능력을 통해 인간의 건강, 수명 연장과 연관된 헬스케어가 그 중심이 되고 있다. 하지만, 어떻게 인간의 수명이 연장될지는 아직 모른다.

---

12 미치오 카쿠, (e book) 『불가능은 없다』, 박병철 옮김(경기: 김영사, 2017), 21.
13 염색체 말단부에 존재하는 핵단백질을 말한다. 염색체 1개에 텔로미어 4개가 존재하는데, 세포가 분열을 거듭할 때마다 마디가 잘려 나가면서 닳아 없어진다. 이것이 일정 길이 이하로 짧아지면 세포는 더 이상 분열하지 못하고 수명을 다한다. 즉, 텔로미어가 닳아 없어지면 노화가 일어나는 것이고, 수명이 다하는 것이다(m.health.chosun.com/svc/news_view.html?contid. 2009.10.6, "생로병사의 비밀 담긴 '텔로미어'란?").
14 미국의 과학자 엘리자베스 블랙번(Elizabeth Blackburn), 캐롤 그레이더(Carol Greider), 잭 소스텍(Jack Szostak)이 공동 수상.
15 미국 뉴욕대 랑곤헬스(NYU Langone Health) 메디컬센터의 로버트 몽고메리 이식연구소 연구진은 2021년 9월에 신부전으로 뇌사 상태에 빠진 환자에게 돼지 신장을 이식한 결과, 사흘 동안 거부 반응 없이 정상 작동하는 것을 확인했다고 미국 언론들이 보도했다. 2021. 10. 21. "돼지 신장을 사람에게 … 이종 간 이식 실험 첫 성공". 곽노필 기자. 「한겨레 신문」. https://www.hani.co.kr > arti > science > science_general.
16 새로운 기술, 프로세스, 문화를 공통된 목적에 접목하려는 노력을 가리키는 말이다.

분명한 것은 앞으로 인간은 우리가 생각했던 것보다 더 건강하며 오래 살 것이다. 이로써 영혼의 문제인 종교 부분이 중요하게 되었다. 사람들은 나이가 들어 감에 따라 자기들이 이해하고 기반을 세운 것을 체계화하고 더 발전시키고자 한다. 그러므로 인간 수명 연장은 나를 개발(Self-development)시키고 인격이 성숙하게 하며 하나님의 창조적 아름다움을 회복하도록 해야 한다.

인간의 성숙과 관련된 롱펠로(Henry W. Longfellow)의 일화를 소개한다.

> 하루는 친구가 나이보다 젊어 보이는 롱펠로에게 이렇게 물었다.
> "이보게, 친구! 오랜만이군. 그런데 자네는 여전히 젊군. 자네가 이렇게 젊은 비결은 뭔가?"
> 이 말은 들은 롱펠로는 정원에 있는 커다란 나무를 가리키며 말했다.
> "저 나무를 보게나! 이제는 늙은 나무지. 그러나 저렇게 꽃을 피우고 열매도 맺는다네. 그것이 가능한 건 저래 봬도 저 나무가 날마다 조금이라도 꾸준히 성장하고 있기 때문이야. 나도 마찬가지라네. 나는 나이가 들었어도 하루하루 성장한다는 마음가짐으로 살아가고 있다네!"[17]

이렇듯 노인은 결코 '끝나 버린 존재'가 아니다. 살아가는 동안 순간순간 성장하기 위한 새로운 과제를 부여받는다. 그래서 죽을 때까지 끊임없이 다듬어지고 재배열되며 새롭게 교정된다. 그러므로 우리는 늙어서도 변할 수 있다. 우리 인생의 각 단계가 우리에게 새로운 변화의 기회를 제공하기 때문이다. 따라서 목회적 차원에서도 노인들이 전인적 기독교인으

---

[17] 김혜남, 『어른으로 산다는 것』(서울: 걷는 나무, 2016), 296-297.

로 살아갈 수 있도록 끊임없이 양육과 교육을 시행함으로 새롭게 거듭날 수 있도록 도와야 한다.

3. 원석에서 가공으로의 발달

노인들은 살아오면서 겪었던 모든 사건을 나만의 이야기(History)로 재해석한다. 즉, 인생 여정의 길 모두를 '아름다운 추억 현상 효과'(Beautiful memory phenomenon effect: BMPE) 또는 '앨범 현상 효과'(Album development effect: ADE)[18] 로 여긴다.

사람이 늙어 가며 경험하는 신체적, 정신적, 정서적 상실은 우리가 깨닫지 못할 뿐이지 사실은 성장의 조건이자 아름다움으로 안내하는 통로이다. 백발, 주름, 느림, 노안, 망각, 취약함 등의 노화 현상은 제대로 보면 모두 아름답다. 하나님이 지으신 모든 것이 아름답고, 하나님이 허락하신 노화도 아름답다.

에릭슨(Erikson)은 심리사회발달이론(Erikson's psychosocial developmental theory) 주기에서, 인간은 출생에서부터 죽음에 이르기까지 여덟 단계로 구분되고 각각의 단계에서 극복해야 할 심리적, 사회적 과제가 있다고 말한다. 즉, 인간 생애 주기 중 영·유아기에서부터 노년기에 이르기까지 각 발달 단계가 있고 각 특징을 가지고 있다.

인간 발달 과정에 있어 사람은 하룻밤 사이에 숙성된 것처럼 한순간에 늙은 것이 아니라 각 단계에서 겪게 되는 신체적, 정서적, 사회적 갈등을 경험하게 된다. 그 과정에서 겪는 극복 경험은 인격 형성과 발달에 긍정적

---

18 옛 추억을 떠올리며 그 시절, 그 시대로 돌아가 당시 상황이나 현상을 함께 공감하며 추억의 일부분을 미화하는 현상.

으로 작용한다.

　에릭슨은 마지막 단계인 노년기에 발달시켜야 할 긍정적인 성격 특성은 '자아 통합(ego integrity) 대 절망'이라고 한다. 자아 통합이라는 말은 자신이 가지고 있는 이상, 신념, 기준, 믿음과 행동 등 삶 전체가 하나의 일치를 의미한다. 즉, 노년기의 자아 통합은 이제까지의 삶을 만족과 감사로 받아들이며, 심지어 자신의 죽음까지도 받아들이고 죽음으로 끝나는 생애 주기를 초월하려는 궁극적 관심까지 갖게 한다.

　자아 통합을 위해 우리는 일생 동안 경험한 벽돌들로 '나'라는 건축물을 완성하듯 맞출 수 있어야 한다. 그 벽돌들은 하나하나가 다르지만 거대한 집을 이루는 부분으로 각기 제 기능하는 것들이다.

　자신이 경험한 삶의 경험들은 좋던 싫던 삶의 의미 있는 구성 요소로 조합할 수 있는 능력을 필요로 한다. 이 능력을 획득하면 자신의 자아를 통합적으로 구성해 내고 지나간 모든 것이 나름 의미가 있었으며, 어떤 섭리 안에서 다 가치가 있는 것들이었다는 것을 깨닫게 된다. 죽음이라는 것이 이를 완성하는 마지막 벽돌이기 때문에 평온하게 삶의 끝을 맞이할 수 있다는 것 역시 깨달을 것이다.[19]

　인간의 시간은 소진되어 가고 건축하려 했던 환상은 붕괴되어 찢어진다. 이러한 내면의 공허가 노출되는 시기가 바로 노인의 시기라 할 수 있다.

　배우 윤여정 씨가 주연한 영화, <죽여 주는 여자>는 성을 파는 노인, 일명 '박카스 할머니'라는 파격적인 소재로 만든 영화이다. 이 영화는 외롭고 힘든 시기를 보내고 있는 우리 사회의 노인의 빈곤, 노인의 성 그리고 고독사 등 죽음의 문제를 다루고 있다. 늙고 병든다는 것, 그럼에도 노인이 지켜내고 싶은 지나온 시간과 삶을 간직한 영화이다. 이 영화 홍보를 위해 진행한 인터뷰 내용 중 일부를 소개한다.

19　고봉만 외, 『포스트휴먼 시대의 노년』(서울: 신아사, 2018), 61-62.

> 늙어 간다는 것, 누구나 언젠가는 노인이 됩니다. 그래서 저는 죽음에 대해 생각을 많이 했어요. 우리가 잘 사는 것에 대해서는 욕심도 많고 고민도 많지만, 잘 죽는 것에 대해서는 좀처럼 고민을 하지 않잖아요. 근데 내 나이가 있으니, 앞으로 죽음에 대해 준비를 해야 한다는 생각을 많이 했어요.
>
> 사는 것도 그렇지만 죽을 때에도 위엄 있게, 인간답게, 온기를 간직한 사람으로 죽으면 좋겠다는 생각을 많이 해요. 위엄이라는 게 별게 아니에요. 어떤 인생이든지 다 슬프죠. 슬프고 사연이 있고 아픔도 있고, 참 죽을 만큼 힘이 들고, 밥 한술 넘어가지 않을 만큼의 삶이 고통스러운데도 떠나보내기가 그렇게 힘든 데도 따뜻한 사랑의 온기로 보내는 게 인생 아니겠어요.

이것이 인생 후반전을 넘어 마지막 경계선만 남은 시기를 향해 가는 노인들의 애환과 삶의 의미를 추구한 자아 속에 작용해 온 통합이다. 이 통합은 젊은 날에 집착했던 모든 것으로부터 관심의 줄을 놓고 초연하게 바라볼 수 있게 하며, 세상에 대한 집착과 욕망을 포기하는 것을 의미한다.

또한, 이제껏 살았던 개인적인 인생의 삶을 개체화시켜 자신의 삶에 녹아 있는 지혜와 경륜을 가지고 후세에 남기는 작업을 하는 것이다. 그래서 노인의 소임 중 하나가 신앙의 유산을 물려주는 것이다. 평생을 배워 온 하나님 사랑, 하나님에 대한 믿음이 있었다면 그 믿음을 사장시키는 것이 아니라 그것을 후손에게 물려준 이스라엘 백성들처럼 우리들도 그런 계승이 필요하다.

물론, 반대되는 인물들도 성경에 등장한다. 구약성경에 나오는 여호람과 같은 사람의 묘비명에는 이렇게 써 있다.

> 여호람이 삼십 이세에 즉위하고 예루살렘에서 팔 년 동안 다스리다가 아끼는 자 없이 세상을 떠났다 (대하 21:20).

최소한 호랑이는 죽어서 가죽을 남기고 인간은 이름을 남긴다고 했는데, 정말 묘비명에 이름만 남기고 갔다. 너무도 허무한 인생, 8년 동안 왕으로서의 어떠한 행적이나 치적 없이, 40세까지 아끼는 자 없이 세상을 살다가 떠났다고만 기록하고 있다.

이런 인생이 얼마나 많은가?

교회 안에도 이런 노인으로 살다가 떠난 분들이 계신다. 죽음을 앞둔 노년의 바울이 믿음의 아들 디모데에게 유언을 남긴 것처럼 우리도 믿음의 유산을 남겨야 한다.

> 그대가 이어받으십시오. 나의 죽을 날이 가까웠고, 나의 생명은 하나님의 제단에 제물로 드려졌습니다. 이것은 참으로 달려 볼 가치가 있는 유일한 경주입니다. 나는 열심히 달려서 이제 막 결승점에 이르렀고, 그 길에서 믿음을 지켰습니다. 이제 남은 것은 환호소리, 곧 하나님의 박수갈채뿐입니다. 그것을 믿으십시오. 하나님은 공정한 재판장이십니다. 그분께서 나뿐 아니라, 그분의 오심을 간절히 기다리는 모든 이에게도 공정하게 대해 주실 것입니다(딤후 4:6-8, 메시지).

이스라엘 자손이 하나님께서 허락하신 기업의 땅을 다 차지한 후에 여호수아가 죽고 나서 사사 시대가 개막될 때, 성경은 이렇게 말해 주고 있다.

> 이스라엘 백성은 여호수아가 사는 날 동안 여호와를 잘 섬겼으며 그 후에도 그들은 여호와께서 이스라엘을 위해 행하신 모든 일을 직접 목격한 장로들이 살아있는 동안 여호와를 잘 섬겼다 … 그리고 그 당시 사람들도 마침내 다 죽어 없어지고 새로운 세대가 일어났는데 이들은 여호와를 알지 못하고 여호와께서 이스라엘을 위해 행하신 일도 알지 못하는 자들이었다(삿 2:7,10, 현대인).

하나님을 알지 못하는 세대, 하나님께서 이스라엘을 위하여 행하신 일을 알지 못하는 세대가 과학 만능 시대인 4차 산업혁명 시대에 일어날 것이다. 이에 믿음의 유산을 물려주는 것은 사사 시대의 전철을 밟지 않기 위함이다.

이상명 총장은 다음과 같이 말했다.

> 우리가 변화하고 있는 사회의 전반적인 것을 읽고 적절하게 대응하지 못하면 교회는 그 사회에서 도태를 당하지만, 복음을 전하든 선교를 하든 그 사회가 어떤 방향으로 흘러가는지 그에 따라서 우리가 억제할 것과 리젝할 것을 분별하고 복음과 선교를 위해서 그것을 활용해야 할 요소를 적절하게 수용해서 안배하고 그걸 적극 수용해야 되는데 문제가 뭐냐 하면, 사회가 지금 너무 빠른 속도로 변화하고 있어요. 코로나19를 2년 이상을 거치면서 지금 교회가 흔들리고 무너지고 문 닫는 이유는 거기에 대한 적절한 대응을 못했기 때문이죠.
> 이은령 교수와 기독교 미래학자로 활동하는 최윤식 목사, 이 두 분은 팬데믹이 터지고 4차 산업혁명을 이야기하면서 교회의 미래를 굉장히 어둡게 진단했어요. 기성세대는 신앙의 영역과 경험이 있기 때문에 그럭저럭 신앙생활을 해 나갈 수 있지만 우리 자녀 세대는 그렇지 않습니다. 자녀 세대를 지금 잘 케어하지 않으면 그들은 다 교회를 떠날 것입니다. 신앙의 씨앗을 심어 주고 신앙을 전수해야 될 세대는 지금 기성세대입니다. 기성세대가 그 역할을 제대로 하지 않으면 다음 세대는 신앙의 결실을 맺지 못합니다. 팬데믹이 서서히 좀 안정이 돼 가고, 자리 잡으면서 지금 40대 이상의 사람들은 교회로 돌아오는데, 한 40~50퍼센트밖에 안 돼요. 나머지 40대 이하는 교회를 떠나기도 하고, 아니면 온라인 예배로 적응해 버렸죠. 그러니까 현장 예배는 지금 상당히 어려워요.

이런 상황 속에서 기성세대가 빨리 이것을 사회의 흐름과 변화를 읽어 내고 거기에 적절하고 신속하게 대응을 하지 않으면, 다음 세대와는 헤어지든지 무력화되든지 더 많은 위축이 있을 거라 생각합니다. 결국, 중요한 건 타이밍입니다. 이 타이밍을 놓치게 되면 돌이킬 수 없을 것입니다.[20]

타이밍, 노인의 사명 중 한 부분이 믿음 유산 물려주기다. 믿음의 유산을 죽기 전에 물려줄 생각을 하기보다는 지금부터 삶의 모습으로 보여 주고 물려줘야 한다.

---

[20] 이상명 총장, CPU(California Prestige University).

제2장

4차 산업혁명이 노인에게 미칠 사회 과학적 측면

　우리는 흔히 역연령에 따라 영아기, 유아기, 청소년, 청년, 장년, 노년(노인)으로 연령을 구분한다. 각 연령대를 바라보는 시각은 시대와 나라별로 조금씩 다르지만, 노인에 대한 정의나 개념은 동서고금이 다르지 않다.

　사전에서는 노인을 "평균 수명에 이르렀거나 그 이상을 사는 사람으로 인생의 마지막 과정(End of human life cycle)이다. 어르신이라고도 부르나 그 외에도 늙은이, 고령자, 시니어, 실버 등으로 교체해서 사용한다"[1]라고 정의하고 있다.

　노인이라고 인식하게 되는 계기는 신체적 노화와 함께 사회적, 기능적인 요인도 작용하고 있다. 노인은 생애 주기 안에서 신체적, 심리적, 사회적 변화에 적응해 가고 다양한 문화적 요구와 상호 작용하면서 자아 정체성(Identity)을 형성해야 한다. 그렇지 않으면 유가(儒家)에서 말하는 수즉다욕(壽則多辱)이 될 것이다. 즉, 장수가 복이지만 오래 살 때 육신적 쇠퇴와 정신적 황폐의 욕됨을 피하기 어려울 것이다.

　노인에게 정체성이 중요한 이유는 인격(Personality)의 통합과 행동의 동기화, 나아가 정신 건강에 이르기까지 미치는 핵심 요소이기 때문이다.

　도로를 다니다 보면, "진입금지"라는 표지판을 볼 수 있다. 진입금지 표시를 무시하고 계속 전진하면 일반 통행로를 역주행하거나, 길이 점점 좁

1　"노인의 정의", https://ko.wikipedia.org>wiki> /위키백과.

아져 없어지거나, 막다른 골목이 나온다.

대개는 이런 표지판이 나오기 전에 정로(政路)를 알려 주는 다른 표지판이 먼저 나온다. "진입금지"라는 말은 우리가 뭔가를 무시하거나 놓치고 있음을 알려 준다.[2] "진입금지"라는 말은 '진입해서는 안된다는 경고'이고 위험 표시이다. 다시 말해서, 노인도 자아 정체성을 형성해야지 그렇지 않으면 노인의 가치를 놓쳐 삶에 경고등이 켜질 수 있다.

학업을 마치고 세상으로 나가는 제자에게 스승이 사람 인(人)자 다섯 개를 써 주면서 그 뜻을 잘 새기라고 당부했다. 제자는 사람 인(人)자 다섯 개의 뜻을 이렇게 새겼다.

<blockquote>사람이면 다 사람이냐 사람이 사람다워야 사람이지.</blockquote>

윤리 사상은 자신에 대한 깊이 있는 성찰을 통해 참다운 나를 찾으라고 조언한다. 또한, 삶의 목적을 세우고 삶을 이끌어 주는 가치 체계를 형성하라고 한다. 이에 나에 대한 가치 체계를 형성하고 노인다워지기 위해서는 현재의 정체성을 알아야 한다. 사람 인(人)자 대신 늙을 노(老)로 바꾸면 이렇게 된다.

<blockquote>노인이면 다 노인이냐 노인이 노인다워야 노인이지.</blockquote>

빠른 속도로 고령화되어 가는 사회에서 노년기에 더욱 이슈가 되는 것은 이러한 인정을 받고 통합적인 관점을 가질 수 있는 성공적인 삶의 문제이다. 나이를 먹으면 먹을수록 나를 알고, 나의 현 상황과 위치를 알아야 한다. 그래야 비로소 전인적인 그리스도인으로 새로운 인생의 첫발을 내

---

[2] 제임스 패커, 『아름다운 노년』, 윤종석 옮김 (서울: 디모데, 2017), 28.

믿을 수 있다.

　인생 주기 시간표는 신체 기능을 퇴화시키지만, 열정(Vision)은 인생 주기 시간표를 정지시키거나 도리어 역행하도록 한다. 노인답게 늙는 것은 열정을 가꾸는 것이다. 가꾼다는 것은 계속 유지하는 것이고 가치를 증명하는 것이다. 가치를 증명하는 것은 인생의 가치를 증명하는 것이다.

어느 날 소년이 할아버지에게 삶의 가치에 관해 물었다.
대답 대신 할아버지는 돌을 시장에 가져다가 팔아 보라고 했다.
이때 누가 값을 물으면 아무 말도 하지 말고 손가락 두 개를 펴 보이라고 조언했다.
소년은 곧장 돌을 가지고 시장으로 갔다. 마침 한 여성이 소년에게 물었다.
"이 돌 얼마니?"
"정원에 두면 좋을 것같은데."
소년은 할아버지가 말한 대로 손가락 두 개를 들어 보였다.
"2달러라고?"
"그럼, 사야지."
여성이 말했다. 소년은 집으로 달려가서 할아버지께 말씀을 드렸다.
할아버지는 아무 말도 하지 않고 고개를 끄덕이더니, 이렇게 말씀하셨다.
"이번에는 이 돌을 박물관에 가져가거라, 누가 값을 물어보거든 똑같이 한마디도 하지 말고 손 가락 두 개를 들어 보여라."
소년은 박물관에 갔고, 한 남자가 돌을 사고 싶어 했다.
소년은 아무 말도 하지 않고 손 가락 두 개를 들어 보였다.
남자가 말했다.
"200달러라고?"
"좋아."
소년은 깜짝 놀라 집으로 달려가서 할아버지께 말씀을 드렸다.

> 이번에도 할아버지는 아무 말도 하지 않고 고개를 끄덕이더니, 말씀하셨다.
> "마지막으로 이 돌을 가지고 보석용 원석 판매장으로 가져가 보거라. 주인에게 이 돌을 보여 주고, 가격을 묻거든 손가락 두 개를 보여라."
> 소년은 원석 판매장에 가서 주인에게 돌을 보여 주었다.
> "이 돌 어디서 났니? 세상에서 아주 귀한 돌 중 하나구나. 내가 사야겠다."
> "얼마나 주면 되겠니?"
> 소년은 할아버지가 시킨 대로 손가락 두 개를 보였고, 원석 판매장 주인은 이렇게 말했다.
> "20만 달러에 사겠다."
> 소년은 할 말을 잃고 할아버지에게 달려가 말했다.
> "할아버지 그 돌을 20만 달러에 사겠다는 사람이 있어요."
> 할아버지가 소년에게 말했다.
> "애야, 이제 너의 삶의 가치를 알겠니?"

어디 출신인가?
돈이 얼마나 많은가?
어느 대학, 대학원을 나왔느냐?

이것은 노인들에게 그렇게 중요하지 않다.

노인이 '나'라는 상품성을 저울에 달았을 때, 그 가치는 얼마일까?
노인이지만 여전히 '나'라는 상품은 가치가 있는가?
여전히, 필요로 하는 존재인가?

스스로 자문하고, 질문에 답할 수 있어야 한다. 하나님은 각 사람의 마음에 원석을 심어 놓으셨다. 원석은 발굴되기 전까지 그냥 돌멩이에 불과

하다. 그러므로 원석은 발굴되고 가공되어져야 한다. 가공되지 않는 원석은 보석의 진정한 가치일 수 없다.

성경은 원석에 대해 "밭에 감추인 보화와 같다"(마 13:44) 고 말씀하신다. 감추인 보화 혹은 암벽 속에 자리 잡고 있는 원석을 발견하고 진정한 보석의 가치를 발휘할 수 있도록 가공해 줄 사람들이 필요하다.

평생 2달러짜리 돌로 보는 사람들에게 둘러싸여 있다면 2달러 인생으로 살 수도 있다. 그러나 노인에게 내재된 보화의 가치를 안다면 무관심과 소외로 두지는 않을 것이다. 교회와 목회자는 원석의 가치를 보고 바로 그 원석을 가공하여 진정 가치 있는 보석으로 만들어 줘야 한다. 우리가 지금까지 함께해 왔던 모든 것을 버리겠다고 생각하면 다 쓰레기가 되고, 보물이라 여기면 하나하나가 다 귀중한 보물인 것처럼 노인들이 이와 같다.

성경에 등장하는 갈렙의 서사는 다음과 같다.

> 오늘날 내가 팔십오 세로되 모세가 나를 보내던 날과 같이 오늘날 오히려 강건하니 나의 힘이 그때나 이제나 일반이라 싸움에나 출입에 감당할 수 있사온즉 그날에 여호와께서 말씀하신 이 산지를 내게 주소서. … 아낙 사람이 있고 그 성읍들은 크고 견고할지라도 여호와께서 혹시 나와 함께하시면 내가 필경 여호와의 말씀하신 대로 그들을 쫓아내리이다 여호수아가 여분네의 아들 갈렙을 위하여 축복하고 헤브론을 그에게 주어 기업을 삼게 하매(수 14:10-13, 개역한글).

사람은 점점 노화되어 가면서 원석인 '나'라는 모습이 인생 여정 속에서 점점 하나님의 형상으로 가공되어 가치 있는 보석이 되거나 아니면 그냥 돌멩이로 굳어져 버리게 된다.

갈렙은 은퇴한 노인의 모습이 아닌 가치 있는 사람으로 스스로를 증명했다. 하나님은 원석이었던 갈렙을 광야 40년이라는 세월 속에 가공의 공정을 통해 진정한 보석으로서 가치 있는 사람으로 만드셨다.

모든 사람은 발견되기 전까지 돌멩이에 불과하지만, 누군가에 의해 발굴되어질 때, 비로소 탈바꿈된다. 물론, 그 원석을 어떻게 가공하는가에 따라 가치가 달라진다. 하나님은 여전히 우리 인생의 보금자리에 원석을 남겨 두고 계신다.

그 원석이 어떻게 세공되고, 어떤 공정을 통해 가치 있는 인생이 될지는 알 수 없지만 지금부터 가치의 소중함을 알고 그 소중함을 증명할 때, 비로소 빛을 발휘하게 될 것이다. 성경은 그것을 "영광의 면류관"(a crown of glory)이라고 표현한다.

> 백발은 영화의 면류관이라 공의로운 길에서 얻으리라(잠 16:31).

모든 물체는 시간이 흐를수록 쇠퇴하고 퇴화한다. "시간 앞에 장사 없다"는 말이 있다. 인간이나 동물은 세월의 흐름 속에 생물학적 노화가 진행되고 무리나 사회, 더 좁게는 가족에게조차 기대하는 역할이 바뀌게 된다. 그러나 인간이 동물과 다른 점은 기능적인 측면이나 신체적, 사회적 지위가 바뀌었다고 모든 것이 바뀌지 않는다는 것이다. 여전히 고유한 역할이 있고 하나님께서는 그 역할을 완수하길 원하고 계시기 때문이다.

하나님의 사람으로서 우리가 사람답게 살고(Well Being), 사람답게 늙고(Well Aging), 가치 있는 사람답게 선종하는 삶(Well Dying)이 되기 위해서 주어진 역할과 그 사명을 책임감 있게 완수해야 한다.

바울은 전인적인 그리스도인은 "달려갈 길을 다 마쳐야 한다"(행 20:24)고 한다. 인류 역사에서 노인은 보편적으로 주변인이었고, 경계선 밖의 대상으로서 객체였다. 그러나 이제는 인생의 보금자리에 숨겨진 보화를 간직한 존재, 여전히 가공되어져 가치있는 존재를 드러낼 수 있는 노인이라는 것을 인식해야 할 때이다.

『탈무드』에는 이런 말이 있다.

> 항아리를 보지 말고 그 안에 든 것을 보아라.
> 껍질만 보지 말라 안에 들어 있는 보라.

1. 노인에게 일어나는 신체적 변화들

자연계의 법칙은 세월의 흐름 속에 다양한 변화를 거친다. 특히, 인생 주기 시간표에 따라 나타나는 변화는 노인들에게 상실감을 갖게 한다. 인간계의 나이 듦이란 결국 신체의 변화를 말한다.

신체의 변화에 대한 주관적인 느낌이 심화되는 나이는 50세부터이다. 이 시기쯤 되면, 전반적으로 체력이나 건강 상태가 저하되면서 예전 같지 않다는 느낌이 든다. 외형적 측면에서 보면 우선 40대부터 신장이 약 2~5cm씩 줄어들게 되고, 50세를 넘기면 신체의 피하지방이 소실되어 몸이 둔해지면서 근력을 상실하게 된다.

이러한 변화가 지속하면서 70세가 되면 다리의 근육이 약화되고, 뼈의 밀도와 강도가 감소하여 쉽게 골절이 될 수 있으며 골절이 되면 잘 붙지 않게 된다. 또한, 피부도 탄력을 잃고 처지며 시커먼 색인 검버섯으로 불리는 색소 침착이 일어난다.[3]

사람은 환경, 여건과 일, 직업과 교육, 부와 위치에 따라 신체적 차이가 발생한다. 노인의 외모 변화는 개인차가 있기는 해도 노화의 징후는 환경과 직업에 따라 많은 차이가 있다.

노인에게 나타나는 생물학적 영역의 변화는 주름이 늘고, 흰머리가 생

---

[3] 고봉만 외, 『포스트휴먼 시대의 노년』(서울: 신아사, 2018), 49.

기며 등이 굽고 신장이 감소하는 것이다. 가장 먼저 눈에 띄는 변화는 피부 노화다. 나이가 들어도 세포는 지속적으로 재생되지만, 나이가 들어갈수록 피부 세포의 재생 속도가 점차 느려져 결국에는 피부 세포의 손실 속도를 따라잡지 못함으로써 피부는 점차 노화되고 탄력을 잃으며 피부층이 얇아진다.[4] 노인에게 나타는 신체적 특징은 다음과 같이 정리할 수 있다.

첫째, 가장 대표적인 신체적 특징은 감각 기능 쇠퇴이다. 노화가 진행될수록 오감인 시각, 청각, 미각, 후각, 촉각 등의 감각 기능이 쇠퇴한다.

시각은 점차 노안이 되어 근거리 물체에 초점을 맞추기 힘들고 어둠에 적응하는 것도 힘들어져 밤에 활동하는 데 어려움을 겪게 된다. 청각은 노인성 난청과 이명 현상이 나타나 작은 소리가 잘 들리지 않아 다시 물어보는 현상이 일상화된다.

미각과 후각은 맛과 냄새를 맡는 기능이 감퇴하여 식욕을 떨어뜨리는 요인이 된다. 여기에 이빨까지 빠지면서 음식을 씹기 힘들어 소화 불량이 생길 요소가 커지고, 외관상 보기에도 좋지 않다. 촉각은 감각 기능이 떨어져 온도 체감 기능이 둔화되어 잘 못 느끼게 된다.

둘째, 신체 내부의 기능 퇴화다. 호흡기 질환, 동맥경화증, 고혈압, 당뇨병, 심장병, 신장병 등의 만성질환이 증가한다. 특히, 만성질환의 출현은 노인의 생리적 기능상의 노화와 매우 밀접하게 연관되어 있다.

또한, 노화로 인해 생긴 생리적 현상은 소화 기능, 신진대사 기능, 혈액순환, 수면, 배뇨 기관 등에 영향을 주어 소화 기능 쇠퇴, 폐활량 감소, 신진대사율과 속도의 저하, 변비, 불면증, 야뇨 등을 초래한다.

이러한 변화는 노인의 불안, 욕구 불만 및 스트레스와 같은 심리적 반응을 가져오며, 동시에 타인으로 하여금 노년에 대한 고정관념을 증가시키

---

4 한정란, 『노인교육론』(서울: 학지사, 2019), 188.

게 되며, 노인의 행동과 적응력 등 심리적, 사회적, 정치적, 문화적, 경제적, 교육적, 종교적 생활에 깊이 영향을 미친다.

내부기관도 노화에 따라 크기가 줄어들어서 약물 분해 및 해독 능력이 저하한다. 따라서 나이가 들수록 피로가 잘 안 풀리고 오래 지속하는 경향이 있으므로 너무 무리하여 피로가 축적되지 않도록 주의해야 한다.

셋째, 뇌세포를 포함한 신경세포의 퇴화이다. 노인학에서는 노인은 골격도 변하여 나이가 들면서 척추 사이에 있는 연골 조직들이 얇아지고 골밀도가 감소하며 오랜 시간 잘못된 생활 습관으로 척추, 등, 목 등이 굽어지기 시작하면서 키가 줄어든다고 한다.

또한, 신경계에서 자극에 대한 반응이 늦어짐으로써 순간적인 반응이나 판단 능력이 저하된다. 특히, 뇌세포의 퇴화로 기억력이 감퇴됨으로써 건망증이 나타나며 심해지면 뇌졸증, 중풍, 파키슨병으로 발전되기도 한다.

넷째, 노화 현상으로 발생하는 장애이다. 나이가 들면서 우리 몸은 수많은 변화를 겪게 된다. 때로는 다양한 변화로 인해 건강 문제가 발생할 수 있다. 그중 하나가 노인 증후군(Geriatric syndrome)이다.

노인 증후군이란 노화에 따라 발생하는 다양한 신체적, 인지적, 정서적 증상의 집합을 말한다. 즉, 신체 노화로 인해 각종 장기의 기능이 저하되면서 나타나는 증상을 동반하는 증후군이다.

미국노인병학회의 ECWG(Education Committee Writing Group)는 치매, 부적절한 처방, 방광 조절 장애, 우울, 섬망, 의인성(醫因性) 문제, 낙상, 골다공증, 청각과 시각을 포함한 감각 변화, 번성 실패(failure to thrive), 거동과 보행 장애, 압창(pressure ulcer), 수면 장애 등을 노인증후군 13가지 필수로 권고하고 있다.

노인 증후군은 과거에는 '노화성 치매'라고 불렸던 질환으로, 노인들이 노화로 인해 일상생활에 어려움을 겪게 되는 증상을 일컫는다.[5] 이는 노화로 인해 뇌세포의 손상이나 감소로 인해 발생하는 것으로 노인들의 인지능력, 기억력, 사고력, 행동, 감정 등에 변화를 일으킨다.

신체적인 연약함은 세월이 갈수록 더하게 된다. 이에 따라 자신감 상실, 무력감과 함께 정서적으로나 심리적으로 위축되게 된다. 대부분 인간의 기본 욕구는 경제적 안정, 직업적 안정, 가족 관계의 안정, 의료와 건강의 보장, 교육의 기회, 사회 협동의 기회, 문화와 오락의 기회라고 하고 노인 문제는 이러한 욕구의 상실이라 할 수 있다.

시몬스(Simmons)가 바라본 노인의 5가지 욕구는 다음과 같다.

① 장수의 욕구

노인은 오래 살고 싶은 욕구를 가지고 있다. 그래서 자신을 돌보고 보호한다.

② 여가 활동을 즐기려는 욕구

노인은 여가 활동을 통하여 삶을 의미 있게 가꾸어 가고자 하는 욕구를 가지고 있다. 은퇴 이후 늘어난 여가는 노년기에 더욱 중요한 개념이 된다. 늘어난 여가에 대한 관리는 곧 삶의 질을 결정하는 요인으로 작용하기 때문이다.

③ 일상생활에서 벗어나 해방감을 찾고자 하는 욕구

노인은 이전까지 삶의 규율과 일상에서 해방되어 더욱 자유롭게 자기 삶을 즐기고 싶어한다. 평생을 규율과 조직 속에서 살아온 노인들은 한가로운 삶을 영위하고 삶의 의미를 찾고자 한다.

---

5 「대한내과학회지」, "노쇠와 노인증후군", 한림대학교 의과대학, 유형준. https://www.ekjm.org.

④ 집단 내에서 적극적인 참여자로 계속 남고자 하는 욕구

은퇴 이후에도 조직에 소속되고자 하는 욕구는 유지된다. 집단의 참여자가 되어 노인은 아직도 자신이 쓸모 있는 존재라 느끼며, 사회 구성원으로서의 역할에 만족감을 얻게 된다.

⑤ 명예롭게 물러나고 싶어하는 욕구

노년기에는 자신의 위치를 정확히 확인하는 시기이기도 하다. 노인은 이전 발달 단계에서의 사회적 지위와 역할에서 벗어나 현시점에서 새로운 변화를 맞이함을 잘 알고 있다. 따라서 노인은 물러나야 한다면 가능한 의미 있고 명예롭게 자신의 역할을 내려놓아야 한다[6].

성경에서는 모든 육체는 풀과 같고 그 모든 영광과 아름다움은 꽃과 같다고 한다. 풀은 마르고 꽃은 떨어진다. 그러나 오직 하나님의 말씀은 영원토록 계속된다[7]고 말씀한다.

자연계의 법칙에 따르면 모든 일에는 다 때가 있다. 태어날 때가 있고 죽을 때가 있다. 심을 때가 있고 뽑을 때가 있다. 죽일 때가 있고 살릴 때가 있다.[8] 건강할 때가 있고 건강치 못할 때가 있다. 젊었을 때가 있고 나이들 때가 있다. 즉, 자연 법칙은 인간의 모든 육체와 영광은 마르고 약화되는 것이다. 그러나 성경의 법칙은 하나님이 직접 하나님의 안뜰에 옮겨 심어서 하나님 앞에 크게 자라게 하시고, 늙어서도 늘 푸르며 진액이 넘치게 한다. 그러므로 노인들은 하나님의 말씀 안에서, 하나님의 사람으로서 더욱 성장하고 성숙되어 가야 한다.[9]

자연의 법칙은 모든 물체는 늙고 퇴화하며 소멸될 수 있지만, 하나님의

---

6   노인심리상담사 2급 과정 교재(서울: 한국평생교육원, 2014), 16.
7   [베드로전서 1:24]
8   [전도서 3:1-8]
9   [시편 92:13-14, 메시지]

안뜰에 심겨진 사람은 마르고 시들어 가는 풀이 아닌 성숙되어 가는 포도주와 같다. 그래서 노인의 시기는 작품 인생에서 명품 인생으로 변모해 가는 시기라 말할 수 있다.

김형석 교수는 100년의 삶을 이렇게 회고했다.

"인생의 나이는 길이보다 의미와 내용에서 평가되는 것이다. 누가 오래 살았는가를 묻기보다는 무엇을 남겨 주었는가를 묻는 것이 역사이다."[10]

성경은 "그러므로 우리는 낙심하지 않습니다. 우리의 외적 인간은 낡아지지만 내적 인간은 나날이 새로워지고 있다"(고후 4:16, 공동번역)고 말씀하신다.

풀꽃

시인 나태주

자세히 보아야

예쁘다

오래 보아야

사랑스럽다

너도 그렇다

2. 노인에게 나타나는 심리적 변화들

『논어』'위정편'에서 공자는 나이 40세에 미혹되지 않고(不惑), 50세에는 하늘 뜻을 알았고(知天命), 나이 60세에는 어떤 내용에 대해서 듣는 대로 모두 이해하게 되었으며 천지 만물의 이치를 통달하게 되었다(耳順)고 했다. 나아가 나이 70세에는 마음이 하고 싶은 바를 따르더라도 법도에 어긋나는

---

[10] 김형석, 『백년을 살아 보니』(서울:Denstory, 2016), 177.

법이 없다(從心)고 한다.

그러나 현대 사회에서의 노인은 이미 하늘의 뜻을 알고, 천지 만물의 이치를 통달했으며 마음이 가는 대로 해도 될 나이이지만, 사회적 상황과 여건으로 인해 불안이라는 짐들이 엄습한다. 따라서 노년기에 접어들면서 자녀나 목회자들이 가장 중점을 두고 지켜봐야 할 부분이 심리적 특성이다.

자녀나 배우자가 떠남으로 발생하는 빈 둥지 증후군(Empty Nest Syndrome)[11] 등 그동안 주도적으로 행했던 자리에서 내려와 후배나 제자들에게 물려줘야 할 시기가 왔을 때 심리적으로 위축과 불안을 동반하게 된다. 일반적인 심리적 현상은 신체적 기능의 약화나 사회적으로 상실된 역할에서 오는 심리적 충격, 또는 경제적인 불안정, 생활 적응의 불안 등과 밀접한 관련되어 있기 때문에 이는 점차 소외감, 고독감으로 나타난다.

인생 주기 시간표(Timeline)를 볼 때 노화 과정은 퇴화와 성숙을 내포한다. 인생 시간이 흐를수록 노인들은 신체에 대해 민감한 반응을 보이고, 시간을 보는 관점이 달라지며 자기 이해의 수단이 바뀐다. 그래서 반면교사(反面教師)인 타인이라는 거울을 통해 나를 다시 되돌아보게 한다.

노인은 새로운 환경에 적응하기가 쉽지 않고, 누군가의 도움을 받는 것에 대한 자존심 저하와 열등감, 미안함과 부끄러움으로 인해 심리적으로 위축된다. 그래서 변화를 두려워한다. 같은 말과 같은 상황이라도 젊은이들에 비하면 노인들은 더 노여워하고 서러워할 수 있다. 그러므로 노인들과 대화를 나눌 때는 주의하는 것이 좋다. 이러한 요인에 의해 나타나는 특징적인 노인의 심리 현상은 다음과 같다.

첫째, 신체적 상태나 반응에 대해 '민감'해진다.

둘째, 나이가 들어갈수록 성격이 '원심성에서 구심성'으로 변해 간다.

---

11 새끼 새가 자라 둥지를 떠난 후 텅빈 둥지에 어미 새만 남은 것처럼 자녀가 독립한 후 양육자가 느끼는 공허함과 슬픔을 뜻함.

사회적 활동이 감소하고 사물의 판단과 활동 방향을 외부보다는 내부로 돌리는 경향이 생긴다. 즉, 외부의 자극에 대한 반응보다 자신의 사고나 감정에 의해서 사물을 판단하게 되는 경향이 많아진다.

셋째, '양성화 경향'이 나타난다. 그동안 남성성만 발전시켜 온 남성은 여성적 측면을, 여성성만 발전시켜 온 여성은 남성적 측면이 더욱 발전한다. 나이가 들수록 남성에게는 친밀성, 의존성, 관계 지향성 등이 증가하는 반면, 여성에게는 공격성, 자기 주장성, 자기중심성, 권위주의 등의 성향이 나타난다. 즉, 노인이 되면 '양성적'으로 변해 간다. 젊었을 때는 수줍어하던 아내가 중년이 되면 호랑이로 변하고 남성은 여성적인 면이 더 나타나고, 눈물이 많아지며 마음은 여리어지고 성격은 순하게 변한다.

넷째, 친숙한 사물에 대한 '애착'이 증가한다. 이는 오랫동안 친숙한 것들이 안정감과 편안함 그리고 만족감을 제공해 줄 뿐 아니라 과거 자신의 삶에 대한 기억을 유지하도록 도와주기 때문이다. 그래서 오래 사용해 온 물건에 대한 애착심이 많다. 가재도구, 그릇, 사진, 골동품, 어렸을 때 손녀들이 입었던 옷 등 사용하지 않는 물건임에도 버리지 못한다.

노인의 심리적 안정을 위해 노환으로 찾아온 장애 또는 배우자의 상실로 찾아온 심리적 불안을 해소하기 위해서는 집이나 홀로 고립된 장소에 머물지 말고 친구들과 함께하는 활동적 모임이나 교회, 활동할 수 있는 센터나 노인대학과 같은 장소로 나와야 한다.

식물을 키우는 것도 좋은 방법이라고 본다. 그러나 애완용으로 반려견, 반려묘는 권하고 싶지 않다. 노인 사역을 하다 보니 반려견, 반려묘의 죽음으로 큰 상실감과 우울증을 겪고 있음을 보았다. 경우에 따라 슬픔도 배우자와의 사별보다 더 오래가는 것을 보았다. 10년 전만해도 노인들께 반려견이나 반려묘를 키우라고 종용했지만, 지금은 노인들에게 가능한 키우지 말 것을 권한다.

고령화 시대에 1인 가구 증가뿐만 아니라 가족 구성원의 변화가 일어나고 있다. 그래서 인간관계 및 커뮤니케이션 등 사회 문화 변화에 따른 수요로 가족 혹은 친구와 같은 존재의 반려동물과 함께하는 가정이 늘어나고 있다. 여기에 개인 서비스 로봇이나 로봇 개와 고양이 그리고 아이돌 로봇이 점점 확대되고 있는 현실이다.

반려의 대상이 로봇이나 인공지능으로 대체되고 있는 현실을 조사한 바 있다. 그 결과는 다양하게 나타났다.

GBC미주복음방송의 부사장인 강일하 목사는 이렇게 말한다.

> 몸이 불편하거나 어려움이 있을 때 이런 로봇에게 도움을 받는 것은 필요할 것 같다. 그런데 그게 같이 살고 있는 가족을 뜻하는 반려의 의미로까지 연결이 안 될 것 같다. 오히려 개인 로봇 서비스나 아이돌 로봇이 있으면서 반려견이나 반려묘와 같은 반려동물을 키우면서 생명과 생명으로 교감하는 것들이 더 늘어날 것 같다.[12]

전(前) 대덕연구단지 기술연구원이셨던 고광호 목사는 다음과 같이 말했다.

> 기술의 발달로 주어지는 산물인 편리함, 그 편리함으로 인해 점점 인간의 삶 속으로 기술이 들어오지 않겠는가?
> 예를 들면, 처음에는 우리가 걸어 다니다가 어떤 동물을 이용하게 되고, 그 다음 자동차가 나와 점점 보급이 돼서 우리 삶 속에서 자동차를 빼면 거의 살아가기 어려울 정도로 인간 삶 속에 들어왔다. 편리하기 때문이다.
> 자동차라는 건 결국 내가 어떤 거리를 빨리 갔다 왔다 주행을 하겠다는 건데, 그런 편리성이 결국 점점 기술의 발달로 삶으로 들어오게 되었는데, 로봇 같은 경우도 마찬가지이다. 1인 가구가 꼭 아니더라도 만약 로봇이 집안 일인 청소나 요리 등 단순하면서도 반복적인 일들을 할 수 있고 로봇의 가

---

12 강일하, GBC 미주복음방송 부사장, 전 미주 CGN 본부장.

격 또한 저렴해진다면, 그 편리성 때문에 더 확산될 것이다. 그래서 청소하는 로봇, 설거지하고 밥해 주는 로봇한테 맡기고 살 것 같다. 결국 인간은 그 문명이 주는 이익과 편리함 때문에 뿌리치지 못할 것이다. 그런데 이런 것들이 들어온다고 로봇이 친구나 반려인이 되는 것은 글쎄?
로봇이 얼마나 발달하느냐에 달렸고, 어느 정도 역할은 할 수도 있겠다는 생각은 들지만 그렇게 긍정적이지만은 않다.[13]

이어서 CPU 이상명 총장의 고견은 다음과 같다.

나이 드신 분들이 서빙할 때 인공지능 로봇의 도움을 받는 것은 좋다고 생각한다. 요새 인간 기계화, 기계 인간화라고 해서 포스트 휴머니즘이라든지 탈인본주의라는 단어가 많이 나온다. 이것은 인간이 가지고 있는 연약함과 질병, 육체적 고통을 기계로 대체해서 육체적 능력을 개량하고 발전시키는 것이다. 그런 것은 나름대로 필요하다고 생각한다.
예를 들면, 이런 기술들을 장애인들에게 공급하면 좋을 것이다. 그러나 이것이 사회나 생활 전체로 확대되는 것은 다른 문제다. 과연 기술의 발전이 인간성이나 영성 개발에 도움이 되냐고 묻는다면, 너무 기계화되고 있는 것은 아닌지 우려가 된다고 대답할 것이다. 그러나 필요한 부분은 충분히 수용해야 된다고 본다.[14]

AEU 이상훈 총장의 의견은 다음과 같다.

산업의 흐름상 그런 거는 당연히 나오지 않을까?
이제 우리가 필요하다, 필요하지 않다고 말하는 차원이 아니라 산업의 흐름과 어떤 시대적 니드(need)가 하나의 산업으로서 계속 디벨롭(develop)될 것

---

13 고광호, 사우스베이초대교회 목사, 전(前) 대덕연구단지 기술연구원.
14 이상명 총장, CPU(California Prestige University).

은 분명하다는 생각이 든다. 인공지능이라든가 이런 것들이 계속 발전하고, 이것이 로봇과 결합되면 당연히 사람들에게 필요한 서비스를 제공하게 될 텐데, 여러 가지 서비스 중에 하나가 당연히 노인들을 위한 것이 될 것이다. 이건 더 큰 어떤 산업적 측면에서도 돈이 드는 분야이기 때문에 당연히 개발이 될 수밖에 없을 것이라는 생각이 든다.[15]

「크리스천비전신문」 대표 이정현 목사의 의견은 다음과 같다.

> 지금 100세 세대라 그런지 사회가 고령화되고 혼자 또는 홀로 사는 독거노인이 많이 계신다. 혼자 살고 있는 노인은 외로움과 고독을 누구보다 많이 느낄 것이다. 그래서 반려동물 또는 애완동물을 많이 키우는데, 그렇다고 해서 로봇이 반려동물이나 애완동물들을 대신할 수 있을 수 있는지는 좀 의문이 든다. 왜냐하면, 지금의 노인 세대는 로봇 시대하고는 많이 동떨어져 있는 삶을 살아오셨다. 그래서 절대로 로봇 동물에게 감정 이입을 할 수 없을 것이라고 생각한다.
> 그런 분들이 외롭다고 해서 로봇을 구입해서 같이 생활을 한다?
> 이것은 아직 시기상조다. 그러나 다음 세대는 반드시 로봇 시대를 맞이할 것이다. 왜냐하면, 사회가 급속도로 변화되고 있기 때문이다. 그 변화를 맞춰 가지 못하는 세대가 바로 지금 노인층이다.[16]

지금까지 의견을 들은 것처럼 노인들에게 기술의 발달은 심리적 위축과 사회 부적응으로 나타나고 있다. 새로운 도전에 대한 두려움, 학습 능력의 뒤떨어짐을 적응력 부족과 사회적인 뒤처짐으로 인식할 수 있기 때문이다. 삶과 생활 속으로 파고드는 기술력은 일상 속에서의 편리함과 생활의

---

[15] 이상훈 총장, AEU(America Evangelical University).
[16] 이정현 목사, 「크리스찬비전신문」· 비전복음방송 대표.

안정성을 주는 반면 노인의 심리 문제는 심각하다. 즉, 불안과 걱정, 역할을 상실하는 데서 겪게 되는 소외감, 고독감 그리고 가족 관계에서 겪게 되는 갈등, 분노, 비탄, 과거 삶에 대한 실패감, 죄의식, 수치감, 불확실한 미래에 대한 불안감, 공포, 절망 등 노인들의 심리적 문제가 발생한다.

특히, 생산 활동에 참가하지 못하는 경제적 어려움과 노화에 의한 신체적, 정신적 능력 저하를 겪게 됨에 따라 심리 불안은 가중될 수밖에 없다.

노인의 심리적 불안을 가장 조장하는 것이 우울증이다. 세계보건기구(World Health Organization: WHO)는 전 세계 60세 이상 인구의 우울증 유병률이 2015년 12퍼센트에서 2050년에는 22퍼센트 이상으로 2배 가까이 증가할 것으로 예측했다.[17] 우울증은 노인에게 있어서 가장 흔한 기능적 정신 질환으로 이것을 방치하게 될 경우 자살과 사망에 이르게 하는 원인이 된다. 노인의 우울증을 증가시키는 요인으로는 신체적 질병, 배우자의 죽음, 경제 능력의 약화, 지나온 세월에 대한 회한 등이 있다.

노인이 우울할 때는 불쾌감, 피로, 흥미 결여, 쾌락을 경험하지 못함, 쓸모 없다는 느낌, 절망, 무기력, 성적 관심의 저하, 의존성 증가, 불안, 개인의 기억력 저하, 편집증, 초조, 과거에의 집착, 죽음에 대한 생각, 자살에 대한 생각, 일상 활동의 어려움, 식욕 저하, 수면 양상의 변화, 에너지 수준의 저하, 옷 치장 불량, 과거에 친했던 사람에 대한 관심 철회와 같은 행동 변화, 복부의 통증, 팽만감, 구토, 구강 건조, 두통 등을 경험하는 증상들이 나타난다.

인생 주기 시간표가 흐를수록 노인이 받는 심적 부담 중 하나는 무엇인가를 해야 한다는 강한 압박감이다. 그래서 자신이 관심 있는 부분을 확대 해석하여 계획한 것에 과도하게 중요성을 부여하는 경향을 가진다. 이것

---

[17] World Health Organization. Mental health of older adults. Available at https://www.who.int/news-room/fact-sheets/detail/mental-health-of-older-adults [accessed on August 14, 2019].

이 초점 효과(Perceptual Focus Effect)[18]이다. 계획된 단계는 열정을 낳는다.

앤 이니스 대그(Anne Innis Dagg)가 쓴 『동물에게 배우는 노년의 삶』에서는 노년의 심적 부담에 관해 다음과 같이 서술한다.

> 과학자들은 알래스카에서 다섯 마리의 늑대 무리를 7년 동안 관찰했다. 무리 중 커다란 수컷이 아버지였는데, 절뚝거리는 모습이었다. 왼쪽 앞발이 염증으로 어찌나 부풀었던지 웬만하면 몸무게를 온전히 싣는 경우는 거의 없었다. 아마도 밀렵꾼이 털가죽을 노리고 설치한 쇠 올가미에 부상을 입었을 것이다. 이 늙은 늑대에게는 인상적인 기백이 있었다. 순록을 쫓을 때는 다친 다리를 과감하게 디뎌 속력을 끌어올려 먹잇감을 잡았다. 그런 뒤에 찾아오는 통증을 감추지 못하고 툰드라 땅바닥에 엎드려 발을 핥는다. 이 무리가 먹이를 위해 동쪽으로 이동할 때, 세 다리로만 걷느라 뒤처지면 이 늙은 늑대를 위해 나머지 늑대들은 멈추어 기다렸다.
>
> 그리고 마지막이 될 여름에 이 늙은 늑대는 무리를 먹이기 위해 자기보다 다섯 배나 무거운 어른 말코손바닥사슴을 홀로 사냥했다. 36시간에 걸쳐 16 차례 이상 공격을 퍼부었다. 늙은 늑대가 말코손바닥사슴에게 달려들어 물면 말코손바닥사슴은 발길질로 응수했다. 그러다 늙은 늑대는 발에 다시 부상을 입어 피가 철철 흘렀지만 개의치 않았다. 마침내 말코손바닥사슴이 유속이 빠른 깊은 물속으로 뛰어들었다. 늙은 늑대는 헤엄치면서까지 싸움을 계속했다. 말코손바닥사슴 때문에 익사할 뻔했지만, 피를 많이 흘려 약해진 덕에 마침내 말코손바닥사슴의 숨통을 끊을 수 있었다. 곧 무리가 몰려와 승리자가 전리품을 탐식하도록 도와주었다. 하지만, 이번 싸움은 늙은 늑대에게도 엄청난 타격이 되었다. 부상 때문에 몇 주 동안 움직임이 느려졌고, 한 달이 지난 뒤에 다시는 그 늙은 늑대를 볼 수 없었다.[19]

---

18 류쉬안, 『심리학이 이렇게 쓸모 있을 줄이야』(서울: 다연, 2018), 62.
19 앤 이니스 대그, 『동물에게 배우는 노년의 삶』(서울: 시대의 창, 2016), 180-181.

노년기에는 이런 심적 부담감이 있다. 마지막 남은 경주 한 바퀴를 위해 늘 뭔가를 남겨야 하겠다는 마음 한구석의 부담감이 자리 잡고 있다. 노인들은 건강이 허락하는 한, 경주의 마지막 한 바퀴를 위해 질주하고자 한다. 말 그대로 무엇인가 이루고자 하는 마음으로 마지막 질주하고 싶어 한다.

흙수저를 물려줘야 한다는 자괴감, 좀 더 성취하지 못함에 대한 자괴감, 자녀와 가정에 더 잘하지 못함에 대한 죄책감과 힘있고 젊었을 때 좀 더 최선을 다하지 못한 것에 대한 후회가 심리적 불안에 동반한다. 때로는 이런 자괴감과 불안감이 음주, 흡연, 도박, 게임과 같은 습관을 불러오며 더 나아가 중독에 빠지기도 한다.

시편 23편은 노년의 다윗이 아버지를 죽이겠다고 쫓아오는 아들 압살롬을 피해 도망치며 불렀던 시이다. 사랑했던 자식에게 배신을 당하고, 수치스럽고 절망적이며 가슴이 찢어지듯 아픈 상처 속에서 불렀던 고백 시이다.

> 여호와는 나의 목자시니 내게 부족함이 없으리로다 그가 나를 푸른 초장에 누이시며 쉴만한 물가로 인도하시는도다 내 영혼을 소생시키시고 자기 이름을 위하여 의의 길로 인도하시는도다 내가 사망의 음침한 골짜기라도 다닐지라도 해를 두려워하지 않을 것은 주께서 나와 함께하심이라 주의 지팡이와 막대기가 나를 안위하시나이다(시 23:1-4).

노년기에 찾아온 어려운 현실, 삶의 위기, 답답한 현실 속에서 내일에 대한 불확실성으로 불안하고 초조하며 깊은 잠에서 깨고 싶지 않은 심정, 마지못해 사는 삶일 수밖에 없는 노인의 심리 상태일 때, 조용히 시편 23편을 묵상하며 하나님께 나아가면 위로와 평안을 얻을 것이다.

어느 수녀원장의 기도

주님! 제가 나이가 들고 곧 노인이 된다는 것을 나보다 주님이 더 잘 아십니다.
제가 너무 수다스러워지는 것을 막아 주시고 특히, 모든 주제와 모든 기회에
무언가 말을 해야 한다고 생각하는 불행한 습관을 막아 주십시오.
다른 사람의 일을 내가 바로잡아야 한다는 강박에서 벗어나게 해 주십시오.
내가 가진 경험과 지혜라는 어마어마한 보물을 모두에게 나누어 줄 수 없는
것이 안타깝기는 합니다.
하지만, 주님도 아시듯이 결국 저에게 몇 명의 친구가 필요합니다.
끝없이 장황하게 설명하지 못하도록 막아 주시고,
저에게 요점만 말하도록 인도해 주십시오.
타인의 불평에 귀를 기울일 수 있는 인내심을 허락하기도,
자비로 그들을 참아 낼 수 있도록 도와주십시오.
나의 고통에 대해서는 입을 다물게 하소서.
해가 갈수록 하고 싶은 말이 많아집니다.
저는 주님께 기억력을 좋게 해 달라고 요구하지 않을 것입니다.
다만 내 기억이 다른 사람들의 기억과 일치하지 않을 때
자기 확신은 줄이고 좀 더 겸손해질 수 있기를 구합니다.
때로 제가 틀릴 때마다 영광스러운 가르침을 허락하소서.
제가 관대해지게 해 주십시오.
성자가 되고자 하는 야망은 없습니다.
하지만, 냉혹한 노인은 마귀의 걸작 중 하나입니다.
저를 감정적인 사람이 아니라 공감할 수 있는 사람이 되게 하소서.
우두머리 행세를 하는 사람이 아니라 도움이 되는 사람이 되게 하소서.
제가 생각하지 못한 사람들에게서 숨어 있는 재능을 발견하게 하소서.
그리고 주님!
그들에게 그렇게 말할 수 있는 영광을 주십시오.
아멘.[20]

---

20   www.goodreads.com/quotes/tag/aging(accessed April 3, 2014).

제3장
고령화 시대의 노인 사역에 대한 선교학

> 의인은 종려나무같이 번성하며 레바논의 백향목같이 성장하리로다 이는 여호와의 집에 심겼음이여 우리 하나님의 뜰 안에서 번성하리로다 그는 늙어도 여전히 결실하며 진액이 풍족하고 빛이 청청하니(시 92:12-14).

모든 연령에는 하나님의 섭리와 사명이 있다. 따라서 적절한 역할을 부여하고 존재감을 인정받을 수 있도록 사역에 참여할 수 있는 기회를 제공하는 것이 필요하다.

나이가 들어도 노인들은 활동적인 삶을 영위하는 것을 기대한다. 교회 맴버십이 노인들로 바뀌어 가고 있고, 누가 봐도 고령화된 교회에서 노인이라고 사역에서 배제한다는 것은 어불성설(語不成說)이다.

교회 리더들도 그렇고 노인들도 스스로 과거 노인에 대한 부정적인 패러다임에 근거한 의존적인 노인상을 넘어서서 노인이 사회적 주체가 되기를 희망하며 자신을 여전히 필요한 존재임을 부각시켜야 한다. 무엇보다 노년에도 계속 하나님의 영광을 위해 사는 법을 올바로 배워야 한다. 교회는 이러한 점에서 고령 교인들을 교회의 동력으로 삼아 동역자의 관점에서 노인 목회 사역을 추진하는 것이 필요하다.

4차 산업혁명을 대표하는 것 중에 하나가 초연결성이다. 초연결은 제한적인 시공간을 뛰어넘으며 다양한 사물의 상호 작용을 위해 그 연결의 범의가 확대되는 것을 말한다. 즉, 우리들에게 초연결은 하나님과 나, 나와 가족, 나와 이웃 간의 연결이다.

고령화 시대의 초연결을 위해서는 의도적으로 노인이 있는 곳, 노인들이 자주 모이는 장소 그리고 신앙이 없는 노인들의 생활 영역을 넘어 노인과 사회, 노인과 젊은 세대 간의 연결이 필요하다.

시편 저자는 다음과 같이 호소한다.

> 하나님이여 내가 늙어 백발이 될 때에도 나를 버리지 마시며 내가 주의 힘을 후대에 전하고 주의 능력을 장래의 모든 사람에게 전하기까지 나를 버리지 마소서(시 71:18).

하나님은 나라는 존재를 창조하시기 전에 미리 알고 계셨다. 우리가 태어나기 전에 이미 거룩한 계획을 세워 두셨다.

> 너를 모태에서 빚기 전부터 나는 이미 너를 알고 있었다. 네가 태어나 햇빛을 보기 전부터 이미 너에 대한 거룩한 계획을 세워 두었다. 나는 너를 뭇 민족에게 보낼 예언자로 세우려는 뜻을 품었다(렘 1:5, 메시지).

1. 6080을 깨우는 새로운 빛

과학의 가장 중요한 창조(creation)는 성경 첫 장부터 시작한다.

> In the beginning God created the heaven and the earth(창 1:1, NIV).

창조라는 단어는 세 가지가 있다. '창조하다'의 빠라(ברא), '만들다'의 야

차르(יצר), '조립하는'의 아사(עשה) 이다.¹

'빠라'는 아무것도 없는 무(無)에서 어떤 유(有)를 만들어 내는 것을 의미한다. '야차르'는 토기장이가 흙으로 아름다운 그릇을 만들 듯이 하나님이 자신의 뜻에 맞도록 사물을 완벽하게 창조한 것(form)을 뜻한다. '아사'는 이미 창조된 물질로부터 전혀 새로운 생명이나 물체의 창조를 의미한다. 그리고 창세기 2장 22절에 나오는 '바나'(בנה)라는 단어는 '수선하다', '세우다', '짓다'라는 뜻이다.²

과학에서 말하는 창조는 '아사'를 말한다. 이미 만들어진 물질로 새로운 물체를 만든 것이다. 즉, 과학이 말하는 창조는 하나님이 이미 창조한 것을 다른 물체로 만든 것이다. 그러나 하나님은 무에서 유를 창조한 분이시다.

홍수 이전의 기술은 석기와 목기를 넘어, 구리와 철로 여러 가지 기구를 만들었고 그 시대의 사람들은 그것으로 유희를 즐기는 시대를 살았다. 더 나아가 성을 쌓아 도시를 형성했다.

출애굽기 31장 2절에서 5절에서는 인간의 기술력과 발전은 하나님의 영으로 가득한 사람들에 의하여 이루어진다고 말한다.

> ² 내가 유대 지파 훌의 손자요 우리의 아들인 브살렐을 지명하여 부르고
> ³ 하나님의 영을 그에게 충만하게 하여 지혜와 총명과 지식과 여러 가지 재주로
> ⁴ 정교한 일을 연구하여 금과 은과 놋으로 만들게 하며
> ⁵ 보석을 깎아 물리며 여러 가지 기술로 나무를 새겨 만들게 하리라

3절에서 "재주"와 5절에서 "기술"로 사용했던 단어가 히브리 원어에서

---

1 종합자료시리즈Ⅰ,『창세기』(서울: 신앙도서출판, 2016), 33.
2 m.blog.naver.com. '창조하다'라는 단어의 뜻.

는 '메라카'(מְלָאכָה)라는 단어로만 쓰였다. 메라카는 '재주, 일, 기술, 기능, 공예' 등의 뜻으로 사용한다.

성경 NASB는 '재주', '기술'을 둘 다 '장인 정신'(craftsmanship)의 의미로 사용하고 있다. 이 말은 '기술이 뛰어난', '기술이 정말 잘 갖춰진' 등으로 사용된다. 우리말은 이것을 '장인 정신', '장인 기술', '숙련', '기능' 등으로 사용하고 있다. 즉, 하나님은 맡겨진 사역을 위하여 성령 충만함으로 특별한 은사를 주신다. 이 특별한 은사는 하나님이 맡기신 사역을 수행하는 데 필요한 세 가지 자질을 주시는데, 그 자질은 다음과 같다.

① '지혜'(חָכְמָה, 호크마)
지혜는 여호와의 가르침들을 수행하는 데 필요한 것을 이해하는 은사다.

② '총명'(תְּבוּנָה, 테부나)
총명은 복잡한 물건과 재료들을 만드는 과정에서 불가피하게 생기는 문제들을 해결할 수 있는 재능이다.

③ '지식'(דַּעַת, 다아트)
지식은 일을 진행시키고 완수하는 데 필요한 경험을 뜻한다.[3]

재능, 창의력, 기술, 발명, 지혜와 지식은 하나님의 영으로 가득한 사람에게 주신 복이었다. 하나님이 주신 그 능력과 재능 그리고 창의력은 하나님이 인간에게 주신 큰 은혜이며 선물이다.

'테크놀로지'(Technology)라는 단어는 신약에서 발견되는 두 헬라어 '테크네'(τέχνη)와 '로기아'(λογία)에서 비롯되었다. 그리고 이 두 단어는 예수님을 묘사할 때 쓰인 두 단어, '테크톤'(τεχνθών)과 '로고스'(λογος)와 밀접하게 연결

---

3 WBC 주석, 『출애굽기』(서울: 솔로몬, 2014), 664.

되어 있다.

테크톤(τεχνθών)은 '기술자'를 뜻하는 단어다. 예수님은 우주를 빚으신 기술자이시다. 실제로 예수님은 인간이 되셨을 때 기술자로 불리셨다.

> 이 사람이 마리아의 아들 목수(τεχνθών)가 아니냐(막 6:3).

로고스(λογος)는 '이성', '말씀'을 뜻하는 헬라어다.

> 태초에 말씀(λογος)이 계시니라 이 말씀(λογος)이 하나님과 함께 계셨으니 이 말씀(λογος)은 곧 하나님이시니라(요 1:1).

우리가 첨단 기술에 매료되는 것은 그것이 하나님이 그분의 형상을 따라 인간을 만들고 나서 에덴동산을 다스리라고 하셨던 명령을 수행하기 위한 도구이기 때문이다.

원래 다스린다는 것은 '하나님과 인간', '인간과 피조 세계'와 연결되는 것의 연장선이었다.[4] 그런데 우리를 그 어느 때보다 친밀하게 연결시켜 줄 것만 같았던 첨단 기술이 우리를 그 어느 때보다도 서로에게서 단절시키고 있다. 그 은혜의 선물을 도리어 하나님을 대적하는 인간 혁명, 기술 혁명으로 바꾸어 놓았다.

창세기 4장 23절에서는 기술력을 바탕으로 인간을 죽인 것을 자랑하듯 말하고 있다.

> 아다와 씰라여 내 목소리를 들으라 라멕의 아내들이여 내 말을 들으라 나의 상처로 말미암아 내가 사람을 죽였고 나의 상함으로 말미암아 소년을 죽였도다

---

4 존 오트버그, 『관계 훈련』, 정성묵 옮김 (서울: 두란노, 2018), 179-180.

하나님이 인간에게 준 영감과 능력으로 편익과 안전을 위해 개발하고 발전했던 것이 인간의 과도한 기대와 오만으로 인간을 협박하고 속박했다.

인간 생활의 개선과 편의 그리고 안전으로 개발한 다이너마이트, 증기기관, 전기, 원자력, 컴퓨터 등은 새로운 혁명의 시대를 이끌었지만 인간을 소외와 고립, 더 나아가 가장 위협하는 무기가 되고 있다.

4차 산업혁명 시대에는 하나님이 세상을 창조했을 때 있었던 창조의 빛, 새로운 세상을 여는 빛으로 노인들이 가지고 있는 세상과 삶에 대한 의미와 목적의 빛을 비춰야 한다.

전(前) 효사랑선교회 대표인 김영찬 목사는 다음과 같이 강조했다.

> 노인들에게 삶의 의미와 자신감 그리고 봉사할 기회를 줘야 한다. 노인들은 외롭다. 외로우니까 삶의 의미를 안 가질 수 있다. 그래서 라이프 스타일을 가질 수 있도록 교회에서 동기 부여해 주었으면 한다.
>
> 삶의 의미가 생기면 자신감이 생기고, 그 자신감은 바로 의욕과 활동력을 주어서 봉사하고 사역을 할 수 있게 해 줄 것이라 본다. 사회나 어느 특정한 단체나 기관에서 주는 것보다는 교회 목회자 분들이 말씀을 통해서 동기 부여해 주시는 것이 좋을 것 같다.
>
> 또한, 고령화 시대이니 그만큼 한인교회들을 보면 노인들이 교회마다 많다. 어느 교회에 가든지 6~70퍼센트가 다 노인이다. 앞으로 더 많아질 것이다. 따라서 노인에 대해서 구체적인 신앙 교육을 해야 하고, 그분들이 가지고 있는 아주 좋은 은사들을 활용해서 교회가 함께 사역을 해야 한다.[5]

코로나19 이후 교회와 노인의 일상생활은 "땅이 혼돈하고 공허하며 흑암이 깊음 위에 있는 것"(창 1:2)과 같다. 그러므로 흑암(-교회와 노인-)을 깨울 수 있는 새로운 빛, 혼돈과 공허한 인생을 살아갈 수 있는 생명의 빛

---

5 김영찬, 전(前) 효사랑선교회 대표.

과 새 힘을 얻을 수 있는 재교육이 있어야 한다.

> **어느 무신론자의 기도(2)**
>
> 이어령 지음
>
> 당신을 부르기 전에는
> 아무 소리도 들리지 않았습니다.
> 당신을 부르기 전에는
> 아무 모습도 보이지 않았습니다.
> 하지만, 이제 아닙니다.
> 어렴풋이 보이고 멀리서 들려옵니다.
> 어둠의 벼랑 앞에서 내 당신을 부르면
> 기척도 없이 다가서시며
> "네가 거기 있었느냐"
> "네가 그동안 거기 있었느냐"고
> 물으시는 목소리가 들립니다.
> 달빛처럼 내민 당신의 손은
> 왜 그렇게 야위셨습니까?
> 못 자국의 아픔이 아직도 남으셨나이까?
> 도마에게 그렇게 하셨던 것처럼 나도
> 그 상처를 조금 만져볼 수 있게 하소서.
> 그리고 혹시 내 눈물방울이 그 위에 떨어질지라도
> 용서하소서.
> 아무 말씀도 하지마옵소서.
> 여태까지 무엇을 하다 너 혼자 거기 있느냐고
> 더는 걱정하지 마옵소서.
> 그냥 당신의 야윈 손을 잡고
> 내 몇 방울의 차가운 눈물을 뿌리게 하소서.
>
> - 『지성에서 영성으로』 중에서 [6]

---

[6] 이어령, 『지성에서 영성으로』(경기: 열림원, 2010), 166-167.

2. 아름다운 노년

문화인류학(Anthropology)은 사람들이 실제로 무엇을 행하며 생각하는가를 다룬다. 즉, 인간 삶의 '실제'(reality)를 다룬다. 어떤 철학이나 사상을 다루는 것이 아니라 사람들의 삶 자체를 연구하는 학문이다.

이 단어는 '인간'을 뜻하는 헬라어 '안드로포스'(ανθρωπος)와 '학문'을 뜻하는 '로기아'(λογία)의 합성어이다. 로기아는 '말씀'을 의미하는 '로고스'(λογος)에 그 뿌리를 두고 있다.

하나님께서는 말씀(λογία)으로 세상을 만드시고, 말씀으로 인류의 대표인 히브리어로 사람을 뜻하는 아담(Adam)을 만드시되 흙을 뜻하는 아다마(Adama)로 빚어 만드시고 그 이름을 아담이라 부르셨다. 그러므로 노인에 대한 이해는 '인간은 하나님의 형상을 닮은 존귀한 존재'[7]로부터 출발해야 한다.

노인에 대한 신학적 기초는 하나님의 창조 질서에 의한 것이라고 믿는 것이다. 이에 노인에 대한 신학적인 견해는 인간 경험이나 실존의 한 부분에 제한되는 것이 아니고 전인적인 상호 관계에서 다루어져야 한다.

히브리어 용어인 '자켄'(זקן)은 '수염이 희다'라는 뜻으로 60세 노인을 지칭하는 말이다. 이 말은 성경에서 노인을 가리키는 것으로 자주 사용되며 연수를 다한 사람, 나이 많은 아버지라는 의미로 쓰인다.[8]

'세바'(שיבה)는 '흰머리', '백발 노인'이란 뜻으로 70세 노인을 가리킨다.[9] '야세스'(ישיש)는 80세 노인을 가리켰는데, '후들거린다', '나이 든', '노쇠한'[10]을 의미한다. 또한, '야시스'(ישיש)는 '나이 들어 존경할 만한, 덕망 있

---

7 [창세기 1:26-27]
8 [창세기 18:11; 25:8; 48:10; 사무엘하 19:32; 욥기 12:20; 32:9; 시편 71:9]
9 [창세기 42:38; 호세아 7:9]
10 [역대하 36:17; 욥기 15:10]

는'[11]이라는 의미를 지니며 '노인을 공경의 대상으로 삼을 것'이라는 함의를 가진다.[12] 그러므로 구약성경을 중심으로 한 히브리어는 노인을 주로 모발 및 수염이 희어지고 기력이 쇠퇴하여지는 시기인 60~80세를 지칭하고 있음을 알 수 있다.

신약성경에는 구약성경보다 노인에 대한 내용이 많지 않다. 그중 하나가 예수님이 30세쯤 공생애를 시작하셨을 때 일어난 유대인들과의 논쟁에서 등장한다. 이때 유대인들은 예수님에게 이렇게 질문한다(요 8:57).

"네가 아직 오십 세도 안 됐는데 아브라함을 보았느냐?"

이 말씀에 따라 당시 50세가 노인의 기준이 아니었을까 추측해 볼 수 있다.

헬라어 '게론'(γέρων)은 '자녀 출산이 불가능한 늙은이'(요 3:4), '게레이'(γήρει)는 '늙은 나이'(눅 1:36), '프레스부데스'(πρεσβύτης)는 '노인, 연장자'(눅 1:18; 딛 2:2)라는 뜻으로 생산 능력이 없는 생리적 노령과 연령적으로 연장자를 뜻한다.

마르티나 블라스버그-쿤케(Martina Blasberg-Kuhnke)는 성경에서 노인에 대한 진술에 대해 다음과 같이 이야기한다.

> 인류학적이고 사회적인 관점에서 주목해야 한다. 왜냐하면, 오늘날 노인에 대한 인문학적인 견해와 극히 유사하기 때문이다. 그 이유는 구약성서와 신약성서의 복음이 시대에 맞는 현실성을 담보로 한 교육적이며 긍정적인 관점 안에서 오늘날 노인의 삶을 보여 주고 있기 때문이다.[13]

인간의 노화 현상은 일반 계시(자연 계시)이며, 하나님의 창조 섭리에 의

---

11 [욥기 12:12]
12 류형기, 『노인: 성서사전』(서울: 장로회신학대학출판부, 1980), 185.
13 김정희, "노인 교육 프로그램에 대한 기독교 평생 교육적 입장에서의 논의 및 제언. 복음과 교육". 제11집. 159-188. 한국복음주의 기독교 교육학회. 2012.03.30, 164면.

한 현상이다. 성경적 관점에서 노화 과정에는 크게 세 가지 요소가 있다.

① 생명은 영원히 사는 것이 아니다.
② 노화는 인간 실존에 대한 하나님의 의도적 계획이다.
③ 노년은 영적 성숙과 자기 자신의 유한성을 인정하고 받아들이고 삶의 경륜을 돌아보아 다음 세대들에게 새 하늘과 새 땅을 제시하는 것이다.[14]

이 세 가지 요소를 기반으로 한 노년의 신학적 이해는 하나님께서 창조하신 질서대로의 흐름과 그 연속성 안에서의 변화와 성숙이라고 정의할 수 있겠다.

> 천하에 범사가 기한이 있고 모든 목적이 이룰 때가 있나니 날 때가 있고 죽을 때가 있으며 심을 때가 있고 심은 것을 뽑을 때가 있으며 (전 3:1-2, 개역한글).

> 네가 어렸을 때, 네 창조주께 영광을 돌리고 그분을 즐거워하여라. 세월의 무게에 못 이겨 기력이 쇠하기 전, 눈이 침침해져 세상이 부옇게 보이기 전, 겨울철에 난롯가를 떠나지 못하게 되기 전에, 늙으면 몸이 말을 듣지 않는다. 힘줄은 늘어지고, 쥐는 힘은 약해지며, 관절은 뻣뻣해진다. 세상에는 땅거미가 깔린다. 마음대로 드나들 수 없게 된다. 세상이 멈추어 선다. 가족들의 소리는 희미해진다. 새소리에 잠이 깨고 산을 오르는 것은 옛일이 되며 내리막길을 걷는 일마저 겁이 난다. 머리털은 사과 꽃처럼 희어져, 성냥개비처럼 부러질 듯 힘없는 몸을 장식할 뿐이다. 그렇다. 너는 영원한 안식으로 가는 길에 거의 이르렀고, 친구들은 네 장례 계획을 세운다. 근사했던 삶이 조만간 마무리된다. 값지고 아름다운 인생이 끝난다. 몸은 그 출처였던 땅으로

---

14 장대숙, 『노인학의 이론과 적용』(서울: 한국장로교출판사, 1998), 22-23.

되돌아가고, 영은 그것을 불어넣으신 하나님께 되돌아간다. 모두가 연기다. 연기일 뿐이다(전 12:1-8, 메시지).

움직이고, 보고, 씹고, 듣고, 맛보는 능력을 쇠퇴하게 하는 자연의 법칙에서 노인을 바라보아야 한다. 노인이 되어서 삶을 돌아볼 때, 요람에서 지금까지 인생 주기가 모든 날이 목적지를 향해 날아가는 화살처럼 순식간에 지나갔다고 말한다.
120세까지 산 모세는 이렇게 고백했다.

우리의 평생이 순식간에 다하였나이다 우리의 연수가 칠십이요 강건하면 팔십이라도 그 연수의 자랑은 수고와 슬픔뿐이요 신속히 가니 우리가 날아가나이다(시 90:9-10).

노인이 된 다윗도 이렇게 고백했다.

내가 늙어 연약해져도 쫓아내지 마시고, 제 역할 못하게 되어도 퇴물 취급하지 마소서 (시편 71:9, 메시지).

내가 늙어 백발이 될 때에도 나를 버리지 마시며 내가 주의 힘을 후대에 전하고 주의 능력을 장래의 모든 사람에게 전하기까지 나를 버리지 마소서(시 71:18).

하나님의 사람들도 늙으면 힘이 쇠하고 소외당하며 고독하고 외롭다고 말한다. 그러면서도 노인들만이 할 수 있는 독특한 역할과 사명이 있다는 것을 가르치고 있다.
조지 휫필드(George Whitefield)는 55세의 이른 나이에 하나님의 부름을 받았다. 그의 마지막 기도를 소개한다.

> 주 예수님, 나는 당신의 사역을 위해 쇠하고 있습니다.
> 하지만, 당신의 사역은 결코 쇠하지 않습니다.
> 만일 내가 가야 할 길을 아직 다 가지 않았다면,
> 나로 당신을 위해 단 한 번만 더 그곳에 가서 복음을 전하게 해 주십시오.
> 당신의 말씀을 확정 짓게 해 주십시오.
> 그리고 집으로 돌아와 죽게 해 주십시오.

3. 영성으로 늙어 가는 노인

구약에서 영성을 나타내는 대표적인 단어는 '루아흐'(רוּחַ)와 '네페쉬'(נֶפֶשׁ)이다. 루아흐는 '성령, 숨, 생명, 바람, 정신, 생기, 영성, 영혼들'이란 뜻이고, 네페쉬는 육신과 정신, 성품, 인격, 영성 등 개별적인 삶 자체, 또는 생명체나 인간을 나타낸다.[15]

이 단어들은 영, 또는 영혼으로 번역이 되는데 곧 프뉴마(πνεύμα), 스피릿(Spiritus)으로 번역되어 있는 단어들이다. 그 뜻은 '숨, 호흡, 입김'이나 '대기 중에 있는 공기, 연한 바람' 등을 뜻한다. 즉, 영성은 영과 육의 합일체로서의 인간과 하나님의 나눔을 통한 교제[16]라고 할 수 있다.

영성은 성령 안에서 걸어가는 길이다. 그리스도의 임재를 믿고 인식하고, 체험하는 영의 감각에 근거를 둔 삶의 모습이라 할 수 있다. 그러므로 거기에는 삶이 일부가 아니라 요람에서 죽을 때까지의 삶의 여정 전체가 포함된다. 그것은 하나님과 나, 나와 우리, 이웃과 피조 세계까지 포함한 관계이다.

---

15 「목회와 신학」, "구약논단", 제14권 4호 통권 30집, 2003년 12월, 195-196.
16 박준서, 「한국기독교신학논총」, "구약신앙과 영성", 1989, 47면.

존 레이(John Leith)는 "하나님이 우리에게 맡기신 사역은 인간의 삶을 향상시키고, 인간의 필요에 봉사하고, 창조주를 영화롭게 하는 일이다"[17]라고 했다.

『웨스트민스터 기독교 영성사전』에서는 "영성이란 사람들의 삶에 활기를 주고 그들이 초감각적인 실체들과 접촉하는 일을 도와주는 태도, 믿음, 실천이다"라고 정의한다.

따라서 영성이란 하나님의 은혜로 주어진 신비한 체험과 예수 그리스도의 복음 안에서 그리스도를 본받아 하나님과 끊임없이 교제하는 것이다. 또한, 성령 안에서 세상 사람들을 섬기고 은혜가 충만한 삶이다.

성경은 영성을 크게 제사장적 영성, 선지자적 영성 그리고 평신도가 주축이 된 나실인적 영성으로 나눈다. 제사장적 영성이 율법을 강조하고 선지자적 영성이 하나님의 은혜를 강조했다면, 나실인 영성은 절제와 모범을 보인 모습이다. 영성을 소유한 자들의 모습은 다음과 같다.

첫째, 도고 또는 중보 기도하는 사람들이었다.

도고는 헬라어 엔튜크세이스(ἐντεύξεις)로, '타인을 위한 기도' 혹은 '하나님께 담대히 나아갈 수 있는 자유롭고도 친밀한 기도'라는 의미를 담고 있다.

제사장은 사람을 대표하여 하나님께 예물을 드리며 기도하는 사람이다. 백성들의 죄를 속죄하는 제사를 대행하고 그들을 위해 기도하는 사람이었다. 또한, 나라와 민족의 국운이 있을 때마다 백성과 민족을 위해 기도하였다.

이스라엘 백성들이 약속의 땅 가나안으로 가는 여정에서 아멜렉과의 전쟁이 있었다. 이 전쟁의 승리 여부는 현장에서 전투하는 여호수아에게 있

---

17   John H. Leith, The Reformed Imperative (Philadelphia: Westminster Press,1988), 94.

는 것이 아니라 중보 기도하는 모세에게 있었다.[18]

이스라엘의 왕정 초기에 블레셋의 침입과 우상으로 가득 찬 이스라엘 백성들을 향해 사무엘은 미스바로 모일 것을 명했다.

> 사무엘이 이르되 온 이스라엘은 미스바로 모이라 내가 너희를 위하여 여호와께 기도하리라 하매 그들이 미스바에 모여 …그날 종일 금식하고 거기에서 이르되 우리가 여호와께 범죄하였나이다 하니라 … 이스라엘 자손이 미스바에 모였다 함을 블레셋 사람들이 듣고 그들의 방백들이 이스라엘을 치러 올라온지라 이스라엘 자손들이 듣고 블레셋 사람들을 두려워하여 이스라엘 자손이 사무엘에게 이르되 당신은 우리를 위하여 우리 하나님 여호와께 쉬지 말고 부르짖어 우리를 블레셋 사람들의 손에서 구원하시게 하소서 하니 … 사무엘이 … 이스라엘을 위하여 여호와께 부르짖으매 여호와께서 응답하셨더라 (삼상 7:5-9).

예수님은 중보 기도자셨다. 요한복음 17장에서는 예수님의 대제사장적 기도의 모습을 볼 수 있다. 예수님은 하나님의 영광을 위해 그리고 당신을 위해 기도하셨다. 또한, 제자들을 위한 기도와 모든 그리스도인을 위하여 중보 기도하셨다.

사도 바울은 골로새 교회와 데살로니가 교회를 위하여 기도하며 에베소 교우들에게는 서로 위하여 중보 기도하는 자가 되라고 권고한다. 더불어 자신을 위해 중보 기도해 줄 것을 부탁한다.

이용규 선교사는 『같이 걷기』에서 다음과 같이 말한다.

> 나의 영적인 생활에 필요한 기름은 무엇일까? 내게 필요한 기름은 하나님과의 구별된 시간, 친밀한 교제의 시간이었다.[19] 기도라는 동전을 집어넣

---

18 [출애굽기 17:11-12]
19 이용규, 『같이 걷기』(서울: 규장, 2010), 114.

었지만 바로 결과가 나오지 않으면 우리는 자판기가 문제가 있다고 생각한다. 하나님은 자판기가 아니라 살아 계신 인격이시다.[20]

우리가 하나님과 교통하기 위해서는 거룩한 영성이 필요하다. 이 영성은 영적인 윤활유이며 기도는 영적 주유기이기 때문이다. 영적인 주유기가 가득 차면, 하늘의 태양과 달도 멈추고 병든 육신에는 치유가 일어나며, 물이 변하여 포도주가 되는 응답과 영과 육신이 강건케 되는 역사가 일어난다.

둘째, 나실인의 영성으로 평범한 영성의 소유자이다.

나실인적 영성은 제사장이나 선지자적 영성과는 다른 것이다. 나실인적 영성은 하나님을 전적으로 섬기려는 모든 남녀에게 하나님께서는 그 길을 열어 놓으신 것이다.

즉, 이스라엘의 모든 지파에서 남녀를 막론하고 누구나 서약할 수 있고 그 서원을 통해 자기 몸을 구별하여 하나님께 드리려고 하면 율법의 규정에 따라 나실인으로 살아갈 수 있었다.

> 남자나 여자가 특별한 서원 곧 나실인의 서원을 하고 자기 몸을 구별하여 여호와께 드리려고 하면 포도주와 독주를 멀리하며 포도주로 된 초나 독주로 된 초를 마시지 말며 … 몸을 정결하게 하는 날 … 곧 서원한 나실인이 자기의 몸을 구별한 일로 말미암아 여호와께 헌물을 드림과 행할 법이며 이외에도 힘이 미치는 대로 하려니와 그가 서원한 대로 자기의 몸을 구별하는 법을 따라 할 것이니라(민 6:2-21).

나실인 제도가 정착되기 전에는 신성한 종교적 의무를 감당하기 위해 하나님께로부터 신적 권능을 부여받은 고귀한 신분을 지칭하는 말로 사용되었다.

---

20 이용규, 『같이 걷기』, 123.

> 네 아버지의 하나님께로 말미암나니 그가 너를 도우실 것이요 전능자로 말미암나니 그가 네게 복을 주실 것이라 위로 하늘의 복과 아래로 깊은 샘의 복과 젖먹이는 복과 태의 복이리로다 네 아버지의 축복이 내 선조의 축복보다 나아서 영원한 산이 한없음 같이…(창 49:25-26).

그런데 후대에 와서 나실인 서원 규약이 율법에 의해 규정되고 표준화되면서 자신을 종교와 도덕적으로 구별시켜 하나님께 헌신하기로 서원한 사람이면 남녀를 불문하고 지파나 신분의 구분 없이 누구나 일정 기간이나 평생 동안 나실인이 될 수 있었다.

나실인 중에는 삼손이나 세례 요한 등과 같이 하나님의 직접적인 명령에 따라 나실인이 되어 평생을 헌신한 자도 있었고, 사무엘처럼 부모의 서원에 따라 그렇게 된 사람도 있었다.

나실인은 순전히 '하나님에 의한', '하나님을 위해', '하나님을 위한' 사람이었다. 즉, 하나님의 영광을 위해서 자신의 삶 전체를 드렸던 것이다. 그들은 일정한 장소나 업무에 국한되지 않고, 주어진 환경에서 하나님 나라의 일익을 담당함으로써 자신의 서원을 구체화했다.

인생 후반기에 들어선 노인들은 구별된 삶을 살아야 한다. 하나님을 위한, 하나님을 위해 거룩한 열정을 쏟으며 헌신하는 모습을 보여 주는 모습이 필요하다. 인생을 정리하는 그레이 세대(Gray Generation)가 아닌, 사역에 황금기를 맞이한 골드 세대(The Gold Generation)로의 헌신을 다짐한 나실인적 서약이 필요하다.

셋째, 말씀과 회복의 영성가였다.[21]

이들은 개인이나 가정, 나라와 민족이 어려움을 당했을 때 하나님께 나아가 회개와 회복 운동을 한다. 회복 영성은 회개와 영적 각성을 통해 무

---

21 [사무엘상 7:1-12; 열왕기상 18:30-39; 느헤미야 9:1-8]

너진 신앙의 기초를 회복하고 무너진 하나님과의 관계를 회복하는 것이다.

> 엘리야가 모든 백성을 향하여 이르되 내게로 가까이 오라 백성이 다 그에게 가까이 가매 그가 무너진 여호와의 제단을 수축하되 … 엘리야가 나아가서 말하되 아브라함과 이삭과 이스라엘의 하나님 여호와 주께서 이스라엘 중에서 하나님이신 것과 내가 주의 종인 것과 내가 주의 말씀대로 이 모든 일을 행하는 것을 오늘 알게 하옵소서 여호와여 내게 응답하옵소서 내게 응답하옵소서 이 백성에게 주 여호와는 하나님이신 것과 주는 그들의 마음을 되돌이키심을 알게 하옵소서 하매 이에 여호와의 불이 내려서 번제물과 나무와 돌과 흙을 태우고 또 도랑의 물을 핥은지라(왕상 18:30-38).

고든 맥도날드(Gordon MacDonald)는 영성을 이렇게 정의했다.[22]

> 영성은 일상의 경험과 위기의 순간이 오래오래 쌓여 이루어지는 것이다. 사실 영혼의 성장은 너무 느려서 여간해서는 측량할 수도 없고 눈에 잘 띄지도 않는다.

영성은 나의 자아를 벗고 내 안에 내주하신 하나님의 형상을 가지는 것이다. 영성은 영적 훈련을 통해 하나님과 닮는 것이 아니라, 영적 노력을 통해 하나님 나라로 나아가는 것이다. 깊은 영성, 현실적인 경건한 믿음, 나이가 드는 것은 나를 사랑하고 우리들을 사랑하며, 나의(자아) 정체성을 찾길 바라시는 하나님께 응답하는 영적 여정이다.

영적 여정의 길에서 나이 듦은 전진적인 퇴보가 아니라 오히려 그 반대인 성숙이다. 나이가 들면 우리는 좀 더 온화한 인간으로 변화하고 점점 더 깊어진다. 모든 영적 성장이 그러하듯, 우리를 사랑하고 우리를 인간

---

[22] 고든 맥도날드,『하나님이 축복하는 삶』, 윤종석 역(서울: IVP, 2012), 119.

답게 만들고자 하시는 하나님과 협력해야 한다.[23] 그것이 하나님이 우리 인간을 창조한 이유이기도 하다. 그러므로 우리의 언행심사의 삶에서 그리스도의 모습이 증거되어야 한다.

세군도 갈릴레아(Segundo Galilea)는 영성에 대해 다음과 같이 말했다.[24]

> 모든 영성은 하나님께서 우리를 먼저 사랑하신다는 이 근본적인 사실에서 비롯된다. 만약 무엇보다도 기독교 영성이 우리를 사랑하고 바라시는 하나님의 계획이자 선물이라면, 영성은 우리를 인간답게 만들고 성화시키는 하나님의 사랑에 대한 인식이자 반응이다.
> 이 영성의 길은 구체적이지만 절대 끝나지 않는 과정인데, 이 과정으로 말미암아 우리는 하나님의 창조 계획과 일치된다. 이 계획은 근본적으로 하나님 나라와 그 나라의 정의(거룩)이기 때문에, 영성은 그리스도인이나 다른 사람들에게 하나님 나라를 가져다주려는 하나님의 의지와 동일시된다.

즉, 영성은 하나님의 성품이 믿음을 통해서 내재화되고 삶을 통해서 결실화되는 것이다.

사무엘은 영적 여정의 길에서 기도를 쉬지 않았던 영성가였고, 갈렙은 85세의 나이에도 온전히 여호와를 좇은 전인적인 그리스도인의 모습을 보여 준다. 성경에 등장하는 노인들은 인생 여정을 하나님과 동행했고, 온전히 하나님을 좇았으며, 무너진 하나님의 제단 회복을 위해 기도했던 분들이었다.

회복의 영성을 위해 울부짖음은 깨진 관계, 세속화에 물든 백성들을 향한 거대한 울림의 몸짓이었다. 울림의 몸짓은 관계 회복과 회개 운동을 통

---

[23] 폴 스티븐스, 『나이듦의 신학』, 박일귀 옮김(서울: CUP, 2018), 116.
[24] Segundo Galiles, The Way of Living Faith: A Spirituality of Liberation (San Francisco: Harper and Row, 1988), 20.

해 영성을 확립했고, 민족의 새로운 부흥과 하나님과의 관계 회복 퍼즐의 완성이었다. 그래서 삶의 자리에서 로드맵을 완성할 수 있었고, 하나님 자녀의 모습을 보여 주었다. 때로는 하나님께서 맡긴 그 사명을 위해 마지막 여정 역시 조금도 주저하지 않았다. 사도 바울은 이렇게 고백했다.

> 내가 달려갈 길과 주 예수께 받은 사명 곧 하나님의 은혜의 복음을 증언하는 일을 마치려 함에는…(행 20:24).

> 나는 선한 싸움을 싸우고 나의 달려갈 길을 마치고 믿음을 지켰으니 이제 후로는 나를 위하여 의의 면류관이 예비되었으므로…(딤후 4:7-8).

노인의 사명, 그것은 하나님께서 우리들을 향한 세상의 빛, 세상을 향한 소금으로서의 삶이 되기를 원하시는 것이다. 전인적인 노인의 삶, 내 자리에서부터 예수의 맛을 내고, 예수의 향기를 전하는 영성가의 모습으로 아름답게 선종의 여정을 마치는 것이다.

우리 모두는 하나님 나라를 향해 떠나는 순례자이다. 순례자는 영적 성숙을 위해 거룩한 순례의 길을 떠나는 사람이다.

바울은 육체적 노화에 빗대어 영적인 신앙의 성숙을 말했다.

> 그러므로 우리가 낙심하지 아니하노니 우리의 겉사람은 낡아지나 우리의 속사람은 날로 새로워지도다(고후 4:16).

따라서 육체적인 노쇠에 낙심하지 말고 영적인 성숙과 신앙의 열매를 맺을 때가 바로 노인의 시기이다. 그래서 노인은 향나무와 같은 존재다. 향나무는 자기를 쳐서 쓰러뜨리려는 도끼날에도 향을 토해 낸다. 향나무는 찍혀도 향을 발한다. 향나무는 오래 살면 살수록 더 진한 향을 품는다. 이것이 바로 노인의 지혜이며, 아름다움이고 늙어감의 자태이다.

　노년은 육체적으로는 노쇠하였지만 신앙의 깊은 경지와 경륜 그리고 체험적인 지혜와 변함없는 인내로 영적 성숙함에 이르는 시기인 것이다.

　순례자는 영적 성숙을 더 원하기 때문에 그 성숙을 위해 거룩한 순례의 길을 떠나는 사람이다.
　순례자는 내가 친숙했던 것에서 벗어나는 사람이다.
　순례자는 내가 머물고 있던 것에서 떠나는 것이다(타성, 게으름, 나태, 안주, 영적 무기력, 영적 타협, 평안이라는 가면에 물들은 거짓 합리화, 중독 등).
　순례자는 영적 성숙을 더 원하는 사람들과 동행하는 사람이다.
　순례자는 하나님의 그 역사하심을 따라가는 사람이다.
　순례자는 새로운 도전에 대한 두려움도 있지만 담대하고 용기있게 따라가야 하는 사람이다.

　영적 성장과 성숙을 위해 떠나는 순례자들에겐 슬픔, 아픔, 상처, 고통들이 있다. 마태복음 25장의 달란트 비유처럼 고통과 슬픔 그리고 상처를 만났을 때 그것에 대처하는 방법은 두 가지이다.
　한 분류는 공동체와의 만남을 통해 5배, 2배로 치유와 회복을 얻지만 다른 한쪽은 땅에 묻어 두어서 그 상처와 고통, 슬픔이 나 자신을 썩게 만들어 더 큰 아픔과 상처로 남게 한다. 그러므로 영적 성장과 성숙을 위해 떠나는 순례자는 아픔과 슬픔, 고통과 상처를 마음 밭 땅에 꽁꽁 묻지 말고 그 모습 그대로 주님의 앞으로 나아가 그것들을 드려야 한다.
　영적 성장과 성숙을 위해 함께 묻어 뒀던 아픔과 슬픔 그리고 고통과 상처들을 예수 그리스도의 십자가 밑에 내려놨을 때, 그것이 영적 성장과 성

숙을 이루는 데 거룩한 토양이 되고 거름이 될 것이다.[25]

4. 존경과 공경으로 늙어 가는 노인

성경에서 장수는 축복이며, 노인은 지혜자이기에 공경하라고 명령한다. 모세와 욥은 그의 인생을 정리하면서 그 백성들에게 이렇게 말한다.

> 아득한 옛날을 회상해 보아라. 선조 대대로 지나온 세월을 더듬어 보아라. 너희 아비에게 물어보아라. 그가 가르쳐 주리라. 노인들에게 물어보아라. 그들이 일러 주리라 (신 32:7, 공동번역).

> 늙은 자에게는 지혜가 있고 장수하는 자에게는 명철이 있다(욥 12:12).

유대인 작가 아브라함 헤셀(Abraham Heschel)은 이렇게 말했다.

> 나이 듦은 패배가 아니라 성공이며, 형벌이 아니라 특권이다. 마치 대학에서 최고 학년이 되는 것처럼, 인생의 완성을 이룬다는 기대를 품고 맞이해야 한다. … 노년은 가능성이 풍부한 인격 형성기이다. 이 시기에는 인생의 어리석음을 버리고, 자기기만을 간파하고, 이해심과 공감 능력이 깊어지고, 정직함의 지평이 넓어지고, 공정성에 대한 감각이 한층 성숙하기 때문이다.[26]

하나님은 인간에게 10가지의 계명을 주셨다. 그중에 인간에게 명령하신

---

25 Fuller Theological Seminary, 로라 하버트(Laura Harbert) 교수의 영성 수업에서 느꼈던 글.
26 폴 스티븐스, 『나이듦의 신학』, 8. 재인용.

첫 번째 계명이 바로 "네 부모를 공경하라"(출 20:12)이다. 신명기에도 동일한 말씀이 등장한다.

> 너는 네 하나님 여호와께서 명령한 대로 네 부모를 공경하라(신 5:16).

하나님은 인간이 지켜야 할 기본 질서로 부모를 공경할 것을 요구하신다. 여기서 말하는 부모는 우리를 낳아 주신 분으로, 지금은 나이 드신 부모가 공경의 대상임을 분명히 하고 있다. 또한, 이를 지킬 경우 하나님께서 장수의 축복을 약속하셨다.

하나님만 경외할 것을 강조하는 구약성경에서 단 하나의 예외로 두는 명령도 바로 부모 공경이다.

> 너희 각 사람은 부모를 경외하고(레 19:3).

이는 모세오경의 특징으로 부모를 공경의 대상을 넘어 경외의 대상으로 바라보고 있음을 알 수 있다. 그래서 성경은 다음과 같이 권고한다.

> 늙은이를 꾸짖지 말고 권하되 아버지에게 하듯 하며(딤전 5:1)
> 늙은 여자에게는 어미에게 하듯 하며(딤전 5:2).

'공경하다'라는 의미를 지닌 '카바드'(כבד)는 구약에서 동사용으로 볼 때 다음 세 가지를 뜻한다.

① 그를 높이라.
② 부모에게 관심을 가지고 사랑을 보여 주라.
③ 부모에게 존경, 경외, 복종을 보여 주라(레 19:3).

십계명 중 제5계명이 "네 부모를 공경하라"(출 20:12)이다. 부모를 공경하는 것은 마치 제1계명과 같은 맥락에서 이해할 수 있다. 성경에서는 하나님과 이스라엘을 부자 관계로 비유하고 있기 때문이다.

공경은 동의에 의한 것이 아니라 권위와 존경에 기초한다. '카바드'에서 유래한 '카베드'(간, 肝)는 우리 몸의 장기(臟器) 중에서 가장 무거우며 가장 중요하고 마음이 자리하고 있는 몸의 중심이며 하나님께 드리는 제물의 내장 중 가장 가운데 부분으로 '제사를 드리는 사람의 마음'을 상징한다.

부모를 공경하는 것은 부모를 자신 몸의 간처럼 중요하게 여기고 중심으로 사랑하는 것, 마음을 다하여 사랑해야 하는 것을 가르친다. 십계명에서 "부모를 공경하라"는 계명은 "나의 안식일을 지키라"는 안식일 계명 뒤에 나오지만, 레위기에서는 "부모를 경외하라"는 명령이 안식일 계명 앞에 있는 것에 주목할 필요가 있다. 이러한 배치의 의도는 부모를 공경하고 경외하는 것이 곧 주 하나님을 공경하고 경외하는 것과 밀접한 관계가 있음을 강조하기 위함이다.

제4계명에서 안식일을 지켜 그분을 공경하는 것같이 제5계명에서 부모도 공경하여야 한다고 명령하신다. 다시 말해 안식일의 공경심을 가지고 일상의 삶에서도 부모님께 공경심을 가져야 한다는 것이다.

하나님은 레위기에서 그분의 백성으로서 절대적으로 지켜야 하는 신적 계명인 안식일 계명에 앞서 "부모를 경외하라"고 의도적으로 강조하신다. 하나님과 그분의 백성 간의 거룩한 관계에 있어, 그분의 안식에 참여하기 이전의 일상에서 "부모를 경외하는 것"을 통하여 먼저 배우고 익혀 실천하도록 규례를 정하셨다.

경외심은 거룩하신 그분의 안식에 들어가는 자에게 요구되는 마음가짐이며 영적 상태이다. 부모님 경외하기를 통해 먼저 배움으로 거룩한 안식일에 하나님을 경외하는 예배를 바르게 드릴 수 있다.

메튜 헨리(Mattew Henry)[27]는 부모를 공경한다는 것은 내적인 공경심이 늘 외적 행동으로 표출되는 것, 그들의 지도와 꾸지람, 교훈 등에 귀를 기울이며 더 나아가 순복하는 것, 그리고 부모의 편안과 노년의 안위를 살핀다는 의미를 담고 있다고 했다.[28]

사도 바울의 목회 서신에서 과부의 법규[29]는 하나님과 이웃에 대한 섬김과 봉사를 노인에 대한 젊은 공동체 구성원들의 섬김과 봉사로 연결시킴을 알 수 있다. 이는 단지 노인들의 고난, 슬픔 그리고 물질적 궁핍함에 대한 돌봄만이 있었던 것이 아니라, 노인을 존경하여 그들이 공동체 속에서 중요한 역할을 할 수 있는 장(field)을 제공하였음을 보여 준다.

다시 말하면, 그들의 오랜 삶을 통해 축적된 지혜와 경험을 타인에게 전해 줄 수 있는 공간과 시간을 마련하여 그들로 하여금 공동체 안에서 적극적으로 활동할 수 있는 사람으로 인정하였다는 것이다. 그 당시 늙은 과부는 공동체 내 중보 기도와 구제 사업의 봉사직을 담당하였던 것을 알 수 있다.[30]

바울은 디도에게 목회 서신을 보내면서 그를 그레데에 남겨 둔 이유를 "각 성에 장로들을 세우려 함"(딛 1:5)이라고 했다. 따라서 초대 교회는 장로와 감독의 직분을 노인에게 맡겨 지도력을 발휘하도록 했다.

이 리더십의 성격을 드러내는 데 사용된 두 개의 중요한 단어를 아른트와 진그리치의(Arndt-Gingrich) 헬라어 사전에서 보면 다음과 같다.

먼저, '선두에 서다', '다스리다'라는 뜻의 '프로이스테미'(προίστημι)라는 말은 '앞에', '선두에'를 뜻하는 '프로'(προ)와 '서다'를 뜻하는 '히스테미'(ίστημι)의 합성어이다. 다시 말해서 '다스린다'의 '프로이스테미'(proistemi)는 '선두(앞에)+서다'로 '선두에 서다' 혹은 '앞장선다'는 말이

---

27 메튜 헨리(1602-1714), 영국의 신학자이며 유명한 성서 주석가.
28 메튜 헨리 주석 전체 -HANGL NOCR, https://nocr.net/com_kor_mhw.
29 [디모데전서 5:1-16]
30 김정희,『기독교 노인교육』(경기: 한국학술정보, 2008), 164-165.

다. 그래서 '프로이스테미'(proistemi)는 '앞에 두다'(제출), '앞서 가다'(인도), '선두에 서다', '돌보다', '다스리다'를 뜻한다.

바울은 데살로니가 교회에게 이렇게 편지했다.

> 너희 가운데서 수고하고 주 안에서 너희를 다스리며 권하는 자들을 너희가 알고 그들의 역사로 말미암아 사랑 안에서 가장 귀히 여기며(살전 5:12-13).

또한, 디모데전서에는 다음과 같이 반문한다.

> 자기 집을 다스릴 줄 알지 못하면 어찌 하나님의 교회를 돌보리요(딤전 3:5).

여기에 '가정을 돌본다' 라는 뜻으로 사용된 헬라어가 바로 프로이스테미이다. 바울은 어떤 장로들 가운데 "배나 존경할 자"가 있다고 하며 그들을 "잘 다스리는 장로들"이라 불렀다(딤전 5:17). 여기서 '다스리다'라는 뜻으로 프로이스테메라는 단어가 사용되었다.

두 번째 단어는 '돌보다', '도움을 주다', '인도하다', '선행하다', '앞서다', '먼저 가다', '통치하다', '다스리다'라는 뜻의 '헤구마이'(ἡγοῦμαι)이다. 이 단어는 히브리서 13장에 세 번 나오는데 "너희를 인도하던 자들"이라고 되어 있다.[31]

이렇듯 장로란 연령이 높고 인생이 풍부한 지도자를 일컫는 말로 성경에서 장로는 가족과 공동체 내에서 일어난 시시비비를 가려 주고, 충고와 권면을 통하여 올바른 삶을 살도록 지도력을 발휘하였다.

장로회신학대학교 김중은 교수는 『성경에서 본 노년과 노인에 대한 이해』에 대한 발제에 다음과 같이 썼다.

---

[31] 존 스토트, 『한 백성: 변하지 않는 교회의 특권 4가지』(경기: 아바서원, 2012), 59.

첫째, 백발(흰머리)로 대표되는 노년의 삶은 하나님이 주시는 복이며, 하나님을 경외하고 그 계명을 지킨 데 대한 은총으로 보고 있다. 그러므로 노년은 이러한 하나님의 은총과 복을 증언하며 살아야 할 사명이 있는 시기[32]라고 말한다.

구약에서는 나이 많아 늙은 노년을 히브리어로 '세바 토바'(סבא טובה)라고 했는데 직역하면 '좋은 흰머리'라는 뜻이다. 이것은 보다 구체적으로 머리가 완전히 희어질 때까지 오래 살고, 죽을 때까지 형통하며 자연사하여 가족묘에 장사되는 것을 말한다.

흰머리의 노년이 된 것을 그저 슬퍼하고 낙심해서는 안 된다. 오는 백발을 막아 보려는 생각도 부질없고 백발을 검게 물들이는 것도 바람직한 것이 아니다. 왜냐하면, "젊은이의 자랑은 힘이요. 노인의 영광은 백발이다"(잠 20:29)라고 성경은 말하기 때문이다. 그러므로 노인에겐 오래 사는 그 자체가 중요한 것이 아니라 백발의 삶 속에서 하나님의 정직하심과 그분의 은총을 증언해야 하는 사명이 있음을 깨닫는 것이 필요하다.

성경의 신앙인들은 노년에 이르기까지 장수하는 것을 부끄럽게 생각하거나 욕심이라고 여기지 않았다. 오히려 하나님의 은총을 증언할 좋은 기회로 삼았다. 이점은 오늘을 사는 우리에게도 노년의 이해에 있어서 좋은 교훈이 될 수 있다.

또한, 백발과 관련하여 다니엘은 양털같이 흰 머리털을 가지신 분으로 묘사되고[33] 있으며, 마지막 심판 때 나타나실 예수 그리스도 역시 "옛적부터 계신 이"(계 1:14)와 동일시되면서 백발을 가지신 분으로 소개되고 있다.

---

32 2013년 7월 15일, 기독교대한감리회 중부연회2013년 7월 15일, 기독교대한감리회 중부연회.
33 [다니엘 7:9]

둘째, 성경에서 노인의 이미지는 긍정적이다. 노인은 존경을 받아야 하며, 노인의 존재는 그 가정과 사회와 국가에 있어 긍정적인 의미를 지닌다. 하나님과 동행하는 오랜 삶의 경험을 통하여 노인에게는 후생들을 지도하고 이끌어 줄 수 있는 지혜가 있기 때문이다.

지혜자로서의 노인의 역할은 대표적으로 구약 시대의 장로 직분으로 나타난다. 장로라는 용어를 히브리어로 '자켄'(זקן) 이라고 하는데, 그 본래 뜻은 "노인의 얼굴에 있는 긴 수염"이다.

장로란 연령이 높고 생의 경험이 풍부한 지도자를 일컫는 말로 히브리 문화권에서 장로는 가족과 공동체 내에서 일어난 시시비비를 가려 주고, 충고와 권면을 통하여 올바른 삶을 살도록 하는 지도력을 발휘하였다.

장로의 유래는 출애굽한 이스라엘 백성에 대한 행정과 재판의 일을 모세 혼자서 수행하는 것을 보고 그의 장인 이드로가 70명의 사람을 선출하게 하여 모세의 일을 나누어 하게 한 데서 유래했다.[34]

구약에서 장로의 역할은 다양했다. 성읍의 중재자였고 분쟁을 조정하는 재판장이었으며 왕의 고문 역할도 수행했다.

대표적으로 유다 왕 르호보암 시대 때 르호보암은 노년의 장로들의 충고를 저버림으로써 돌이킬 수 없는 왕국 분열의 실패를 맛봐야 했다.[35]

바벨론 포로기 때는 회당을 세우고, 그 회당에서 가르칠 장로를 세웠다. 장로들은 유대인 부락의 대표자임과 동시에 회당을 책임지는 역할을 했다.

포로 귀환 후에는 장로로서 지방 자치의 권력을 가졌고, 올바른 행정의 책임을 가졌다. 마카비 시대의 장로는 산헤드린 의회의 회원을 가리키는 명칭이었으며 초대 교회에서의 장로는 가르치는 일과 다스리는 일을 했다.

---

[34] [민수기 11:16]
[35] [열왕기상 12:6]

바울은 장로에 대해 다음과 같이 언급했다.

> 잘 다스리는 장로들은 배나 존경할 자로 알되 말씀과 가르침에 수고하는 이들에게는 더욱 그리할 것이니라 (딤전 5:17).

성경은 노인을 아무 할 일 없는 '뒷방 늙은이'로 취급하지 않는다. 노년에 할 일과 사명을 가진 하나님의 백성이자 존경받는 일원으로 말한다. 노인을 존경한다는 것은 적극적으로 노인이 그의 사명과 할 일을 할 수 있도록 자리를 인정하고 마련해 드리는 것이다.

성경에서 노인이라고 모두 장로 직분을 수행했던 것은 아니라 할지라도, 일반적으로 노인에겐 하나님의 능력과 정의를 후세대에 알게 하는 사명과 책임이 있었다. 또한, 은퇴 후에도 후배들의 일을 도와줄 뿐 아니라 자신의 한계를 인식하면서 후배들을 앞세우는 역할을 한다.

노인이 자신의 한계성을 인식하지 못하고 자리와 명예를 탐하는 것은 추한 면으로 경계해야 할 점이다. 이러한 관점에서 다윗왕의 극진한 초청에 대응하는 80세 고령의 신하인 바르실래의 태도는 노년 모습 중 또 하나의 귀감으로 삼을 수 있는 아름다운 이야기이다.[36]

지혜문학의 교과서라고 할 수 있는 잠언에서는 부모의 교육적 역할이 강조되고 있다. 여기서 부모의 교육이 미성년 자녀에게만 국한되고, 성년의 자녀나 결혼한 자녀들에게는 해당이 안 된다고 생각한다면 오해이다.

실로의 제사장 엘리가 매우 늙었을 때 그의 두 아들의 비행을 듣고 그들을 타이르기는 했으나 철저히 살피고 지도하지 못함으로 해서 그의 가문이 하나님의 심판으로 몰락한 사실은 주목해야 할 필요가 있다.[37] 자녀들

---

[36] [사무엘하 19:32-39 ; 열왕기상 2:7]
[37] [사무엘상 2:22-36; 4:18]

에 대한 가정 교육의 사명은 노년의 부모라고 해서 면제되거나 소홀하거나 무관심할 수 있는 것은 아닐 것이다.

셋째, 노년에는 육체적으로나 정신적으로 쇠약해지는 것을 피할 수 없기 때문에 하나님께서는 자녀들에게 부모를 공경할 것을 명령하셨다.[38] 그러므로 노년의 부모가 자녀들에게 여생을 의탁하는 것은 하나님이 정하신 질서이며 이런 하나님의 계명을 지키는 자녀들에게는 하나님께서 형통함과 장수의 복을 약속하셨다.

현대 사회는 도시 생활은 복잡해지고, 대가족 제도에서 핵가족화로 전환되어 노인이 자녀들에게 짐이 되지 않으려고 애쓰는 것은 충분히 이해할 수 있으나 자녀들에게 적절한 부모 공경의 기회를 봉쇄하는 것은 안 된다. 이는 성경적 원리에서 볼 때 불행한 일이라고 할 수 있다.

이상하게 들릴지 모르겠으나 늙은 부모는 어떤 의미에서 자녀들에게 짐이 되어 주어야 한다. 자녀들에게 노년의 부모를 공경하는 것이 하나님께서 약속하신 복받는 길임을 깨닫게 해야 할 사명도 있는 것이다.

성경 세계와 연관되어 주변 세계의 문서 자료들, 이를테면 엘레판틴 문서나 수메르 문서, 고대 바벨론 자료 등에서도 자녀들의 부모 공경 사상이 고취되고 있다. 특히, 우가릿(Ugarit)문서에서는 아들이 늙은 부친에게 해야 하는 12가지 효행 수칙 등을 볼 수 있다.

이런 것들을 검토해 볼 때, 성경의 세계는 물론 그 주변의 세계 역시 노년의 부모를 공경해야 함을 강조했음을 알 수 있다. 이것은 고대 법에도 명시되어 있다. 당시 고대 근동에서는 노인 공경이나 부모 공경은 관습과 전통으로 당연시되었다. 성경과 연관된 고대 중동 문서 자료들에서도 나타나듯이 몸과 재물로 부모를 섬기며 노년의 부모를 돌보아 드리는 일의 중요성이 거듭 강조되고 있다.

---

[38] [출애굽기 20:12; 신명기 5:16; 에베소서 6:1-2]

이러한 관점에서 예수님께서는 하나님께 고르반(Κορβᾶν)[39]되었다고 핑계하면서 부모를 공경하지 않았던 당시의 바리새인들과 서기관들을 책망하셨다. 예수님은 보이는 부모를 잘 모시지 못한 자가 어떻게 보이지 않는 하나님을 섬긴다고 할 수 있냐고 꾸짖으시며 그것은 거짓말하는 것이요 하나님의 말씀을 폐하는 것이라 하셨다.[40]

경제력이 있기 때문에 노년에 자식들에게 폐를 끼치지 않겠다는 생각은 재고해야 한다. 경제력 유무의 문제가 아니라, 노인을 존경하고 노년의 부모를 공경하는 것은 하나님의 계명이요, 인류의 기초이다. 노년의 부모는 자녀의 효도를 막아서는 안 될 것이다. 더불어 보다 적극적으로 자녀들이 기쁘게 효도할 수 있는 기회를 주는 것도 노년의 또 하나의 의미라고 여겨진다.

레위기에서는 "센 머리(백발) 앞에서 일어서고 노인의 얼굴을 공경"(레 19:32)할 것을 명령한다. 부모를 포함하여 나이 든 노인이 신체적 약함이나 무기력한 사회생활로 인해 경홀히 여김을 받아서는 안 될 것이다.

또한, 성경은 모든 노인은 반드시 공경의 대상이 되어야 함을 강조한다. 성경적 관점에서 노인의 백발은 하나님의 은총이며, 하나님이 주신 복으로 인식되어 왔다.

바울은 부모님께 순종하는 것이 부모 공경과 노인 공경의 핵심 덕목임을 강조한다.

> 자녀들아 모든 일에 부모에게 순종하라 이는 주 안에서 기쁘게 하는 것이니라(골 3:20).

---

39 헌물, 제물을 뜻한다.
40 [마가복음 7:9-13] 바리새인들은 장로의 유전을 중시하여 고르반이란 말로 맹세한 경우, 그것이 부모 부양에 필요한 것일지라도 취소를 인정하지 않았다. 그리고 후에 이 맹세는 악용되어 부모에 대한 의무를 게을리하게 되는 핑계가 되었다. 예수님께서 장로의 유전보다는 하나님의 말씀의 우월성을 강조하면서 율법의 정신이 얼마나 무시되고 있는지를 말하기 위해 사용하였다.

바울은 이처럼 부모 순종과 부모 공경 모두 "주 안에서" 반드시 이루어져야 한다는 사실을 강조하며 그렇지 못할 땐 불신자보다 더 악한 자가 된다고 경고한다.[41] 말세의 현상 중 하나가 바로 부모와 노인을 거역하고, 자기를 사랑하며, 돈을 사랑하고 자긍하며, 교만하고 훼방하며, 부모를 거역하는 것이다.[42]

하나님과의 관계 안에서 영위되는 노년의 사람은 가치 있고 존귀하며 존경의 대상이 된다. 뿐만 아니라 함께하는 노년의 삶에는 중요한 사명과 할 일들이 주어져 있다.

효(孝)에 대한 사고와 노인에 대한 공경이 우리 민족이 전통적으로 가지고 왔던 미덕이었듯이 성경에서도 노인에 대한 공경이 사회를 지탱해 주는 힘이 된다고 한다. 때문에 현대 사회 속에서 우리가 노인에 대한 공경을 잃어 간다면 이는 하나님 말씀에서 멀어짐을 의미한다는 사실을 깨달아야 한다. 그러므로 노인은 존경받아야 한다.

성경에서 노인의 백발은 여호와 하나님을 경외하고 그의 계명을 지킨 것에 대한 하나님의 약속된 복으로서 여긴다. 이에 노년은 존경을 받고, 복된 인생의 단계로 인식되었다. 성경은 노인을 존경하고 공경하라고 명령한다. 따라서 교회는 하나님을 경외하는 문제와 노인을 공경하는 문제가 서로 다른 것이 아닌 하나임을 깨달아야 한다.

6080 세대인 노인은 퇴역한 노병이 아니라 하나님이 주신 은총이고 복이며, 가치 있는 삶이고 존귀한 자로 존경받고 그 자체로 공경의 대상임을 알아야 한다.

---

41 [디모데전서 5:8]
42 [디모데후서 3:1-2]

내가 이름 없는 사람들을 불러 이름 있는 사람들로 만들겠다. 내가 사랑받지 못한 사람들을 불러 사랑받는 사람들로 만들겠다. 사람들이 "이 하찮은 것들!"이라고 퍼붓던 그곳에서, "하나님의 살아 있는 자녀들"이라고 불리게 되리라 … 해변의 모래알 하나 하나에 다 숫자가 매겨지고 그 합한 것에 "하나님이 택하신 사람들"이라는 라벨이 붙더라도, 그것들은 여전히 숫자에 불과할 뿐, 이름이 아니다. 구원은 택하심을 통해 오는 것, 하나님은 우리를 수로 세지 않으신다. 그분은 우리를 이름으로 부르신다. 산술은 그분의 관심이 아니다(롬 9: 25-28, 메시지).

제2부

신동력으로서 노인
노인답게 사는 것(Well Being)

의인은 종려나무같이 번성하며 레바논의 백향목같이 성장하리로다
이는 여호와의 집에 심겼음이여 우리 하나님의 뜰 안에서 번성하리로다
그는 늙어도 여전히 결실하며 진액이 풍족하고 빛이 청청하니
(시 92:12-14).

제1장
교회 성장의 새로운 동력

> 내가 너희를 생각할 때마다 나의 하나님께 감사하며 간구할 때마다 너희 무리를 위하여 기쁨으로 항상 간구함은 첫날부터 이제까지 복음에서 너희가 교제함을 인함이라(빌 1:3-5, 개역한글).

얼마간 시간이 흐른 뒤에 당신 삶의 모든 트로피는
누군가에 의해서 버려지게 된다.

― 제임스 돕슨(James Dobson)[1]

    10~20년 전만 해도 한국 교회나 이민 한인교회의 성장 동력은 청장년층이었다. 그러나 지금은 아동부, 학생, 청년뿐만 아니라 청장년층의 수가 급감하고 있다.

    아름답게 건축한 교회, 현대식 교육관, 휴게실 겸 카페테리아는 이젠 텅 빈 의자 위에 형광 불빛만이 그 자리를 채우지고 있다. 그나마 그 빈자리에 온기를 불어넣어 주고 있는 그룹이 있다면 노인들이다. 그런데 이 마저도 교회와 목회자의 무관심으로 서서히 자리를 옮기고 있다.

---

[1] 릭 워렌, 『목적이 이끄는 삶』(서울: 디모데, 2003), 44, 재인용.

현재 한국 교회와 미국 교회는 위기이자 변화를 위한 새로운 패러다임을 준비해야 하는 상황에 직면해 있다. 한국 교회에서는 성장이 멈추었다는 현상이 여기저기에서 나타나고 있다.

10~20퍼센트의 교회를 제외하고는 청년 대학부가 거의 고사했다. 10년 전만 해도 시골이나 소도시에서만 청년 대학부를 찾아볼 수 없었는데, 이젠 중소 도시와 대도시에서도 청년 대학부가 사라지고 있다.

비단 청년 대학부만의 현상일까?

학생부와 아동부도 마찬가지다. 5~6년 전부터 소문으로만 들리던 학생부와 어린이부가 사라지고 있는 현실이다. 대형 교단에서도 10년 동안 어린이 부서의 숫자가 8~15퍼센트 감소했다.

한 예로, 코로나19 시작 전인 2017년 교단 교세 통계에 의하면 예장 통합 총회의 전체 교인 수는 273만 900명이었다. 그러나 코로나19 기간인 2022년 통계에 따르면 230만 2,682명으로 집계되었다. 5년 만에 42만 8,218명이나 감소한 것이다.

2017년에 87만 1,973명이었던 제직 수는 2022년에 85만 7,328명으로 집계되어 1만 4,645명이나 감소했고, 세례 교인 수는 171만 6,953명에서 160만 2,398명으로 11만 4,555명이 감소한 것으로 나타났다.[2]

2017년에 전체 교인 수가 268만 8,858명이었던 예장 합동도 2022년에는 235만 1,896명으로 5년 만에 33만 6,962명이 줄어든 상황이다.

기독교 감리교단(미주 지역 포함)은 2017년 전체 교인 130만 3,968명에서 2022년에는 120만 3824명으로 5년 대비 10만 144명이 감소했다.

기독교 성결교단(기성, 미주 지역 포함)은 2017년 전체 교인 수 기준 48만 2,788명에서 2022년도에는 41만 1,060명으로 5년 만에 7만 1,728명이 감소했다.

---

2 대한예수교장로회총회(통합), 교세현황. http://new.pck.or.kr.

코로나19 이전 대비 현장 예배(Off line) 참석률은 평균적으로 장년 성도를 기준했을 때 약 73퍼센트였고, 교회 학교는 약 43퍼센트로 절반에도 못 미쳤다. 문제는 코로나19 이후에도 현장 예배에 장년 성도 10명 중 3~4명 정도, 교회 학교는 10명 중 6~7명이 현장 예배에 참석하지 않는다는 것이다. 물론, 비현장 예배(On line)로 드리겠지만, 이 현상이 신앙생활로 이어지다가 가나안(안나가) 성도가 될 것 같아 염려되고 있다.

한국 교회의 위기는 신학자들로부터 16년 전부터 예견되어 왔다. 그 예견이 코로나를 지나면서 급격하게 현실로 나타나고 있다. 그나마 한국 교회는 신학자들의 말에 경청하여 나름 준비를 했으나 미주 한인교회(남가주)는 그것마저도 없는 상황이다.

한국 교회는 교회의 위기를 감지하여 2007년에 정말 다양한 방식으로 평양 대부흥 100주년을 기념했다. 연초부터 1년 내내 학술행사와 찬양 집회, 기도회와 부흥회가 이어졌다. 'Again 1907!'이라는 슬로건 아래 24시간 릴레이 기도회와 금식 기도회가 열렸고, 7월 4일에는 7만여 명이 상암월드컵경기장에 운집하여 연합집회도 가졌다.

부흥에 대한 열망과 열기는 수도권만 아니라 지방에서도 그 열기가 고조되어 5월 27일 성령 강림 주일에는 부산 해운대에서 10만여(당시 주최 측은 20여 만)명이 모여서 대형 집회를 진행했고, 그 열기는 서울의 장충체육관을 비롯한, 전국 7개 도시에서 그다음날 새벽 5시까지 'Again 1907 기도회'로 이어졌다.

그렇다면, 그렇게 뜨겁게 달군 2007년 이후의 평가에 대해서 깊이 생각해 보았는가?

2008년 기독교윤리실천운동 본부에서 리서치 회사를 통해서 조사한 바에 의하면, 한국 교회에 대한 사회적 신뢰도는 5점 만점에 2.55점을 얻었고, 한국 교회를 신뢰한다는 응답자는 18.4퍼센트로, 신뢰하지 않는다는 응답자 48.3퍼센트에 크게 미치지 못하는 것으로 파악되었다.[3] 더 나아가 2007년 상암 월드컵경기장에서 열린 '한국 교회 대부흥 100주년 대회'의 설교자였던 옥한흠 목사는 2008년 1월 11일에 열린 한국복음주의협의회 월례회에서 이렇게 말했다.

> 우리는 지난 해 한국 교회의 새로운 부흥을 위해서 여러 가지 행사도 하고 각종 집회도 했습니다. 그런데 아무 일도 안 일어났어요. 행사로 다 끝났어요. 성도들의 삶이 바뀐 것도 아닙니다. 교역자에게 자각이 일어난 것도 아닙니다. 그냥 행사로 끝났어요.
> 왜 그랬느냐?
> 지금 우리 교회는 자신을 바꿀 힘이 없어요.
> 자력할 수 있는 능력을 잃었어요.
> 안 잃었다면 지금 잃어 가고 있어요.[4]

한국 교회의 교세 감소 현상은 2017년 통계청이 인구주택총조사[5]에서 성도를 전체 인구의 20.3퍼센트인 약 780만 명 그리고 2022년에는 15퍼센트인 약 771만 명인 것으로 발표했다. 즉, 5년 사이에 26.1퍼센트나 감소한 것으로 파악되었다.

이런 과정에서 특히 염려가 되는 것은 다음 세대이다. 매년 각 교단이 총회 시즌 때마다 보고하는 교세 현황을 종합해 보면, 대학 청년부의 비율은 전체 교인 비율의 5퍼센트 대에 머물고 있는 실정이다. 즉, 대학생 중 단 2퍼센트만이 교회를 다닌다는 이야기이다.

---

[3] 기윤실. "2008년 한국 교회의 사회적 신뢰도 여론조사" 발표 세미나 자료집, 2008.11.20, 11면.
[4] "2015년 한국 교회의 이슈와 전망." 2015년 2월 11일. 연세신학 100주년 기념 진리와 자유 포럼.
[5] KOSIS 국가통계포털. https://kosis.kr.

예장통합 총회는 2017년 기준에 의하면 청년 대학부는 13만 3,273명에서 11만 4,222명으로 1만 9,051명 감소했고, 중·고등부도 12만 6,235명에서 9만 7,739명으로 2만 8,496명이 감소했다. 유·소년부 역시 15만 3,552명에서 11만 3,930명으로 3만 9,622명이 감소한 것으로 나타났다.[6] 그래서 유년부, 초등부, 소년부로 나눠 제작했던 초등학생용 교회 학교 교재를 '저학년'과 '고학년' 2종으로 줄였다. 상당수의 교회가 중등부와 고등부를 나누지 않고 '중·고등부', '청소년부' 등으로 통합해 교회 학교를 운영하고 있다.

이것은 교육 부서인 아동부, 청소년부, 대학부만 문제인가?

예장통합 총회의 보고에 의하면 2017년에 장년부 교인 수는 30만 8,669명에서 2022년 22만 3,918명으로 나타나 8만 4,751명이나 감소(27.45%)한 것으로 나타났다. 이에 반해 노년부는 2017년 7만 965명에서 2022년에 7만 713명으로 252명이 감소(0.35%)했다.

카톨릭 주교회의가 발표한 2017년도 기준에 의하면 65세 이상 노인 성도의 비율이 모두 107만 262명으로 전 성도의 18.4퍼센트였던 것이, 2022년도 기준에 의하면 156만 7,172명으로 전 성도의 26.34퍼센트로 증가했다. 5년 만에 전체 성도 13만 6,092명 증가율 중에, 65세 노인 성도 증가율도 43.15퍼센트로 폭발적으로 증가한 것이다.

한국 총인구 현황 중 65세 이상 비율은 2017년 기준 14.2 퍼센트(735만 6,106명)인데 비해 카톨릭 교단 내의 노인 비율은 18.4퍼센트(107만 262명)로 나타났다. 한국 총인구 현황 중 65세 이상 비율은 2022년 기준 18퍼센트(926만 7,290명)에 비해 26.34퍼센트(156만 7,172명)로 나타났다.

즉, 2017년 기준으로 봤을 때 65세 이상 노인 비율이 한국 총인구 현황

---

6 대한예수교장로회 총회(통합), 교세 현황. http://new.pck.or.kr

보다 카톨릭 교단의 노인 비율이 4.2퍼센트보다 높았고, 2022년에는 무려 2배인 8.3퍼센트나 늘었다는 말이다.

전술한 바와 같이 한국 교회의 교세 감소 현상은 뚜렷하다. 2017년 통계청이 실시한 인구주택총조사 결과에서는 성도 수가 약 780만 명이었으나 2022년에는 약 771만 명으로 나타나 5년 만에 9만 명이 감소했고, 총인구의 20.3퍼센트에서 15퍼센트로 감소했다. 전체적으로 성도 수는 줄고 있는 반면, 노인의 숫자는 도리어 늘어나고 있다.

그럼 기독교 노인 성도 비율은 얼마나 될까?

2022년 목회데이터연구소가 작성한 보고서에 따르면, 한국 교회의 60세 이상 성도는 38퍼센트, 미주 내 한인교회에 60세 이상 성도는 53퍼센트로 한국 교회보다 미주 내 한인교회가 더 고령화되어 있는 것으로 나타났다.[7]

UN이 정한 기준으로 65세 이상 고령 인구가 전체 인구 중 7퍼센트 이상이면 '고령화 사회', 14퍼센트 이상이면 '고령 사회' 그리고 20퍼센트 이상이면 '초고령화 사회'라고 부른다.

한국은 2017년에 고령화 사회를 넘어 '고령 사회'로 진입했다. 2000년에 고령화 사회로 진입한 지 17년 만이다. 이미 초고령 사회로 접어든 일본이 고령화 사회에서 고령 사회로 진입하는 데 24년이 걸렸고, 미국은 72년, 영국은 47년이 걸렸다. 전문가들은 한국은 초고령 사회로 진입하는 데 9년밖에 걸리지 않을 것으로 진단한다.

고령화는 비단 한국만의 문제가 아니다. 2022년에 발표된 영국의 인구 조사에 의하면, 노령 인구가 전체 인구의 19퍼센트를 차지했다. 이는 2022년 한국의 통계청에서 발표한 65세 이상 노인 18퍼센트보다 높은 수준이다. 일본은 2020년 기준으로 65세 이상 노인 비율이 전체 인구의 28.8퍼센트인데, 이처럼 전 세계에서 고령화가 심각하게 진행되고 있다.

---

7   기독교 통계(176호). "미국 한인 교회 교인 의식조사". 2023.1.18. // www.mhdata.or.kr.

이와 같이 여러 통계만 보더라도 고령화 현상이 빠르게 진행되고 있음을 알 수 있다. 고령화는 비단 특정 나라만의 문제가 아닌 전 세계적인 추세라 할 수 있다.

고령화가 이렇게 심각한 사회 문제가 되는 이유는 사람의 수명이 길어지고, 출산율은 수명의 증가 폭을 따라가지 못하기 때문이다. 사람의 수명이 늘어나는 이유는 많다. 학자들은 보편적으로 산업사회 이후 경제 성장에 따른 생활 개선과 의료 기술의 발달로 평균 수명이 늘었다고 한다. 향상된 삶의 질, 특히 건강과 위생 시설의 향상으로 평균 수명이 증가되었다. 여기에 노인 문제도 심화되고 있다.

교회는 더 심각한 고령화 문제에 직면하고 있다. 그래도 사회는 고령화에 따른 변화들에 발 빠르게 대처하고 준비하고 있지만 교회는 그렇지 않다. 한마디로 교회는 사회보다 훨씬 빨리 늙고 고령화되고 있다.

문제는 고령화되어 가는 교회에 대한 연구나 대처 방법 수준이 너무도 미비하다는 것이다. 물론 교회마다 여러 이유가 있겠지만 여전히 예전의 방식을 고집한 크리스텐덤(Christendom)적 제도화에 묶여 변화의 두려움과 안일함이 발목을 잡고 있는 것도 사실이다. 그러다 보니 교회의 주축 세력으로 청장년 층을 대상으로 교회의 일꾼들을 세우고 예수의 제자로 만든다며 아낌없는 투자와 프로그램들을 진행하는 데 비해, 노인 성도들은 예산 책정이나 교육과 양육면에서도 빠져 있다.

윌라드(Dallas Willard)가 우리들의 가슴을 향해 비수를 던진 말이 있다.

> 아시시에 가면 많은 사람 입에서 성 프란체스코(St. Francis) 이야기가 떠나지 않는다. 그를 기념하는 기념물도 많고, 기념품을 팔아서 한몫 보는 상점들도 많다. 그러나 프란체스코가 품었던 불을 품고 있는 사람은 없다. 좋은 사람이 많은 것은 분명하지만, 그들에게는 프란체스코의 성품도 없

고 프란체스코의 행위도 없고 그에게 나타났던 결과도 없다.[8]

윌라드의 이 말이 이 시대의 교회와 성도들에게 하는 것만 같아서 가슴이 아프기만 하다. 노인 목회를 통해서 성장하는 교회들은 모두 노인들을 교회의 유기체로 생각했고, 공동체를 이루는 한 부분으로 여겨서 그들을 교회 성장의 제일 중요한 자원이자 새로운 동력으로 생각하고 있다.

> 우리를 위해 오신 그리스도의 임재 속에 들어가 사는 사람들은, 늘 먹구름이 드리운 것 같은 암울한 삶을 더 이상 살지 않아도 됩니다. 이제 새로운 힘이 움직이고 있습니다. 그리스도 안에 있는 생명의 성령이 세찬 바람처럼 불어와서 하늘의 구름을 모조리 걷어 주었습니다(롬 8:1-2, 『메시지 성경』).

1. 변곡점에 서 있는 노인 사역

세계 각처에서는 고령화에 대비하기 위한 대응과 방안 및 전략들이 마련되고 있다. 인구 고령화에 대한 논의는 이미 1982년 제1차 세계고령화총회에서 시작되었고 이때 수립한 '고령화 국제행동계획'을 시행했다. 또한, 1991년 UN 총회에서는 '노인을 위한 유엔원칙'을 채택하여 노인의 독립, 참여, 보호, 자아실현, 존엄성과 관련된 권리를 명시하였다.[9] 따라서 긍정적인 면도 보이지만 부정적인 면도 있다.

우리는 지금 역사의 변곡점을 지나고 있다. 지난 수천 년 동안 우리의 기술은 바깥 세계를 겨냥했다. 조엘 가로(Joel Garreau)는 이렇게 말했다.

---

[8] 달라스 윌라드, 『잊혀진 제자도』, 윤종석 역 (서울: 복있는 사람, 2014), 135.
[9] UN Principles for Older Persons, 1991, UN.

우리는 먼저 외부의 요소들로부터 몸을 보호할 방법을 찾았다. 농업의 발달과 더불어 우리는 식량 생산을 통제할 수 있었고, 도시를 지어서 안전을 도모했다. 그러나 지금 우리는 우리의 기술을 바로 우리 자신의 내부로 돌리는 전면적 절차를 밟고 있다. 새로운 미개척지는 바로 우리 자신이다.[10]

지금 우리는 4차 산업혁명 시대의 길목에서 선택의 기로에 서 있다. 변화의 바람은 거세게 불고 있고, 사회와 환경의 물결은 사납게 밀려오는 길목에서 병목 현상이 나타나고 있다. 이 병목 현상은 코로나로 인해 혼잡 중이다. 병목 현상이 풀어지는 순간, 변화의 물꼬는 한순간에 둑이 붕괴되는 것같이 한순간이 무너질 것이라 예상된다.

사회는 물론 교회 안에도 변화의 물결은 거세다. 이 변화를 무시하거나 외면하면 역풍을 맞게 될 것이다. 피터 브라이얼리(Peter Brierley)의 "우리에게는 미래에 초점을 맞추어 전략적인 변화를 계획해야 할 긴박한 필요성이 있다. 만약 지금 변화하지 않는다면 20년 후에는 변하고 싶어도 존재하지 않을 것이다"[11]라는 말을 깊이 되새겨야 한다.

인텔의 최고 경영자였던 앤드류 그로브(Andrew S. Grove)는 근본적으로 변화하는 기업 순환의 한 지점을 '전략적 변곡점'(strategic inflection point)으로 정의하였다.[12]

교회도 변화의 변곡점에 와 있다. 변화의 물결은 우리가 생각하는 그 이상으로 다가오고 있다. 변곡점은 선택이지만 그 선택은 필수로 받아들여야 하는 시대에 살고 있음을 간과해서는 안 된다. 현대에서 탈현대화의 변천은 거대한 변화의 조류에서 교회가 마비될 만한 격변기를 가져왔다.

그 변화란 뿌리 깊고 광범위하고 복잡하며 예측 불가능한 데다 전 지구

---

10 조엘 가로, 『급진적 진화』, 임지원 옮김(서울: 지식의숲, 2007), 19.
11 에디 깁스, 『넥스트 처치』, 임신희 옮김(서울: 교회성장연구소, 2010), 29.
12 에디 깁스, 『넥스트 처치』, 53, 재인용.

적이다. 마크 리겔레(Mike Regele)은 그의 책 『교회의 죽음』(*The Death of the Church*)에서 "변화의 힘을 이해하지 못한다면 우리는 그 힘들에 압도당하고 말 것이다"[13]라고 한다. 이 변화의 변곡점의 한 부분이 있다면 그것은 노인 사역이다.

초대 교회의 변화는 이방인 선교에 대한 변화였다. 이방인의 선교는 하나님의 선교였고, 세상을 품는 선교였다. 하나님의 선교적 성격은 창조 사역의 표현이고 하나님이 예수 그리스도를 보내신 것처럼 그 제자들을 세상에 보내심이다.[14]

세상을 만드신 하나님께서는 그 만드신 세상에 인간을 보내어 선교적 책무를 감당하길 원하셨다. 선교적 사명은 성령께서 교회로 하여금 하나님의 구별된 백성으로 살아가도록 창조하고 인도하시며 가르치시는 것처럼 예수의 구원 사역에 전적으로 참여함이다.

4차 산업혁명으로 새로운 세상이 우리 곁에 왔어도 한 영혼이 천하보다 귀한 존재임을 잊어서는 안 된다. 그 한 영혼을 위해 한국 교회와 미주 한인교회는 더욱 효과적인 노인 사역을 조명할 필요가 있다.

고령화 시대에 노인을 선교적 교회로 접근해서 그들을 선교 대상으로 삼아야 할 것이다. 노인은 "경계선을 넘어 하나님 나라의 도래를 위한 매개체로써 선교적 백성으로 부르심을 받은 존재들이다"[15]라는 말을 기억해야 한다. 그러므로 우리는 노인들을 이해하고 특성을 알아 그들의 문화 속으로 들어가서 복음을 증거하는 선교사로서의 정체성을 가질 필요가 있다.

만약 전도하려는 특정 대상을 이해하지 못한다면 사명 전달에 실패하고 말 것이다.[16] 따라서 교회는 변화하는 문화적 상황과 복음 그리고 하나님

---

13 에디 깁스, 『넥스트 처치』, 32, 재인용.
14 [요한복음 17:18]
15 크리스토퍼 라이트, 『하나님 백성의 선교』, 정옥배 외 역 (서울: IVP, 2012), 30.
16 에디 깁스, 『넥스트 처치』, 66, 재인용.

의 말씀에 충실해야 한다. 역동적인 상황에 주목해야 하며 성경을 끊임없이 검토하고 변화하는 사회, 문화적 상황에 질문하고 적용하여 얻은 새로운 통찰력을 적극적으로 활용해야 한다.

빌 헐(Bill Hull)이 제시한 제자도에서 몇 글자만 고치면 선교적 존재인 노인 사역에 대한 사명을 가질 수 있을 것이다. 이에 빌 헐의 제자도를 먼저 살피면 다음과 같다.

> 제자도는 프로그램이나 이벤트가 아니다. 그것은 삶의 방식이다.
> 제자도는 한정된 시간이 아니라 우리의 평생에 걸쳐 이루어지는 것이다.
> 제자도는 초신자들에게만 적용되는 것이 아니라 모든 신자,
> 그들이 살아가는 매일의 삶에 적용되는 것이다.
> 제자도는 교회가 행하는 여러 가지 가운데 '하나' 가 아니다.
> 교회가 행하는 모든 것이 바로 제자도다.
> 제자도는 하나님 나라를 확장시키는 요소에 그치지 않는다.
> 진지한 제자들의 존재는 하나님의 역사가 이 땅 위에 이루어지고 있음을 보이는 가장 중요한 증거다.[17]

빌 헐의 말을 이렇게 바꾸고 싶다.

> 노인 목회는 프로그램이나 이벤트가 아니라 돌봄과 사역의 방식이다.
> 노인 목회는 한정된 시간이 아니라 천국에 갈 때까지 이루어지는 것이다.
> 노인 목회는 초신자들에게만 적용되는 것이 아니라 모든 노인,
> 그들이 살아가는 매일의 삶에 적용되는 것이다.

---

[17] 빌 헐, 『온전한 제자도』, 박규태 옮김(서울: 국제제자훈련원, 2009), 18-19.

따라서 노인 목회는 교회가 행하는 여러 가지 것 가운데 '하나'가 아니라 교회가 행하는 '모든 것이 바로 노인 목회'이다. 노인 목회는 하나님 나라를 확장하는 요소에 그치지 않는다. 노인들의 존재는 하나님의 역사가 이 땅 위에 이루어지고 있음을 보이는 가장 중요한 증거다.

2. 영적 은사 활용

성령의 은사는 인격의 다양성을 실질적으로 증거해 준다. 이에 대해 피터 와그너(C. Peter Wagner)는 이렇게 서술한 바 있다.

> 맨손으로 기초 공사부터 집 짓는 일을 할 수도 있지만, 이보다 더 나은 방법들이 있다. 헌신적인 그리스도인의 생활은 하나님의 뜻을 행하는 데 꼭 필요하다. 그러나 하나님의 선하시고 기뻐하시고 온전하신 뜻을 발견하기 위해서는 로마서 12장 3-8절 말씀을 읽어야 한다. 기초 공사를 맨손이 아닌 트랙터로 파는 방법이다.[18]

성령의 은사를 이해하지 못하면 본래의 모습을 가질 수 없다. 또한, 예수께서 기도하신 대로 할 수 없고, 성령이 은사와 권능을 부여한 그대로 될 수도 없다.[19]

성령의 은사는 바로 기초 공사를 위해 땅을 파는 트랙터와 같다. 사도 바울은 고린도전서 12장과 14장에서 성령의 본질적 기능에 기독교 은사

---

[18] 피터 와그너, 『성령의 은사와 교회 성장』, 권달천 역 (서울: 생명의 말씀사, 2007), 32.
[19] 피터 와그너, 『성령의 은사와 교회 성장』, 37, 재인용(Johu MacArthur, Jr의 The Church-the Body of Christ(Grand Rapids : Zondervan Publishing House, 1973), p 136.

의 공동체가 세워져야 한다고 강조한다. 영적 은사는 교회의 적절한 이해를 위한 기초가 된다. 신자 개인과 공동체는 하나님이 주신 은사를 개발하고 사용할 때에 그리스도의 정신을 경험한다. 영적 은사를 무시한 채 그리스도의 정신을 나타내는 것은 어려울 것이다.

영적 은사의 강조는 역동적이고 상호적이며 유기체적인 교회 구조를 의미한다. 여러 가지 의미에서 영적 은사에 대한 적절한 강조는 교회 구조에 대한 근본적인 재고인 셈이다. 예수님의 정신을 구체화하기 위하여 교회는 반드시 영적인 은사에 관한 문제를 분명하게 재고해야 한다.

사도 바울은 예수 그리스도의 증거가 교회 안에 견고하게 서 있다면, 그것은 모든 은사에 부족함 없이 그리스도의 재림을 기다리는 것이라고 말한다.

하나님께서는 자신의 몸 된 교회를 계속해서 확장시켜 나가는 데 있어서 성령을 통해 각 성도에게 은사를 주시고 성도가 그 은사를 적극적으로 사용하는 것을 통해 교회를 확장시켜 나가신다. 즉, 하나님께서는 하나님의 나라를 확장시켜 나가는 데 있어 혼자만 주인공이 되시는 것이 아니라, 모든 하나님 나라의 백성이 주인공이 되기를 원하신다.

로버트 클린턴(J. Robert Clinton)은 하나님 나라 확장 사역에 관해 다음과 같은 말을 남겼다.

> 사역은 존재(행동)로부터 흐른다!(Ministry Flows Out of Being).
> 하나님은 우리를 만드셨고, 우리를 독특하게 그리고 하나님의 목적에 기여하도록 만들고 계신다.[20] 성령의 은사는 성령의 능력을 덧입은 사역을 수행하도록 각 신자들에게 하나님께서 나누어 주신 독특한 능력이다.[21]

---

[20] J. 로버트 클린턴, 리처드 W. 클린턴, 『당신의 은사를 개발하라』, 황의정 옮김(서울: 베다니출판사, 2005), 93.
[21] J. 로버트 클린턴, 리처드 W. 클린턴, 『당신의 은사를 개발하라』, 19.

교회는 점점 약해지는 노인들의 육체도 마땅히 고려하면서도 동시에 그리스도인들이 노년기 이전에 보여 주었던 사역의 역량도 귀히 여기고 계속 활용해야 한다. 크리스천 노인들은 그들대로 하나님을 예배하고 섬기는 일과 다른 사람들이 받은 은사대로 사역하는 일에 계속 힘써야 한다.

이전처럼 배우는 활동과 이끄는 활동을 여전히 감당할 수 있는 한, 최고의 역량을 발휘할 수 있도록 은사를 개발하고 그 은사를 발휘할 수 있도록 하는 것[22]이 사역자의 일이기도 하다.

영적 은사는 그리스도의 몸 된 교회의 유익을 위하여 하나님의 계획과 은혜에 따라 모든 신자에게 성령께서 나누어 주시는 특별한 능력이다. 이 영적 은사는 그리스도의 몸 안에서 다른 사람과의 상호 의존적 관계에서 사용된다.[23]

성령의 은사를 발견하고 발전시키고자 할 때 일어나는 것은 다음과 같다.

첫째, 보다 나은 그리스도인이 되며 하나님은 하나님을 위하여 당신의 생애를 보다 중요하게 하신다. 자신의 은사를 아는 사람은 교회 안에서 보다 용이하게 자신의 위치를 발견한다. 또한, 자신의 영적 은사를 아는 그리스도인은 생기 있게 자존심을 발전시킨다.

더 나아가 자기의 영적 은사를 아는 대부분의 사람은 부정적 자세 때문에 수렁에 빠지지 않는다. 오히려 하나님께서 자신을 정비해 주신 대로 하나님을 사랑하며 형제자매를 사랑하고 또 자신을 사랑한다. 이런 사람은 자신의 은사를 자랑하지 않고 그 은사에 감사하며, 몸의 다른 지체와 더불어 조화를 이루어 효과적으로 일한다.

둘째, 성령의 은사를 아는 일은 그리스도인 개개인뿐 아니라 교회 전체

22　제임스 패커, 『아름다운 노년』, 윤종석 옮김 (서울: 디모데, 2017), 71.
23　빌 하이벨스 외 공저, 『네트워크 은사 배치 사역』, 백순 외 공역 (서울: 프리셉트, 1997), 100.

에 도움을 준다. 에베소서 4장은 성령의 은사가 일할 때 몸 전체가 성숙한다고 말한다. 성령의 은사를 아는 일은 몸으로 "어린아이가 되지 아니하며"(엡 4:14), "온전한 사람"(엡 4:13)이 되도록 도와준다.

셋째, 성령의 은사를 아는 일은 하나님께 영광 돌리는 것이다. 이것이 성령의 은사를 아는 일이 중요한 이유다. 베드로는 그리스도인에게 어떠한 이유에서든 성령의 은사를 사용할 것을 권면한다.

> 각각 은사를 받은 대로 하나님의 여러 가지 은혜를 맡은 선한 청지기같이 서로 봉사하라 만일 누가 말하려면 하나님의 말씀을 하는 것같이 하고 누가 봉사하려면 하나님이 공급하시는 힘으로 하는 것같이 하라 이는 범사에 예수 그리스도로 말미암아 하나님이 영광을 받으시게 하려 함이니 그에게 영광과 권능이 세세에 무궁하도록 있느니라 아멘(벧전 4:10-11).

하나님께 영광 돌리는 일보다 더 나은 일이 있겠는가!

『웨스트민스터 교리 문답』에는 하나님께 영광을 돌리는 일이 "인간의 으뜸이 되는 목적"[24]으로 되어 있다.

교회 구조가 성령의 은사에 맞추려고 계획하고 실행할 때 노인 사역은 더욱 효과적일 것이다. 그러므로 노인 목회를 효과적으로 하기 위해서는 적절한 교회의 조직이 반드시 필요하다. 교회 성장은 사역의 기회들을 잘 활용할 수 있도록 도와주는 교회의 구조를 갖출 때 이루어진다.

복음의 새 포도주는 언제나 새 부대를 요구한다. 낡은 전통, 구태의연한 제도와 관습이라는 낡은 부대에는 새 포도주를 담을 수 없다.

현대 교회는 노인들을 위해 여러 가지 활동과 여행과 잔치 등을 기획한다. 또한, 집이나 병실에서 지내는 노인들을 심방하기도 한다. 하지만, 나

---

[24] 피터 와그너, 『성령의 은사와 교회성장』, 47-49.

머지 교인들을 대할 때와는 달리 더는 노인들의 은사를 찾아 주거나 활용하지는 않는다. 이렇듯 교회는 은사와 사역의 역량도 마치 나이와 함께 시드는 것처럼 행동한다. 그러나 은사는 노인이 됐다고 해서 약해지는 게 아니라 사용하지 않아 무디어진 것뿐이다.[25]

오늘날 목회 현장이 맞고 있는 위기는 이런 의미에서 낡은 부대의 문제라고 할 수 있다. 현재의 전통적인 교회는 유기체적인 번식이나 앞으로 구원받게 될 사람들의 번식을 수용하기 힘든 구조로 되어 있다. 모든 육체에 부어질 하나님의 영은 이와 같은 넘치는 영혼의 추수를 담을 수 있는 새로운 구조를 필요로 한다.

> 몸의 더 약하게 보이는 지체가 도리어 요긴하고 우리가 몸의 덜 귀히 여기는 그것들을 더욱 귀한 것들로 입혀 주며 우리의 아름답지 못한 지체는 더욱 아름다운 것을 얻고 우리의 아름다운 지체는 요구할 것이 없으니 오직 하나님이 몸을 고르게 하여 부족한 지체에게 존귀를 더하사(고전 12:22-24, 개역한글).

노인 목회는 전혀 새로운 교회 갱신 운동도 새로운 조직도 아니다. 이 말씀처럼 그동안 돌보지 않아 연약해진 지체에게 존귀를 더해 주는 것이다. 이를 위해서는 노인을 아무것도 할 수 없는 지체로 대하는 것이 아니라 교회에서 중요한 한 지체이며 리더로서의 자리를 잡을 수 있게 사역을 확대해야 한다.

훈련되지 않은 군인을 원하는 군대는 이 세상 어디에도 없다. 그러나 노인 성도들에게 훈련은 단지 말뿐이었다. 노인이 되면 교회는 더 이상 훈련을 시키지 않는다. 세상의 교육과 비교해 볼 때 그리스도인의 교육은 절대적으로 확대되어야 한다.[26]

25　제임스 패커, 『아름다운 노년』, 70-71.
26　존 스토트, 『한 백성: 변하지 않는 교회의 특권 4가지』(경기: 아바서원, 2012), 90.

하나님은 우리를 만드셨고, 우리를 독특하게 그리고 하나님의 목적에 기여하도록 만들고 계신다.[27] 그러므로 교회에서도 여전히 하나님의 목적에 기여하도록 노인들을 만들고 계신다는 것을 인식해야 한다.

하나님께서 주신 재능과 하나님께서 주신 책임을 가지고, 하나님의 사람들이 그들에게 주신 하나님의 목적을 향하도록 영향력을 행사하는 사람[28]으로 개발해 줘야 한다.

> 이전 지도자들을 기억하라. 그들이 어떻게 살았고 사역했는지 생각해 보라. 그들의 삶 속에서 보았던 훌륭한 자질들을 본받으라. 이것은 예수 그리스도는 과거나 미래나 오늘이나 동일하시기 때문이다. 예수 그리스도가 그들에게 하신 것을 오늘 당신에게도 행하시어 당신의 리더십에 영감을 주고 능력을 부여하실 것이다.[29]

3. 영적 연료 게이지

노인의 인생 연료 게이지에는 연료가 그렇게 많이 남아 있지 않다. 그러나 연료 게이지는 아직 하나님과 하나님의 나라를 위해 쓸 수 있는 연료가 남아 있음을 알려 주고 있다는 사실을 기억해야 한다.

얼마 남지 않는 연료를 위해서라도 인생의 마무리를 잘 준비해야 한다. 젊었을 때는 아무리 준비하려 해도 마음에 와닿지 않는 것이 죽음일 것이다. 그러나 노인들은 이미 가족들 가운데 부모나 형제를, 혹은 친구들 중

27　J. 로버트 클린턴, 리처드 W. 클린턴, 『당신의 은사를 개발하라』, 93.
28　J. 로버트 클린턴, 리처드 W. 클린턴, 『당신의 은사를 개발하라』, 22.
29　J. 로버트 클린턴(2014), "지도력 평생 개발론", ML 530/630, MK 750, lecture notes. Pasadena, CA: Fuller Theological Seminary, School of World Mission.

에 몇은 하늘나라로 보낸 경험이 있기에 이제는 자신에게도 그런 때가 오리라는 것을 알고 준비해야 한다. 그런 점에서 노년 시기를 지내는 것은 인생에 있어 매우 중요한 때이며, 축복의 때이기도 하다.

사도 바울은 다음과 같이 말했다.

> 우리가 낙심하지 아니하노니 겉사람은 후패하나 속사람은 날로 새로워지도다 (고후 4:16).

노인들은 겉으로는 낡아지는 듯 보이지만 속은 그렇지 않다. 역설적으로 노인들은 영적으로는 오히려 젊어지는 세대다. 그러므로 노인 분들께 무엇보다 영성 훈련에 힘쓰도록 해야 한다. 은퇴한 후 혼자 많은 시간을 보내면 쉽게 좌절하고, 쉽게 실망하고, 쉽게 오해하게 된다. 그러므로 타인에 대해 불신감을 가질 때도 많다.

건강이 약화되고, 경제적으로도 부족할 때가 많기에 상실감도 커질 수밖에 없다. 거기에 영성까지 시들어 버린다면 신앙도 유지하기 어려워질 것이다. 그러므로 교회는 노인 분들께 단순히 예배 참석에만 그치지 않고 영성을 키워 활발하게 신앙생활을 할 수 있도록 프로그램들을 만들고 그 실행을 위해 노력해야 한다.

노인 분들의 장점 중 하나는 시간이 많다는 것이다. 물론 여전히 바쁘게 활동하는 액티브 시니어도 있지만 대체적으로 시간이 있는 편이다. 또 다른 장점은 진중하다는 것이다. 사람에 따라 나이가 먹어도 여전히 가벼운 사람도 있지만, 아무래도 노인 세대가 되면 결정을 쉽게 하지 않고 행동, 만남, 대화도 조심하려 한다.

공자는 『논어』 '위정편'에서 60세를 이순(耳順)이라 하여 "어떤 내용에 대해서도 순화시켜 받아들였다"고 했다. 즉, 사려와 판단이 성숙하여 무슨 일이든 들으면 곧 이해한다는 것이다. 이것은 세월과 함께 돈 주고도 살 수 없는 인생의 경험과 인생의 지혜를 갖게 되어 어떤 상황이라도 순화시켜 받아들일 준비가 되어 있다는 말이다.

물론 모든 노인이 다 그런 것은 아니다. 고집불통에다 가부장적 자세를 버리지 못하고 여전히 왕처럼 군림하고 지배하려는 분도 있고, 나만을 위해 사는 이기적인 사람과 외고집을 가지고 있는 사람들도 있다. 그러나 대부분의 노인은 이해하고 수긍하며 수용할 자세를 가지고 있다. 많은 경우 노인들은 세월과 함께 얻은 경험을 통해 인생의 집착으로 인해 불안과 염려, 근심하게 되는데 그들 역시 이것이 무익하다는 것을 알고 있다.

인생은 집착한다고 가질 수 있는 것이 아니라 하나님의 은혜로 주어지는 것임을 안다. 믿음으로 사는 노인 성도는 더 많은 것을 소유하기 위한 집착에서 벗어나 더 큰 은혜를 사모하는 사람들이다. 더 많은 것을 소유해야 행복한 것이 아니라 더 풍성한 은혜가 참된 행복과 평안을 가져다준다는 것을 알고 있다. 그 감사와 은혜를 알고 있다. 그러기에 노인들에게 영성을 소개하고 영성을 키우게 하며 영성의 사람이 되도록 돕는 사역은 매우 중요하다고 할 수 있다.

영성을 개발하는 많은 방법이 있으나, 제일 쉽고 좋은 방법은 기도다. 혼자 골방이나 조용한 곳, 혹은 교회나 기도원 등에서 기도함으로 영성을 개발하는 것도 좋지만, 여럿이 참여하는 기도회에서 영성을 키우는 것이 쉬울 것이다. 물론 영성이 깊은 노인들 중에는 누가 와도 방해를 받지 않고 혼자 하나님과 깊은 기도를 드리는 것을 더 좋아하시기도 한다. 따라서 기도를 통해 영적 게이지가 충만하도록 만들어 주는 것이 중요하다.

성경 말씀도 영성을 키우는 데 필수이다. 성경을 혼자 읽기보다는 함께 읽거나 공부하는 방법, 성경을 매일 암송하는 것도 좋다. 주의할 것은 기억력이 쇠퇴하는 시기라고 해서, 모든 노인을 똑같이 취급해서 단순한 강의식 성경 공부를 진행하는 것보다는 각 레벨에 맞게 단계적 운영 체계로 시스템화하는 것이 좋다. 그러면서도 체계적인 교육과 양육 또는 성경 공부가 필요하다.

이에 교회만이 할 수 있는 영성 훈련, 영성 기도회, 찬양 집회, 또는 말씀 집회 등 경건 훈련을 통해 영적인 노인 성도가 되도록 케어해야 한다.

모이면 기도나 QT를 하고, 흩어지면 그리스도인의 모습을 보여 줄 수 있도록 해야 한다. 모이면 정치나 드라마 이야기, 음식 이야기를 나누는 것이 아니라 기독교적 삶을 나누는 노인이 되도록 해야 한다. 크리스천 노인이 자랑할 것은 체력도, 경제력도, 학벌도 아니다. 오직 영성이 그를 빛나게 하고 주변에 선한 영향력을 끼치는 그런 노인이 되어야 한다.

그럼 노인 분들이 가져야 할 영성은 무엇인가?

자녀들로 하여금 세상의 한 구성원으로서 자리매김을 할 수 있도록 힘이 되고, 인생 여정을 통해 선한 영향력을 발휘할 수 있는 건강한 영성의 소유자가 되어야 한다.

그렇다면, 영성이란 무엇인가?

"영성이란 인간 삶의 본질과 목적에 관한 확신에 따라서 사는 한 개인이나 한 공동체의 삶의 스타일이다."[30]

이 정의는 영성의 두 가지 면을 분명히 제시해 주고 있다.

① 영성은 한 개인이나 공동체가 자신과 이 세계에 대한 나름대로의 믿음의 체계, 즉 이해 체계다.
② 영성은 자신과 세계에 대한 이해의 체계로 끝나지 않고 그에 따라 사는 삶의 구체적 표현의 체계이다.

다시 말해서, 영성이란 단순한 지식이나 이해가 아니라 삶의 본질에 대한 나름대로의 확신에 따라서 사는 삶의 형태를 지탱하는 것이다.

---

[30] Christian Spirituality and Spiritual Theology, Dialogue 21, 1982. 207.

영성이란 맹목적 행동주의도, 단순한 감정주의도 아니다. 또한, 단순한 지식이나 도그마의 체계도 아닌 인간의 세 가지 차원인 지적 차원, 정서적 차원, 의지적 차원이 연속성 속에서 통합된 구체적인 실체를 말하는 것이다.[31]

쉽게 풀어서 말하면, 영성은 확신적 삶의 스타일이며 삶의 방식을 의미한다.

영성은 우리 자신이 하나님과의 친밀한 관계를 유지함으로 삶과 성품에서 예수님을 닮아 가는 모든 삶의 과정이다. 영성이란 한 인간의 가치관, 세계관, 인생관이요, 각 사람의 행동양식, 사고방식, 인격, 언어와 행동 등 모든 삶을 결정짓는 근본 요소이다.

하나님 앞에서 살아가는 우리의 자세와 마음 상태, 하나님과 관계의 깊이가 영성이다. 하나님과 관계 깊은 영성을 소유했다는 것은 하나님과의 관계에서 깊이와 견고함이 있음을 뜻한다. 젊을 때의 성공과 가장으로서 바쁜 삶으로 인해 가정에 소홀하고 하나님을 멀리했다면 이제 하나님께 가까이 갈 수 있는 시간이 되었다. 하나님을 가까이함으로 얻어지는 평안과 영성 회복으로 인하여 몸과 마음이 지친 자녀(손자, 손녀)들에게 예수의 사랑을 전해 줄 수 있다.

필자는 노인 사역이 좋다. 연세 드신 권사님들을 뵐 때마다 마음에 편안함을 느낀다. 하나님의 은혜가 그 마음에 풍성하니 마음에 평안이 깃들고 모든 것을 긍정적으로 해석하신다. 손을 꼭 잡아 주면서 걱정하지 말라고 격려해 주신다. 늘 최고라고 칭찬하신다. 따뜻한 위로와 격려로 자존감을 높여 주신다. 노인들에게는 주님 안에서 누리는 평안에서 비롯된 따스함이 있다. 깊은 영성을 가진 노인들에게는 평안이 있다.

그 평안은 여유와 따스함으로 사람들의 긴장을 풀어 주고 마음을 위로

31　안영권, 「빛과 소금」, "기독교 영성이란 무엇인가", 1993.10.

하며 격려하여 용기를 북돋워 준다. 평안은 근심이 없을 때 느끼는 마음이 아니라 하나님의 은혜가 임할 때 누리는 마음의 상태다.

사도 바울이 서신서에서 인사말로 자주 사용했던 표현이 있다. "예수 그리스도 안에서 은혜와 평강이 너희에게 있을지어다"(딤전 1:2 외)이다. 평안은 아무 일도 일어나지 않는 고요함이 아니다. 하나님의 은혜와 기쁨이 충만하여 근심과 걱정, 두려움과 불안이 극복되어진 상태가 평안이다. 염려하고 두려워했던 현실이 바뀐 것이 아니라 그 현실을 바라보는 시각이 바뀌어 평안을 누린 상태를 말한다. 평안은 쟁취하는 것이 아니라, 하나님으로부터 임하는 것이다. 하나님이 주시는 것이다.

노인에게는 뿌리 깊은 영성이 있다. 이 영성은 감사이다. "범사에 감사하라"고 했다. 감사하는 것이 "하나님의 뜻"이기 때문이다(살전 5:18). 감사는 상황과 조건에 따라 조건 반사적으로 표현하는 감정과 자세가 아니다. 믿음의 열매로 나타나는 믿음의 고백이다.

노년이 되어 지나온 인생을 뒤돌아보면 은혜 아닌 것이 없을 것이다. 나는 부족하나 전능하신 하나님께서 은혜를 베푸시어 여기까지 왔다며 에벤에셀의 하나님께 감사하는 고백이 있어야 한다.

삶을 돌아보며 모든 것이 하나님의 은혜임을 알 때 마음에서 우러나오는 감사가 나온다. 지나온 세월 속에 풍성한 은혜가 임했다며 범사에 감사하는 삶이 노인다움이다.

간혹 만나는 노인 중에는 모든 것을 원망하고 불평하는 분이 있다. 자녀들에 대한 원망과 불평을 하신다. 오랜만에 자녀들이 전화를 할 때면 첫마디부터 호통치며 꾸지람을 하여 자녀들의 마음을 상심하게 한다. 그러나 자녀들이 가져온 작은 정성, 선물 하나에도 감사하며 자녀들을 바라보며 늘 고맙다고 하는 노인도 있다.

나의 나 된 것이 다 하나님의 은혜라며 모든 것이 합력하여 선을 이룬다는 것을 인생에서 경험적으로 아셨으니 범사에 감사함이다. 깊은 영성에서 비롯된 감사함이 노인들을 향해 고개를 숙이게 한다. 그러므로 노인들이 회복해야 할 영성이 바로 "범사에 감사하는 것"이다.

믿음의 사람들의 특징은 절망의 상황에서 소망을 품는 것에 있다. 아브라함은 더 나은 성을 소망 중에 바라보며 믿음의 순례자로 살았다. 아브라함은 이 땅에서의 삶이 전부가 아니라 천국의 소망을 품었다.

죽지 않으려는 것은 믿음이 아니다. 내게 주어진 인생의 시간을 지혜롭게 보내며 잘 살다가 주님의 부르심을 오롯이 받아들이는 것이 성숙한 믿음이다. 죽음의 두려움을 이길 수 있는 것은 천국에 대한 소망이다.

노인들은 천국에 대한 소망이 있어야 한다. 두 발은 이 땅을 딛고 서 있지만 그 마음은 천국의 소망으로 가득할 때 어떤 상황에서도 기뻐할 수 있다.

노인은 자녀들의 미래에 대한 소망을 가져야 한다. 노인들은 세월과 함께 먼 길을 달려온 백전노장들이지 패잔병이 아니다. 여전히 일선에서 싸울 수 있는 영적인 사람이다. 감동을 주고 용기를 주며 위로와 힘을 주는 존재이다.

갈렙은 이스라엘 백성들에게 소망을 심어 준 사람이다. 그의 나이가 85세였으나 하나님께서 자기와 함께하시면 어떤 일도 감당할 수 있다며 헤브론 산지를 정복하는 일을 맡겨 달라고 했다. 10명의 정탐꾼들이 가나안 땅을 정탐한 후 그 땅을 악평할 때에도 긍정적인 말, 믿음의 말을 통해 소망을 주었다. 하나님께서 함께하시면 그들은 우리의 밥이라고 했다.[32]

누가 절망의 상황에서 소망을 품을 수 있는가?

하나님을 온전히 좇는 믿음의 사람이 소망을 품는다. 갈렙은 나이가 85세였으나 하나님을 온전히 신뢰하는 믿음으로 소망을 품었고 사람들에게 소망을 갖게 했다.

---

32 [민수기 14:9]

온전히(wholehertedly)라는 단어는 배가 어떤 장애에도 불구하고 앞을 향해 곧장 항해한다는 것을 가리키는 해양 용어다. 따라서 갈렙은 어떤 장애에도 불구하고 확고한 소망을 가지고 목적지로 항해했다. 그러므로 모든 노인이 회복해야 할 영성이 있다면 하나님을 온전히 좇는 신앙이다.

또한, 노인들은 자녀에게 하나님의 말씀을 부지런히 가르쳐 그 마음에 새길 수 있게 가르치는 게 좋다. 이렇게 말씀의 권세를 사용하려면 말씀으로 충만해야 한다. 알아야 가르칠 수 있기 때문이다. 말씀을 가르칠 때는 무엇보다 들려지게 말하는 것이 효과적이다. 많은 것을 가르쳤으나 자녀들이 아무것도 배운 것이 없다면 그것은 가르친 것이 아니다.

하나님 앞에 경건하게 살고 이웃과 자신에게 성실한 삶을 살아가야만 자녀들의 마음에 말씀을 전달될 수 있다. 듣는 것보다는 보는 것을 통해 훨씬 더 잘 배우기 때문이다. 자녀들은 들은 대로 사는 것이 아니라 본 대로 산다. 그러므로 자녀들에게 말씀을 가르치는 권세를 행하려면 자신이 말씀대로 살아야 한다.

아브라함은 믿음으로 살았다. 그의 삶을 아들 이삭이 지켜보았다. 아들은 아버지를 신뢰했다. 이 때문에 모리아산으로 올라가 자신을 결박하여 제물로 바치려는 아버지의 행동에 거부하지 않고 순종할 수 있었다. 모리아산 사건으로 우리는 이삭이 얼마나 아버지 아브라함을 신뢰했는지를 알 수 있다.

죽음에 이르러서도 아버지의 선택과 결정에 순종하는 아들 이삭의 모습에서, 부모가 자녀에게 어떻게 말씀을 가르쳐야 하는가를 보여 주고 있다. 하나님께서 노인들에게 자녀에게 말씀을 가르칠 권세를 주셨다.

이 권세를 사용하고 있는가?

그들에게 들려지도록 말하고, 삶으로 보여 주며 가르쳐야 한다. 이것이 노인들에게나 부모들에게 주어진 사명이다.

신앙은 후손들에게 저절로 이어지지 않는다. 사무엘은 훌륭한 사사요

선지자였다. 그러나 그 두 아들 요엘과 아비야는 타락하여 백성들로 하여금 이방인들과 같이 왕을 세워 달라고 탄식하게 했다. 히스기야도 역사적으로 훌륭한 임금이었다. 그러나 그의 아들 므낫세는 악한 왕이었다. 자녀들에게 믿음을 전수하는 것이 부모에게 주어진 권세임을 알지만 그것은 저절로 이루어지지 않는다.

우리는 어떤 유산을 자녀들에게 남겨야 할까?

다윗은 임종 직전에 아들 솔로몬에게 유언을 남긴다.

> 나는 이제 세상 모든 사람이 가는 길로 가야 할 것 같다. 힘을 내어 사내 대장부가 되어라(왕상 2:2, 공동번역).

노인(부모)들은 자녀의 삶이 형통하게 되는 것이 하나님의 손에 있다는 것을 분명하게 가르쳐야 한다. 하나님만 신뢰하도록 가르치고, 하나님의 뜻이라면 100퍼센트 "아멘" 하도록 가르쳐야 한다.

부모들에겐 평생 하나님과 동행하면서 갖게 된 경험이 있을 것이다. 그 경험을 통해 깨달은 지혜가 있을 것이다. 그 믿음과 지혜를 물려줄 수 있다면, 그 어떤 재산보다 소중한 유산을 물려주는 것이다.

많은 부모는 자녀들이 성공하기를 기대하나 성숙한 그리스도인이 되기를 기대하지 않는다. 부유하기를 기대하나 거룩하기를 기대하지는 않는다. 높은 학력을 기대하나 풍성한 지혜는 기대하지 않는다. 자녀들에게 물려줄 최고의 유산은 성공하는 방법이나 많은 물질이 아니다. 성숙한 그리스도인으로 살 수 있는 믿음과 지혜를 유산으로 물려줘야 한다.

부유한 삶보다 거룩한 삶을 살도록 해야 하고 그렇게 살도록 권면해 줘야 한다. 행복한 삶보다 거룩한 백성이 되는 것을 더 중요하기 때문이다. 이것이 믿음을 유산으로 물려주는 지혜로운 노인의 모습이다.

노인이 영성의 소유자라면 십자가의 길을 걸었던 삶, 즉 예수의 흔적을 보여 줘야 한다. 자녀들에게 물려주어야 할 유산이 있다면 그것은 예수님께 나아감이고, 말씀에로의 나아감이다. 부모의 삶은 자녀들에게 롤 모델이 되어야 한다. 자녀들이 한 가정의 가장으로서 신앙과 삶을 존경하고 따를만하도록 살았다면 그 삶이 최고의 유산이다.

사도 바울은 고린도 교회 성도들에게 "내가 그리스도를 본받은 것과 같이 너희는 나를 본 받으라"(고전 11:1)고 조언했다. 그는 성도가 예수님을 본받기를 소망했고 그렇게 살았다.

드라마나 영화, 혹은 책에 등장하는 부모(노인)처럼 사는 것은 어렵겠지만, 그래도 내 자녀들에게는 본이 되는 모습을 보여 주며 살아야 한다. 여기서 더 나아가, 크리스천 부모라면 자녀들에게 영적 재산인 믿음을 물려줘야 한다. 그리고 믿음으로 살았던 삶을 남겨 줘야 한다.

예수님을 본받기 위해 살았던 본인의 삶, 그리스도 예수의 흔적들로 가득한 삶을 유산으로 물려주라. 그러면 자녀들이 믿음이 필요할 때, 결단이 필요할 때, 그 믿음의 원리를 붙들게 될 것이다.

죽음을 앞둔 바울은 믿음의 아들 디모데에게 다음과 같은 유언을 전했다.

> 그대가 이어받으십시오. 나의 죽을 날이 가까웠고, 나의 생명은 하나님의 제단에 제물로 드려졌습니다. 이것은 참으로 달려 볼 가치가 있는 유일한 경주입니다. 나는 열심히 달려서 이제 막 결승점에 이르렀고, 그 길에서 믿음을 지켰습니다. 이제 남은 것은 환호 소리, 곧 하나님의 박수갈채뿐입니다. 그것을 믿으십시오. 하나님은 공정한 재판장이십니다. 그분께서 나뿐 아니라, 그분의 오심을 간절히 기다리는 모든 이에게도 공정하게 대해 주실 것입니다(딤후 4:6-8, 메시지).

제2장
고령화 시대에 노인답게 사는 것

4차 산업혁명은 이미 우리 곁에 너무도 넓게 침투하고 있고, 빠르게 정착하고 있다. 이미 우리 곁에 침투한 4차 산업혁명이 미칠 파장도 놀라운데 앞으로 다가올 파장은 기존의 모든 시스템을 바꿀 태풍의 눈이 될 것이다.

4차 산업혁명으로 우리는 더욱 건강하고 더 오래, 보다 더 능동적인 삶을 살 수 있게 될 것이다. 선진국에서 태어나는 아이 4분의 1 이상의 기대수명이 100세 시대[1]인 세상을 살아가면서 우리는 이제 생산 가능 인구와 은퇴, 개인의 인생 설계와 같은 이슈에 대해 다시 한번 생각해 봐야 한다.

현재 많은 국가가 이와 관련한 논의를 진행하는 데 어려움을 보인다는 것은, 우리가 아직 변화에 대해 충분히 인식하고 사전에 준비하려는 태도를 갖추지 못했다는 반증[2]이라고 한 클라우스 슈밥의 말을 깊이 되새겨 봐야 한다.

현재 교회 내에서 다양한 형태의 노인 교육이 행해지고 있다. 이러한 노인 교육에는 긍정적인 부분도 있지만 문제점도 가지고 있다. 긍정적인 부

---

[1] 레오 벨질 캐나다 HEC 몬트레알 의사 결정과학부 교수와 스위스 로잔연방공대 수학 연구소 교수 등 공동 연구진은 2021년 9월 29일 국제학술지인 영국왕립학회지 「오픈사이언스」에 현시대에 인간이 도달할 수 있는 최고령은 130세이며, 희박한 확률이지만 이론적으로는 인간 수명에 한계가 없다는 연구 결과를 발표했다. 2021.9.30, 「매일경제」, 송경은 기자, https://www.mk.co.kr/new>view>2021/09.

[2] 클라우스 슈밥, (e Book)『제4차 산업혁명』, 송경진 옮김(서울: 새로운현재, 2016), 35.

분은 더 확대 발전시키고 부정적인 부분은 숨기거나 무관심으로 치부하기보다는 잘 진단하여 보다 나은 노인 사역 목회가 되도록 해야 한다. 보다 나은 노인 사역을 위한 목회적 측면 4가지는 다음과 같다.

첫째, 신앙 교육이 노인 교육의 핵심으로 다루어지지 못하는 경우가 많다. 특히, 교회에서 이루어지는 노인대학(푸른교실, OO학교)이 단순한 친교와 여흥, 문화교실의 차원을 넘어서지 못하거나 복지 차원에만 머물러 있는 경우를 볼 수 있다.

노년 교육에서는 다른 연령을 대상으로 하는 교육과 마찬가지로 노년기 신앙의 특징을 잘 고려하고, 이들의 눈높이에 맞춘 신앙 교육이 가장 핵심이 되도록 해야 한다. 특히, 구원의 확신을 심어 줄 필요가 있다.

필자가 운영했던 사역원(Seniors Blessing Life Ministry: SBLM)에서 하는 프로그램을 통해 미주 한인 노인들 가운데 구원의 확신이 없는 분이 많다는 사실을 알게 되었다.

둘째, 노년 교육에서 지속 가능성 측면이 여전히 많이 부족하다. 현재 지역 교회의 노년 교육의 커리큘럼을 보면, 일회성으로 단편적으로 이루어지는 경우가 많다.

그리하여 노인들이 지닌 독특한 심리적, 사회적, 영적 차원의 욕구가 제대로 반영되지 못하고, 성인 전체를 대상으로 하는 추상적이고 일반적인 신앙 교육으로 이루어지고 있다. 따라서 연속성과 체계성을 갖춘 노년 교육이 이루어질 수 있도록 하는 노력이 필요하다.

셋째, 전문적인 교육을 받지 못한 자원들이 노년 교육을 담당하게 됨으로써 전문성이 현저하게 떨어지고 있다. 단지 신앙생활의 연륜이 길거나 교회를 오래 다녔다는 이유로 활동하는 성도, 또는 사역자로서의 품성을 제대로 갖추지 못하거나 혹은 제대로 훈련을 받지 못한 사람이 사역하는 경우가 많다.

교회의 노년 교육은 아동부나 청소년부의 교사 이상으로 전문성을 필요로 한다.[3]

넷째, 교회 내에서 노인들에게 가르치는 미래 기술로는 스마트폰이나 컴퓨터 활용법을 가르치는 것이 전부인 것처럼 보일 때가 많았다. 그러나 여기서 더 나아가 노인들에게 우리 주위에 이미 널리 퍼져 있는 과학과 기술의 발전을 보여 주고 그것을 체험할 수 있는 프로그램을 만들 필요가 있다.

한 예로, 메타버스(Metaverse)[4], 가상 현실(Virtual Reality: VR)[5], 증강 현실(Augmanted Reality: AR)[6]을 체험하기도 하고, 견학과 여행 차원에서 라스베이거스에서 개최되는 과학박람회[7]를 가 볼 수도 있다. 혹은 대전광역시 유성구에 있는 국립중앙과학관을 방문하여 과학의 발달 상황을 체험하거나 자율 주행차가 어느 수준까지 발전했는가 보여 주고 타 보기도 하는 등 우리 주위에 널리 퍼져 있는 과학 기술을 체험하는 것도 좋은 방법이다.

노인 담당 사역자들이 해당 사항에 대해 잘 모르면, 교인 중에 각 분야 전문가를 세우거나 외부인 중에 전문가들을 초빙해 특강을 진행하여 노인들로 하여금 생활에 필요한 과학 기술들을 접할 수 있게 할 수 있다. 예를 들면, 애플리케이션 'Zoom'의 활용법 같은 것이 있을 수 있겠다. 그러므로 노인 목회 담당 사역자는 최소한 전문가는 아니더라도, 노인을 이해하고 특성

---

3 장신근, 『통전적 신앙과 생애주기별 기독교 교육』(서울: 장로회신학대학교출판부, 2019), 285-286.
4 메타버스란 초월, 추상을 의미하는 메타(meta)와 세계, 우주를 뜻하는 유니버스(universe)의 합성어로 '현실과 연동된 가상의 세계'라는 뜻이다(https://biz.chosun.com>it-science>ict) 2021.5.10.
5 VR란 컴퓨터 시스템 등을 사용해 인공적인 기술로 만들어 낸, 실제와 유사하지만 실제가 아닌 어떤 특정한 환경이나 상황 혹은 그 기술 자체를 의미한다.
6 AR란 실제로 존재하는 환경에 가상의 사물이나 정보를 합성하여 마치 원래의 환경에 존재하는 사물처럼 보이도록 하는 컴퓨터 그래픽 기법이다.
7 라스베이거스는 샌즈 엑스포 및 컨벤션센터(Sands Expo and Convention Center)에서 다양한 박람회를 개최하고 있다.

을 알며 어느 정도의 교육을 받은 이가 담당해야 한다.

1. 소명자로서의 노인

소명이란 단어, 'Vocation'은 라틴어인 'Voco'와 'Vocativ'에서 유래한 것으로 각각 'call'과 'calling'을 의미한다.[8]

소명(召命)의 사전적 의미는 "신하를 부르는 왕의 명령, 또는 사람이 어떤 특수한 신분으로 신(神)에게 봉사하도록 신의 부름을 받음"이다.[9] 즉, 소명은 하나님을 위한, 하나님에 의한, 하나님을 향한 것이다. 성경은 노인은 소명과 삶의 결실이 있는 존재이며 그들에겐 돌봄의 사명과 책임이 있다고 말한다.[10]

소명은 존재에 관한 것으로 살아가는 방식의 문제이다. 신약성경에서는 'calling'이라는 단어를 사랑, 거룩함, 자유, 소망의 삶을 살 것을 묘사할 때 사용했다.

그렇다면, 나이가 들면 소명도 변할까?

이론상으로는 그렇지 않지만, 겉으로 보기에 우리는 다음 세대에게 본보기가 되는 삶을 살며 더욱 깊어지라는 소명을 받는다. 사도 바울은 디모데에게 자신이 살아가는 방식을 지켜보라고 했다.[11]

산업화의 가속화로 인하여 핵가족이 주요한 가족 형태로 자리 잡게 되면서 대부분의 경우 조부모와 손자녀가 한집에서 동거하지 않고 따로 분리되어 살게 되었다.

---

8 폴 스티븐스, 『나이듦의 신학』, 박일귀 옮김(서울: CUP, 2018), 47.
9 https://www.naver.com. 네이버 사전.
10 [시편 71:17-18]
11 [디모데후서 3:10]

그 결과로 자녀 양육과 교육에 있어, 특별히 신앙 교육에 있어서 조부모의 역할과 기능은 점점 더 축소되어 왔다. 이로 인하여 핵가족은 자녀 양육에 있어서 과중한 부담을 홀로 져야 하는 상황에 이르게 되었다. 이에 부모와 조부모가 함께 자녀를 양육하면 좋을 것이다.

여기에는 서로 상호 보완적인 관계를 유지해야 한다는 것이 전제된다. 문화 인류학자 마가렛 미드(Margaret Mead)는 이에 대해 다음과 같이 말했다.

> 오늘날 핵가족화로 인하여 조부모의 지혜와 경험을 접하지 못하게 되어 크나큰 문화적 손실을 맛보게 되었다.[12]

조부모와 부모에게 모두 유익이 되는 자녀 양육 지침은 다음과 같다.

첫째, 부모는 자신들의 양육 방법만 너무 고집하지 말고 조부모의 교육 방법과 이들이 손자녀들과 유지하는 독자적인 관계를 존중해야 한다.

둘째, 부모는 자신의 자녀를 조부모에게 맡기려면 동시에 책임도 주어야 한다.[13]

셋째, 대부분의 조부모들은 기쁘게 손자녀들을 위해 시간을 준비한다. 그러나 여기에도 원칙을 가지면 좋다. 무한정 시간을 내서 손자를 돌보고 키우는 것은 바람직하지 않다. 대게 부모와 시간을 많이 보내지 못하고 조부모와 시간을 많이 보낸 아이들은 정서적으로 핸디캡을 가지고 있다. 이것은 이미 증명된 사실이다.

넷째, 부모의 대역을 하려고 하지 말라. 너무 많은 시간을 내다 보면, 조부모가 부모가 되어 버린다. 조부모는 부모의 대역을 하려고 하면 안 된다. 그러나 어떤 경우에는 예외는 있다. 부모가 아이들을 도저히 키울 수

---

[12] 이동원, 『노년 항해를 준비하라』(서울: 연합가족상담연구소, 2019), 96-97.
[13] 장신근, 『통전적 신앙과 생애주기별 기독교 교육』, 98, 재인용.

없는 환경이거나 부모가 일찍 죽어서 아예 조부모에게 아이를 맡긴 경우는 조손 가족이 되는데, 이것은 어쩔 수 없는 상황이라 할 수 있다.

다섯째, 손자녀들을 가르치고 충고하는 자리에 부모가 있다면 조부모는 어디까지나 조연이지 주연은 아니라는 것을 기억해야 한다. 조부모는 부모를 도와서 손자녀들을 돕는 것이지 부모가 아니다. 조부모는 상담자의 역할은 충분히 할 수 있지만 양육자도 아니고 명령자도 아니다.[14]

중요한 것은 조부모는 아이들에게 본을 보여 주면서 가르칠 필요가 있다는 것이다. 언행불일치는 손자녀뿐만 아니라 다음 세대들에게도 본이 되지 않는다.

노인의 사명 중 하나는 하나님께 받은 축복을 공동체의 장로(老人)로서 축복하는 것이다. 신앙의 유산을 물려주는 사명, 그것은 축복으로 나타났다. 이삭이 야곱에게 축복하였고, 야곱과 모세는 그의 자손들에게 축복했다.

> … 그들의 아버지는 이렇게 그들 하나하나에게 알맞은 복을 빌어 주고는 분부하였다. "나는 이제 세상을 떠나게 되었다"(창 49:28-29, 공동번역).

> … 모세는 죽기 전에 이스라엘 백성에게 복을 빌어 주었다(신 33:1, 공동번역).

이처럼 축복은 전승되었다. 축복을 하는 것은 집안이나 공동체 장로의 소명이며 사명 중 하나였다. 세대의 강은 흘러야 한다. 축복은 세대라는 강을 통해 흘러야 한다. 이 믿음의 강물이 흘러가는 곳마다 번성하고 소성하며 치유되는 복이 있게 된다.[15]

---

14   이동원, 『노년 항해를 준비하라』, 94, 재인용.
15   [에스겔 47:9]

캠벨 화이트(Campbell J. White)는 값진 인생에 관해 이렇게 서술했다.

> 하나님의 영원한 계획을 이루기 위해 그분의 일을 한다는 기쁨은 무한하고 영원하지만, 세상의 명성, 쾌락, 부는 빈껍데기에 불과하다. 하나님의 일을 하는 데 모든 것을 쏟는 사람들은 인생을 최대한 값지게 사는 것이다.[16]

세상을 향한 하나님의 마음은 무엇일까?

하나님의 마음은 지금 어디로 향하고 있을까?

스스로 보호막이라고 친 장막을 넘어 경계선 밖으로 나가야 한다. 그것이 단순히 교회 사역이나 선교 사역을 넘어 세상을 향한 하나님의 사람을 세우고 하나님 나라를 이루고 하나님의 호흡(생명)을 이어 주며 사회와 세상, 모든 피조 세계에 샬롬을 이루는 것이다. 따라서 노인의 사명은 하나님의 나라이며 하나님의 생명과 샬롬공동체를 이루는 것이다.

이제 노인은 세상을 향한 하나님의 마음을 품고, 깨어짐과 부서짐 속에 예수의 생명 다리로 이어져, 가정의 어른으로서 후손들과 공동체를 축복해 주고, 삶의 지혜와 올바른 판단으로 앞으로 나아갈 방향을 제시해 줘야 한다.

우리의 삶은 모자이크와 같다. 영아 때는 깨끗하고 순수한 유리였던 것이, 인생의 세월 속에 깨어지고 부서져 파편화되어 흩어졌던 것들이 모자이크로 다시 모여 노인이라는 새로운 아름다움으로 완성해 간다.

하나의 작품과 같은 모자이크가 되기 위해서는 인생의 경험과 삶을 통해 하나하나씩 '나'라는 존재의 형상이 만들어져 그 형상이 다 완성이 되었을 때, 다른 사람들에게 선한 영향을 끼치고, 때로는 존경심과 감동을 주는 모습이 완성된 노인의 모습이라고 할 수 있다.

---

16   J.Campbell White, "The Layman's Missionary Movement" in Perspectives on the World Christian Movement, ed. Ralph D. Winter and Steven C. Hawthorne (Pasadena, CA: William Carey Library, 1981), 22.

2. 지혜와 스승답게 사는 노인

고대 근동 문화권에서 노인은 인생을 살아온 그 삶의 지혜 때문에 존경을 받았다.

> 늙은 자에게는 지혜가 있고 장수하는 자에게는 명철이 있느니라(욥 12:12).

> 나이가 많은 자가 말할 것이요 연륜이 많은 자가 지혜를 가르칠 것이라(욥 32:7).

고대 문화권에서는 노인을 오랫동안 하나님과 동행하는 삶의 경험을 통하여 후손들을 지도하고 가르치며 이끌어 줄 수 있는 존재로 보았다. 노인들은 지혜의 조언자였다. 노인이 가진 오랜 삶을 통한 경험은 다음 세대에게 있어서 귀중한 조언자 및 교사의 역할을 하게 한다. 때문에 구약성경에서 노인은 지혜와 함께 분별력을 가진 존재라고 한다.[17]

또한, 노인들은 은퇴한 후에도 제사장을 돕거나 후배들을 도와 이스라엘 백성들의 율법 교육 및 종교적 활동을 수행했다.[18] 이스라엘을 존재케 하는 원동력이 있는데, 그것은 토라(율법)의 힘, 모림(선생)의 힘, 호림(부모)의 힘이었다.

이스라엘에서 좋은 부모는 사회적으로 신분이 높거나 많은 유산을 물려주는 사람이 아니다. 자녀들에게 율법을 잘 가르쳐 주고 하나님의 법도 안에서 바르게 살아갈 수 있도록 양육해 주는 분이 가장 훌륭한 부모이다.

유대인들에게 부모는 육신을 낳아 주신 분이기도 하지만, 정신을 낳아

---

[17] 김정희(2012), "노인 교육 프로그램에 대한 기독교 평생 교육적 입장에서의 논의 및 제언. 복음과 교육". 제11집. 159-188. 「복음과교육」, Vol 11. 한국복음주의 기독교 교육학회. 2012.03.30. 165-166면.
[18] [민수기 8:24-26; 누가복음 1:18-25]

주신 부모, 즉 교사이기도 하다. 노인도 가정에서 부모로서 자녀를 교육할 책임을 가지고 있다.

> 그는 늙어도 여전히 결실하며 진액이 풍족하고 빛이 청청하니(시 92:14).

하나님은 늙음을 퇴화나 무기력해져 가는 현상으로 보지 않으셨다. 노년의 때를 여전히 결실하며 진액이 풍족한, 육체적으로나 영적으로 원숙한 인격적 성숙과 영적 성숙의 시기라고 말씀하신다.

특히, 성문서 안에 있는 지혜문서(욥기, 잠언, 전도서)는 그 중심이 인간의 이성과 경험을 중시하기 때문에 성서의 어떤 곳보다 삶의 진수가 배어 있는 노인의 경험을 상당히 중요하게 평가하고 있다. 그중에서 잠언은 노인을 지혜의 원천이라고까지 정의하며 하나님과 동행하며 젊은이들보다 앞선 삶을 산 그들의 삶의 경험을 배워야 한다고 말하고 있다.

> 백발은 영화의 면류관이라 공의로운 길에서 얻으리라(잠 16: 31).

이렇게 말씀하신 의도는 노인의 백발은 엘리 제사장과 같이 쇠약함이나 비둔함의 상징이 아니라, 하나님께서 부여해 주신 삶의 여정을 아름답게 통과한 지난 세월의 상징이며, 그 대가로 하나님이 주신 영광이며 면류관임을 말씀하시기 위함이다. 계속해서 지혜문서는 노인을 이렇게 칭송한다.

> 젊은 자의 영화는 그 힘이요, 늙은 자의 아름다운 것은 백발이니라(잠 20:29, 개역한글).

이로써 성경이 시대를 변화시키는 젊은이의 역동성이 아름답듯이 나이 든 노인의 백발은 그 사회를 지켜 온 수고와 노력의 상징으로 수치스러운 모습이 아니라, 오히려 아름다운 모습으로 바라보고 있음을 알 수 있다.

그러므로 유대 사회에서는 노인의 지혜와 경험을 매우 중요시하고 높이 평가하여 노인은 사회 발전의 밑거름이 되어 주었고, 국가의 중요한 문제에 있어서 조언과 자문을 해 주며, 종교와 사회에서 중요한 역할을 담당했음도 알 수 있다. 즉, 성경에 나타난 노인들은 자신들의 은퇴를 생산 활동의 끝이 아니라 또 다른 생산 활동의 연장선상으로 이해하고 있었다. 이는 『탈무드』에서도 확인 가능하다.

> 포도주는 새 술일 때에는 신 포도와 같은 맛이 난다. 그러나 오래되면 오래될수록 맛이 좋아진다.

3. 경건한 삶으로 사는 노인

노인들은 살아가면서 영적인 자존감을 보여 줄 필요가 있다. 영적인 자존감이란 나만이 가진 장점들을 보여 주고 매사에 자신감 있는 모습을 보여 주는 것이다.

어떤 사람은 보는 것만으로도 아우라(aura, 기품)가 있음을 본다. 이 아우라를 믿음과 경건의 모습으로 드러내고 신앙인의 한 사람으로서 선종할 때까지 그 기품을 간직하는 것이다.

노인이 되면 자신은 없고 자녀 자랑, 조손 자랑만 한다. 그렇게 해서 어느 정도 자신이 귀하고 성공한 사람으로 인식하도록 한다. 자랑과 보상 심리는 노인에게 이익보다는 손해를 가져오는 경우가 많다는 것을 인식해야 한다.

'나'라는 모습을 보여 줄 수 있도록 잘 꾸미고, 잘 씻고, 잘 쓰고(돈, 베풂), 신앙적으로 잘 보여 줄 수 있는 경건의 모양을 유지해야 한다. 이에 사도 바울은 디모데에게 "경건의 모양은 있으나 경건의 능력을 부인하는 사람을 멀리하라"(딤후 3:5)고 조언한다.

누가복음 2장 21절에서 40절에 등장하는 시므온과 안나는 경건한 삶을 살았다.

> 예루살렘에 시므온이라 하는 사람이 있으니 이 사람은 의롭고 경건하여 이스라엘의 위로를 기다리는 자라 성령이 그 위에 계시더라 그가 주의 그리스도를 보기 전에는 죽지 아니하리라 하는 성령의 지시를 받았더니(눅 2:25-26).

시므온은 성령의 지시를 받으며 살았던 사람이다. 그는 성령의 지시를 받을 정도로 의롭고 경건하였다. 그는 메시아 대망 사상을 굳건히 믿고 있었던 사람이었다. 당시 예수님이 메시아로 태어나신 사실은 동방박사들과 몇 명의 목자 외에는 아는 사람이 없었다. 그러나 시므온은 경건함이 깊은 사람으로서 성령을 통해 하나님의 메시지를 직접으로 부여 받는 특별한 사람이었다.

그는 경건함과 의로움으로 구세주를 기다리리는 사명을 받았다. 하나님이 그에게 주신 마지막 사역은 메시아를 만나고 축복하는 것이었다.

> 내 눈이 주의 구원을 보았사오니 이는 만민 앞에서 예비하신 것이요 이방을 비추는 빛이요 주의 백성 이스라엘의 영광이니이다(눅 2:30-32).

그 당시에도 제사장이 존재했고, 율법을 가르치는 선생이나 가말리엘(Gamaliel) 같은 학식이 높은 사람들과 서기관과 바리새인들이 있었다. 그러나 시므온과 안나만이 성령의 감동을 받고 예수 그리스도를 만날 수 있었다. 시므온은 마리아와 요셉에게 축복하고 예언을 전했다.

시므온을 만난 직후에 여선지자 안나는 아기 예수를 보는 순간 그가 메시아임을 알게 된다.[19] 선지자 안나의 다른 언행은 성경에 기록되어 있지

---

19 [누가복음 2:36-38]

않다. 다만 그녀의 배경만 두 문장으로 설명하고 있을 뿐이다. 바로 그 내용을 통해 노인인 과부가 어떻게 메시아를 알아보게 되었으며 평소 어떻게 하나님과 교제하였는가를 가늠할 수 있다.

> 또 아셀 지파 바누엘의 딸 안나라 하는 선지자가 있어 나이가 매우 많았더라 그가 결혼한 후 일곱 해 동안 남편과 함께 살다가 과부가 되고 팔십사 세가 되었더라 이 사람이 성전을 떠나지 아니하고 주야로 금식하며 기도함으로 섬기더니(눅 2:36-37).

안나 선지자는 과부가 된 이후부터 84년 동안 성전에서 예배와 금식 그리고 기도하기를 쉬지 않았다. 그의 삶 자체가 예배와 기도의 삶이었다. 키널(Craig S. Keener)은 시므온과 안나의 모습에 관해 이렇게 서술했다.

> 유대 문화와 헬라-로마 문화는 보통 재혼한 경험이 없는 과부를 경건하고 신실한 자로 여겼다. 유대 전승에 나오는 유명한 과부인 유딧은 105세에 죽을 때까지 과부로 살았다고 한다. 누가복음 2장 36절에서 37절에 나오는 두 숫자 7과 84를 더하면(84라는 숫자를 안나의 나이로 보기보다는 안나가 과부로 산 기간을 나타내는 것으로 보임), 그녀가 결혼 적령기인 14세에 결혼했다고 한다면 그녀 역시 105세였다고 볼 수 있을 것이다.[20]

80년이 넘도록 예배와 금식, 기도에 매진한다는 것은 아무나 할 수 있는 것이 아니다. 누가는 시므온과 안나의 모습을 기록하면서 노인들이 그 시대 가운데 메시아이신 아기 예수를 알아보았다는 그 한 가지를 부각시키고 있다. 즉, 노인들의 예배와 기도 사역 속에서 다른 사람들, 특히 젊은 이들보다 영적으로 깨어 하나님과 더욱 깊은 교제와 그분의 뜻을 분별하

---

[20] 키널, 『성경 배경주석』, 정옥배 외 2역 (서울: 한국기독학생회출판부, 1998), 224.

는 특별한 능력을 겸비했다는 것을 보여 주고 있는 것이다.

이것은 어쩌면 노인이라는 특성 때문에 가능했던 것 같다. 그렇게 성전에서 예배와 기도에만 집중하는 시간을 보내기에는 젊은이들은 너무나 분주한 생활을 하는 것이 그때나 지금이나 동일하기 때문이다.

알론소 쇼켈(Lui Alonso Schökel)은 "노인들에게는 아직도 행하고 말해야 할 그 무엇이 남아 있다"고 말한 바 있다. 또한, 유대교 신학자 유진 비안키(Eugene C. Bianchi)는 다음과 같이 말했다.

> 사람은 나이 먹음이 시간을 잃는 것이 아니라 도리어 시간을 얻는 것이라는 사실을 잘 안다. … 시간을 성화하는 데 필요한 건 하나님, 영혼, 순간이다. 이 세 가지는 항상 그 자리에 있다.[21]

신약성경에 등장한 노인들은 비록 신체적으로는 노쇠해 갔지만 오히려 절제하고 경건하며 근신하고 믿음과 사랑과 인내함에 온전함으로 젊은 사람들에게 귀감이 되어야 하는 역할과 사명을 이루고 있다.

또한, 성경은 늙은 여자들에게 행실이 거룩하고 모함하지 않으며 많은 술의 종이 되지 않고 선한 것을 가르치며 젊은 여자들을 교훈하되 그 남편과 자녀를 사랑하여 좋은 아내, 좋은 어머니의 역할을 할 것을 강조하는 선도와 교육의 사명과 기능이 있음을 제시하고 있다(딛 2:2-3).

따라서 노인에게는 말과 행실에 있어서 젊은이들에게 모범이 됨으로써 선도와 교육의 역할에 대한 책임이 있다. 특별히 가정과 교회의 신앙 교육에 있어서 노인들이 삶의 모범이 되는 것이 중요함을 지적하고 있다.

성경은 노인을 존중과 경건의 상징으로 표현한다. 특히, 존중의 문제는 "부모를 공경하라"(출 20:12)는 계명을 통해 구체화된다고 할 수 있다.

---

21 폴 스티븐스, 『나이듦의 신학』, 75.

옛 중국의 기록을 보면 삼로(三老), 즉 정직·군셈·부드러움의 삼덕(三德)을 아는 존재로 칭하기도 했으며 노인성(老人星)이라는 이름의 별이 보이면 이를 길한 징조로 여겼다.[22] 그만큼 노인은 존중과 공경의 대상이었다.

백발은 영화의 면류관이며 의로운 삶에서 얻어지는 것이다(잠 16:31, 현대인).

이 말씀을 통해 백발은 의로운 삶을 살 때 얻은 영화로운 면류관이라는 것을 알 수 있다. '의롭다'(justification)는 말은 경건과 거룩으로 살게 하는 힘으로 작용한다. 따라서 노인은 경건과 거룩으로 본을 보여 줘야 한다.

경건과 거룩으로 살 때 영화로운 면류관을 얻게 된다. 물론 이런 의문을 가질 수 있다.

'하루가 다르게 변하는 이 시대에도 노인이 경건한 삶을 살 수 있을까?' 그러나 하나님은 시대가 바뀌어도 여전히 세상을 사랑하시고 하나님의 사람으로 경건은 이어질 것이다. 이미 몸으로 경건한 삶이 체화된 노인들에게 있어서 세상보다는 경건의 삶이 더 편하기 때문이다.

선교적 교회를 지향하는 교회와 제자 양육을 하는 교회가 있다면 시므온과 안나와 같이 의롭고 성령이 충만한 삶의 일부가 된 경건 훈련을 바탕으로 해야 할 것이다. 이것이 예수님의 말씀 속에 녹아 있는 제자도(Discipleship)와 기독교 신앙의 핵심 원리이다.

---

22 정진웅, 『노년의 문화 인류학』(서울: 한울아카데미, 2012), 87.

4. 양육자로서 사는 노인

랍비 문학에는 다음과 같은 성찰이 담겨 있다.

> 젊은이에게서 배우는 사람은 익지 않은 포도를 먹고 갓 짜낸 포도주를 마시는 사람과 같다. 그러나 노인에게서 배우는 사람은 잘 익은 포도를 먹고 숙성된 포도주를 마시는 것과 같다.[23]

에베소서 6장 4절에서는 "아비들아 너희 자녀들을 노엽게 하지 말고 오직 주의 교훈과 훈계로 양육하라"고 조언한다. 중요한 것은 교훈과 훈계로 잘 가르치는 것이다.

'누데시아'(νουθεσια, 교훈, 교양)는 훈련이나 체벌을 동반한 책망을 의미하지만, '파이데이아'(παιδεια, 훈계)는 말로 하는 교훈이나 교정을 의미한다. 여기서 더 중요한 것은 "노엽게 하지 말고 오직 양육"(교육)하라는 권고이다.

"노엽게"(παροργιζετε, 파로르기제테)의 원어적 의미는 '의미를 꺾는다', '마음을 상실한다'이다. 교육하면서 이유 없이 감정을 상하게 하거나 화나게 하지 말라는 것이다. 영어 성경에서는 "아비들아 너희 자녀를 노엽게 하여 그들의 마음을 잃지 않도록 하라"(The New American Standard Bible)고 한다.

여기에서 "아비들"이 노인을 지칭하는 것은 아니더라도 부모의 역할은 노인이 되어서도 계속해야 할 것을 의미한다.

교육의 중요성은 구약의 엘리 제사장에서 찾을 수 있다. 쉐마 교육[24]은 "네 자녀에게 부지런히 가르치며(teaching) 집에 앉았을 때에든지 길을 갈

---

[23] 폴 스티븐스, 『나이듦의 신학』, 159.
[24] [신명기 6:4-9]

때에든지 누워 있을 때에든지 일어날 때에든지 이 말씀을 강론(talking)할 것"을 강조한다.

이 쉐마의 교육법은 신약 시대에도 이어졌다. 디도서 2장 4절과 5절에서도 늙은 여자들이 젊은 여자들을 훈계하도록 하는 교육적 사명을 밝히고 있다. 노인에게 그들이 오랜 삶을 통해 축적한 지혜와 경험을 타인에게 전해 줄 수 있는 공간과 시간을 마련하여 그들로 하여금 공동체 안에서 활동할 수 있는 사람으로 인정하였다.

노인은 바람 빠진 풍선이 아니다. 노인은 애드벌룬(Adballoon)과 같은 분이시다. 애드벌룬은 한 번 사용하고 마는 풍선이 아니라 다시 헬륨가스를 넣어 사용할 수 있다. 즉, 하늘로 올라간 열기구가 조작을 통해 원하는 곳에 어디든지 갈 수 있듯이 노인이 바로 그런 존재이다. 다시 말해서 노인은 지금까지의 경험과 노하우를 통해 항해할 수 있는 분들이시다.

노인은 산삼(山蔘)과 샴페인 같은 존재이다. 산삼은 오래된 것일수록 약효가 뛰어나다고 알려졌다. 샴페인도 그렇다. 숙성이 오래된 것일수록 향과 맛의 깊이가 다르다.

시편 기자는 교육자로서의 깊이가 있다는 의미로 "여전히 열매를 맺고 진액이 가득하다"(시 92:14)고 표현하고 있다. 우리말 성경은 이 말씀을 "그들은 노년에도 여전히 열매를 맺고 진액이 가득하고 싱싱할 것입니다"라고 표현한다. 이것이 바로 삶의 경륜에서 나오는 노인의 지혜이고 교육자의 모습이며 자태이다.

『동물에게 배우는 노년의 삶』이라는 책을 통해서 아이 하나를 키우려면 마을 하나가 필요하듯 새끼 코끼리 한 마리를 키우려면 무리 전체가 필요함을 알 수 있다.

코끼리는 협동심이 커서 자기 새끼뿐 아니라 다른 새끼까지 돌본다. 새끼에게 젖을 먹이는 것은 어미지만, 다른 친족들도 양육을 거든다. 많은 새끼가 이모나 할머니와 대부분 시간을 보낸다. 이모나 할머니는 새끼를

데리고 다니면서 경험을 전수하고 환경에 대한 지식을 알려 준다.[25]

『동물에게 배우는 노년의 삶』이 아니더라도 우리는 노인에게서 많은 지혜를 배울 수 있다. 노년에 이르기까지 보낸 세월은 무의미한 시간들이 아니다. 그 시간 동안 얻은 경험과 그 경험을 통해 지혜와 의미 그리고 삶의 교육, 지식, 기술을 배워 왔다. 이와 같은 노인이 지닌 인생의 지혜와 경험이라는 가치 있는 자원을 활용해야 한다.

물론, 교육은 가치 체계의 산물이기에 자기가 믿고 배우고 깨닫고 경험한 것을 가르칠 수밖에 없다. 그러나 모든 가치의 기초는 하나님이시기에 하나님의 백성들은 하나님 중심의 세계관을 갖도록 교육해야 한다.

성경은 자녀나 후손들을 교육하면서 하나님의 나라가 이 땅에 이루어지도록 삶의 태도와 방식이 예수 그리스도를 닮은, 그리스도의 진정한 제자가 되도록 제자도로 양육시켜야 한다고 말한다.

5. 성육신적인 노인의 역할

과학 기술이 발달하고 4차 산업혁명이 이미 우리 사회에 확산되었다고 해도 기독교 신앙의 핵심 개념인 성육신(Incarnation)은 변하지 않는다. 곧 하나님께서 인간의 육신을 입으시고 우리 가운데 거하셨다.[26]

하나님은 우리가 하나님 자신을 알고, 하나님을 알아가는 삶 속에서 하나님께 바르게 응답하는 존재가 되게 하기 위해 자신을 우리에게 보여 주셨다. 예수 그리스도의 성육신은 하나님이신 예수님께서 인간의 역사 안

---

25 앤 이니스 대그, 『동물에게 배우는 노년의 삶』, 노승영 옮김 (서울: 시대의창, 2018), 65-66.
26 마이클 프로스트, 『성육신적 교회』, 최현근 옮김 (서울: 새물결플러스, 2016), 27.

으로 걸어 들어오셨다는 것을 의미한다.[27] 성육신적이란 단어에는 다음 3가지 의미가 있다.

① 성육신의 본을 따르는 것.
② 성육신의 지속적인 힘으로 능력을 부여받는 것.
③ 하나님의 성육신적 선교에 지속해서 참여하는 것.[28]

이 의미들로 미루어 보면, 성육신적이란 종교적인 영역을 떠나서 다른 사람들의 문화 속으로 빛처럼, 소금처럼 스며들어 그들을 변화시키는 행동이라 할 수 있다. 예수님의 성육신 핵심에는 세상과 교회를 이원론적으로 구분하지 않고 메시아가 했던 것처럼 세상과 문화 속으로 직접 들어가서 구속의 도구가 되는 것이었다.[29]

4차 산업혁명 시대의 미덕은 속도와 변화, 유연함과 창조성이다. 이에 반해 노인들의 특성인 느림과 보존, 정직성과 정체성은 더 이상 이 세대의 미덕일 수 없다. 또한, 새로운 테크놀로지 기반의 뉴미디어 세계에서 노인들의 권위와 지혜는 더는 유효하지 않다.

오늘날 수많은 정보와 데이터가 순식간에 전 세계적으로 공유, 전달, 유통, 확산하는 디지털 네트워크 사회에서 정보의 취약 계층인 노인들은 뉴미디어를 활용하거나 향유하지 못하는 소수자로 머물게 되었다.

반대로 4차 산업혁명이 노인에게 가져다준 장점 중 하나는 노인의 역할이 자기 삶의 주체로부터 경계를 넘어 지역과 세계로의 확장되고 있다는 것이다. 물론 그 역할의 대상이 미시 체계부터 거시 체계까지 확대되어 가고 있음에도 노인의 역할은 축소와 내려놓음도 뒤따르고 있는 게 현실이

---

27 데릴 구더, 『교회의 선교적 사명에 대한 신선한 통찰』, 조범연 역 (서울: 미션툴, 2005), 18.
28 마이클 프로스트, 『성육신적 교회』, 147.
29 마이클 프로스트, 앨런 허쉬, 『새로운 교회가 온다』, 지성근 옮김 (서울: IVP, 2016), 67.

다. 그러나 해야 할 일을 하지 않는 것 역시 직무 유기인 만큼 노인이 해야 할 분명한 일이 있다.

4차 산업혁명 시대에 요구되는 바람직한 노인의 역할은 기능상 다각적이어야 하고, 역할의 수행 범위는 시간적·공간적 제약을 넘어서 다세대적이고 다체계적이어야 한다.

즉, 노인의 역할은 자신의 독립성을 유지하는 것을 기반으로 하여 노인 세대가 가지고 있는 지혜와 경험, 지식과 문화를 다음 세대에게 전수하는 역할, 지역 사회의 문제를 해결하고 청장년층이 미처 인식하지 못한 문제를 파악하고 그 해결책을 찾아보는 역할이다.[30]

노인의 역할은 젊었을 때처럼은 못 미치더라도 삶의 성육신적 역할은 할 수 있다. 여기서 성육신적인 역할은 자신을 포함해서 친구, 이웃, 교회나 지역에 그리스도의 향기를 전하는 것을 말한다. 그러나 노인이 해야 할 역할을 하지 못했을 경우는 성육신의 반대인 탈육신의 모습을 보여 줄 수밖에 없다.

탈육신(excarnation)은 몸에서 피부와 장기를 기술적으로 제거하는 것(defleshing)을 말한다. 그것은 원래 죽은 사람의 몸에서 오로지 뼈만 남기고 전체 살과 모든 장기를 제거하는 고대의 풍습을 일컫는다.[31] 노인이 기독교적 성육신화되지 않으면 탈육신화될 수 있다. 점점 스스로 위축되고 뒤로 빠지면서 아무것도 하지 않는 말 그대로 뒷방 노인으로 전락하고 있다면 탈골되는 노인이 되어 가는 것이다. 탈육신화되어 가고 있는 노인이면 성육신화로 전환해야 한다.

사도 바울은 "그리스도 예수의 마음을 품으라"(빌 2:5)고 한다. 즉, 탈육신된 노인들에게 성육신적 마음을 품고 그들의 문화 속으로 스며들어

---

30 2017, 제1차 고령 사회 포럼 <적극적인 노인의 역할 모색>, https://www.kihasa.re.kr > news > event >view, 183면

31 마이클 프로스트, 『성육신적 교회』, 16.

그 속에서 동화(녹아듦)되어 예수 그리스도의 향기를 전하는 사람이 되어야 한다고 말한다. 그것이 노인이 해야 할 역할이다.

지역과 사회 속에서, 또는 교회 속에서 노인들만 구축하고 있는 문화, 동질 집단들이 소유하고 있는 문화가 형성된 그 속으로 스며들어 누룩의 역할을 하는 것이 성육신적인 삶이다.

성육신적 사역은 하나님을 만날 수 있도록 거룩한 종교적 공간을 만들고 개발하는 데 시간을 투자하고, 구시대의 크리스텐덤 방식에 비해 훨씬 더 유기적이고 역동적이며 비제도적인 사역이다.

끌어 모으는 방식이 세상을 '안'과 '밖' 두 부분으로 나누어 본다면 성육신적 방식은 세상을 거미줄과 같은 서로 연결된 그물망으로 본다. 이는 친밀감과 우정 관계의 네트워크로 교회의 구성원들도 그 일부가 된다.[32] 그러므로 우리는 거룩한 삶을 살고, 비그리스도인 친구들을 위해 기도하고 정기적으로 사귀며 우정을 쌓고 그들에게 예수 그리스도를 소개하여 죽은 이후 천국으로 들어가도록 해야 한다.

이것이 성육신적 접근이다.[33] 그러므로 성육신적 노인의 역할은 성역 밖에 있는 사람들에게 다가감이다. 경계선 밖에 있는 외롭고 고독에 머무는 노인들과 고아와 과부, 약한 사람들에게 나아감이다. 그것은 머묾의 자리에서 다가감의 자리로 나아감이다.

노인은 보이는 재산보다는 보이진 않는 어마무시한 재산을 가지고 있다. 따라서 노인들만이 가지고 있는 문화와 특성들을 알고 그 문화 속으로 들어가서 복음을 증거하는 지혜가 있어야 한다.

---

32 마이클 프로스트, 『성육신적 교회』, 90.
33 마이클 프로스트, 『성육신적 교회』, 118.

제3장

다시 쓰는(Re-Start) 노인 사역

창세기의 족보 기록을 보면 아담 930세, 셋 912세, 에노스 905세를 비롯해 가장 장수한 므드셀라의 나이가 969세였다. 그리고 노아는 950세를 살았다.[1] 그러나 홍수 이후부터 인간의 수명은 급격히 감소되어 족장 시대에 이르러 아브라함은 175세, 이삭은 180세, 야곱은 147세를 살았고, 요셉은 110세, 모세는 120세, 여호수아는 110세까지 살았다.

여호수아를 기점해서 인간의 수명은 더 감소하여 100세 이상을 산 사람은 많지 않았다. 그래서 모세는 "우리의 연수가 칠십이요 강건하면 팔십이라"(시 90:10)고 표현했다. 그만큼 80세를 넘기면 장수했던 것으로 보이며, 그 가운데 몇몇은 그 시기에도 활발하게 일한 노인들도 있었다.

유다의 요아스왕(주전 840-801) 때 대제사장 여호야다가 "나이 많고 늙어서"(대하 24:15) 130세에 죽었다는 기록을 볼 수 있다.

구약과 신약 시대의 평균 수명을 정확히 말하기 어려우나, 구약의 경우 유다 왕들의 연령을 기준을 할 때 대략 44세 정도로 추측할 수 있다. 물론 구약성경에서는 평균 연령을 기준으로 해서 일을 하는 나이의 기준과 그 이후 은퇴의 시기에 대해서 평균적인 기준을 제시하고 있지는 않다.

한 가지 예외적인 경우가 있다면 레위인들의 경우 회막이나 성전의 일을 맡아 사역할 때 30세에서 50세까지 하도록 규정한 내용이 있다.[2] 경우

---

1 [창세기 5:3-32]
2 [민수기 4:3,30, 35, 39, 43, 47; 8:25]

에 따라서 그 후에 은퇴하여 쉬도록 되어 있으나 공적인 직무에서 은퇴했다 하더라도 필요할 때 보조적인 직무는 계속 수행했으며, 신약에서 세례 요한의 아버지 사가랴도 노년에 제사장직을 수행했다.[3]

신명기 32장에서는 인간의 연령을 젖 먹는 아이, 처녀, 청년 남자, 백발 노인의 네 단계로 구분하고 있다. 특히, 레위기 27장 1절에서부터 7절에 나타난 서원 규정에 의하면 인간의 연령을 4단계로 나누고, 남자와 여자에 따라 하나님 앞에 드리는 몸값의 기준을 달리하는 것을 볼 수 있다(<표 2>, 참조).

나이	남성	여성
20~60세	은 50 세겔	은 30 세겔
5~20세	은 20 세겔	은 10 세겔
1개월~5세	은 5 세겔	은 3 세겔
60세 이상	은 15 세겔	은 10 세겔

<표 2> 서원 규정에 의한 인간 연령 4단계

이러한 구분표에서 볼 때 남녀 60세가 지나면 은퇴한 것으로 추측할 수 있다. 성경에서 노인은 100세 이상으로 장수한 사람들도 발견할 수 있지만 그 사회적인 기능과 역할을 고려해 볼 때 일반적으로 60세를 전후해서 노인이라는 구분과 칭호가 이루어졌을 것으로 여겨진다.

분명 이 숫자는 오늘날의 이해와 평가와는 많이 다른 것이 사실이지만 이 기준은 숫자가 아니라 그 공동체와 사회 안에서의 역할을 마감하고 후배들에게 그 기능을 전해 주는 것이었다.

예수님은 30세쯤 공생애를 시작하셨다. 유대인들은 예수와 논쟁할 때 이렇게 물었다.

---

[3] [누가복음 1:8-23]

네가 아직 오십세도 못되었는데 아브라함을 보았느냐?(요 8:57)

이렇게 질문하는 것을 볼 때, 당시 50세가 노년의 기준이 되지 않았을까 한다. 성경에서 일반적으로 말하는 노년으로서의 전환은 빠르면 50세에서 시작하여 늦어도 60세부터는 노인이 된다고 할 수 있겠다.[4]

성경은 "늙은 자의 아름다움은 백발"(잠 20:29)이라고 한다. 노인의 백발은 약속된 하나님의 은총이며, 하나님이 주신 복이다. 그러므로 노인의 삶은 가치 있고 존귀하며 존경과 공경의 대상이 되는 것이다.

인간의 노화 과정이란 특정 연령부터 시작하는 것이 아니라, 출생과 함께 시작되어 죽음에 이를 때까지 진행되는 전생애에 걸친 과정이라 할 수 있다.

1951년 제2차 국제노년학회에서 제시한 노인의 정의는 다음과 같다.

> 노인은 인간의 노화 과정에서 나타나는 생리적, 심리적, 환경적 변화 및 행동적 변화가 복합적으로 상호 작용하는 과정에 있는 사람, 환경 변화에 적절히 적응할 수 있는 자체 조직에서 결핍을 가진 사람, 인생 자체의 적응이 정신적으로 결손되어 가고 있는 사람, 인체의 조직 및 기증의 소모로 적응이 감퇴되어 가는 시기에 있는 사람이다.[5]

지금도 노인에 대한 정의나 노인에 대한 생각을 70년 전에 제시했던 표준대로 인식하는 분들이 있다. 그런 생각이 무조건 다 틀리다는 것은 아니지만 시대에 맞게 정의를 수정할 필요는 있다. 예를 들면, '자체 조직에서 결핍을 가진 사람, 인생 자체의 적응이 정신적으로 결손되어 가고 있는 사

---

4 김중은, 『한국 교회와 노인 목회』(서울: 한국장로교출판부, 1995), 46-47.
5 고봉만 외, 『포스트휴먼 시대의 노년』(서울: 신아사, 2018), 98-99, 재인용.

람'이라는 부분은 수정이 필요하다.

노인을 30년 전에 가졌던 고정관념으로 생각하면 오산이다. 육체적, 정신적 그리고 지식 수준이나 생활 수준이 다른 세대이기 때문이다. 다만 변화에 대한 적응이나 기술(Technology)의 습득이 좀 늦어지는 정도이다.

기술은 지식의 실용화를 적용하여 인간 생활에 유용하도록 가공하는 수단이다. 그런데 인간 생활에 유용하도록 만든 것이 도리어 변화와 변모를 두려워하는 노인들에게 부담이 되고 있다. 이밖에 노인의 빈곤, 노인 학대, 노인의 소외와 갈등, 노인의 고독과 자살 그리고 고독사 등 다양한 노인 문제가 야기되고 있다.

코로나19는 우리에게 많은 숙제와 생각을 가져다주었다. 그중에 목회적 측면으로 바라본 구원론과 교회론 그리고 예배론과 신론의 신학적 정립이 필요하게 되었다.

온라인, 유튜브, 메타버스(Metaverse)[6] 에서 드리는 예배는 전통적 신학을 수정해야 하는 결과를 초래했다. 특히, 구원론은 그동안 '교회 밖에는 구원이 없다'고 외쳤던 구원관이 뿌리 채 흔들렸다. 여기에 4차 산업혁명이 불러올 초지능과 초연결성이 무신론과 탈종교성, 세속성, 다신론의 확산, 과학 만능주의 등을 불러오고 있다.

미주 한인 노인과 목회자를 대상으로 "4차 산업혁명이 교회에 미치는 가장 큰 영향"은 무엇인가에 대한 조사를 실시했다.

---

6 메타버스(metaverse) 또는 확장 가상 세계는 가상, 초월을 의미하는 메타(meta)와 세계, 우주를 의미하는 유니버스(universe)를 합성한 신조어다. '가상 우주'라고 번역하기도 한다. 1992년 닐 스티븐슨(Neal Stephenson)의 소설 『스노우 크래쉬』에서 처음 등장한 개념과 용어이다. 메타버스라는 개념의 뚜렷한 정의는 아직까지 확립되지 않지만 일반적으로는 '현실 세계와 같은 사회적·경제적 활동이 통용되는 3차원 가상 공간' 정도의 의미로 사용되고 있다. 위키백과사전.

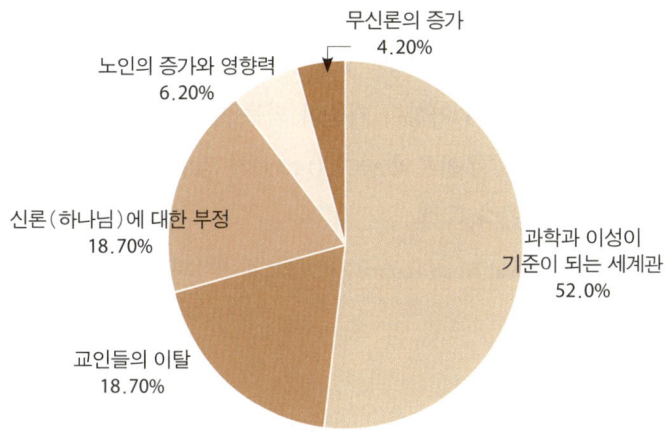

<그래프 1> 4차 산업혁명이 교회에 미치는 가장 큰 영향(목회자의 관점)

<그래프 1>은 목회자가 바라본 관점의 결과로 순위는 다음과 같다.

목회자들은 "4차 산업혁명이 교회에 미칠 가장 큰 영향"으로 "과학과 이성이 기준이 되는 세계관"(52.0%)을 꼽았다. 그다음으로는 "교인들의 이탈"과 "신론(하나님)에 대한 부정"(18.7%)을 공동 2위로 내다봤고, "노인의 증가와 영향력"(6.2%)과 "무신론의 증가"(4.2%)가 그 뒤를 이었다.

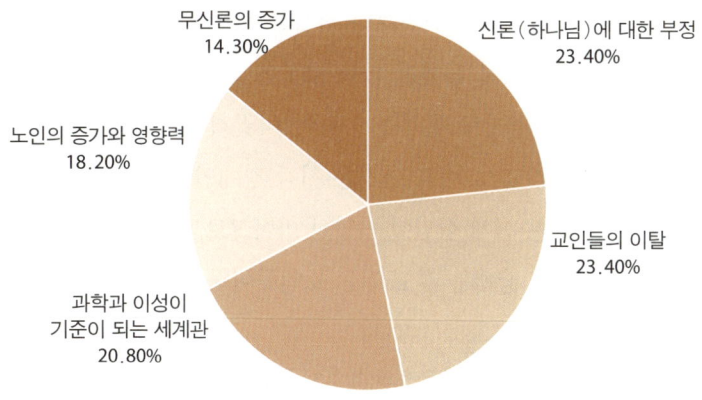

<그래프 2> 4차 산업혁명이 교회에 미치는 가장 큰 영향(노인의 관점)

<그래프 2>는 노인이 바라본 관점을 조사한 결과다. 노인들은 "신론에 대한 부정"과 "교인들의 이탈"(23.4%)을 교회에 미치는 가장 큰 영향으로 봤다. 그다음으로는 "과학과 이성이 기준이 되는 세계관"(20.8%), "노인의 증가와 영향력"(18.2%)과 "무신론의 증가"(14.3%)가 영향력을 미치게 될 것이라는 의견이 뒤를 이었다.

유발 노아 하라리(Yuval Noah Harari)는 그의 책 『사피엔스』(Sapiens)에서 다음과 같이 서술했다.

> 인간은 늘 다른 종류의 존재로서 업그레이드하는 것을 꿈꿔 왔으며 호모 데우스(Home Deus)로의 진화를 첨단화할 프로젝트(AI)를 통해 이루려 한다.[7]

즉, 인류가 당면한 최상위 의제는 불멸과 행복 그리고 신성이다. 생명공학과 사이보그 공학, 비유기체합성 등을 통해 호모 사피엔스에서 호모 데우스로 업그레이드하는 것이다. 다시 말해서 인간의 몸과 마음을 재설계해 과거 신의 능력으로 여겨지던 것들을 인류라는 종 안에서 구현해 호모 사피엔스와는 다른 존재인 호모 데우스가 되는 것이다.[8]

또한, 의료 기술의 발전은 신앙보다 과학을 신봉하고 탈종교화를 부추기고 있다. 이미 실용화에 들어간 의료 로봇은 신경 손상으로 하지 마비가 되어 일어서지도 걷지도 못하는 사람이 외골격 로봇을 입고 서서 걸어 다닐 수 있게 되었고, 스마트 안경은 시각 장애인에게 희망이 되고 있으며, 보행 재활 로봇, 신체 삽입이 가능한 마이크로 의료 로봇, 수술용 로봇[9] 등이 노화로 인한 장애를 겪고 있는 노인들이나 장애인들에게 희망이

---

[7] 유발 노아 하라리, 『사피엔스』, 조현욱 옮김 (경기: 김영사, 2015), 586.
[8] 한국교회탐구센터 편저, 『인공지능과 기독교 신앙』 (서울: IVP, 2017), 191.
[9] https:// "기계·로봇 연구정보센터."

되고 있다.

　노인과 가정에 가장 큰 걸림돌이 되고 있는 치매는 노년을 위협하는 신경 질환으로, 대개 근육의 경직과 떨림 또는 느린 움직임 때문에 정상인으로서 생활을 잘 할 수가 없으며, 그 병의 정도가 높을수록 일상생활이 불가능할 정도로 위중한 병이다. 이를 치료하기 위해 전기 치료의 일종인 뇌심부자극술(Deep brain stimulation: DBS)이 사용된다.

　외과적 치료법에 해당하는 뇌심부자극술은 인공 장치를 통해 뇌를 조종하는 기술로서 뇌 조율기라고 불리는 의료 장치를 뇌 안에 이식하여 뇌의 신호를 측정한다. 파킨슨병으로 인해 평상시에 심하게 떨던 몸이라도 이 인공 장치를 작동시키면 언제 그랬냐는 듯이 떨림이 멈추고 몸은 정상화된다.[10]

　브라운대학의 신경과학자 존 도너휴(John Donoghue)는 척수가 손상된 두 명의 환자와 뇌졸중 환자 그리고 근육위축성 측삭경화증(ALS, 루게릭병이라고도 함, 스티븐 호킹이 이 병을 앓고 있다)을 앓고 있는 환자 등 총 네 명의 환자를 대상으로 브라이언 게이트를 테스트했다.

　도너휴의 환자들 중 목 부상으로 사지가 마비된 25세 매튜 네이글(Mathew Nagle)은 단 하루만에 TV채널 바꾸기와 볼륨 조절, 그리고 의수의 손을 쥐거나 펴는 행동까지 마음대로 할 수 있게 되었다. 지금 그는 컴퓨터의 커서를 움직여서 원을 그릴 수도 있고, 다양한 게임을 하면서 이메일도 읽을 수 있다.

　실리콘 칩을 두뇌피질의 다른 부분에 삽입하여 신체의 다른 부분을 움직이는 것도 가능하다. 이 방법을 이용하면 인간의 몸으로 수행할 수 있는 모든 물리적 행동을 모방할 수 있다. 이제 머지않아 전신 마비 환자가 '염력의 방'에 살면서 에어컨과 TV를 비롯한 각종 가전제품을 순수한 생각

10　고봉만 외, 『포스트휴먼 시대의 노년』, 103-104.

만으로 조절하는 세상이 올 것이다. 따라서 사람의 마음으로 컴퓨터를 조작하는 일은 더 이상 불가능하지 않다.[11]

예수님과 사도들의 사역 중에서 앉은뱅이를 일으키고 시각 장애인의 눈을 뜨게 하며, 38년 된 환자를 일으킨 기적과 12년 동안 혈우병으로 고통당한 여인을 치유한 기적과 이적들을 현대 의술과 과학·기술로 치료하고 있다. 성형수술과 보톡스, 그리고 텔로미어(Telomere)[12]의 발전은 젊음을 되찾고 싶은 노인뿐 아니라 여성들에게도 주목받고 있다.

과학의 발전이 성경의 기적을 따라잡고 있으며 지금 추세로 기술이 발전할 경우, 조만간 인공지능 로봇이 인간의 모든 정신 활동을 인간보다 월등하게 수행하게 될 것이다. 더불어 기독교 윤리의 범위를 어디까지 경계선이고 어디까지 받아들여야 할지 깊이 고민해야 할 때라고 본다.

노화로 찾아온 장애나 질병, 고독과 소외는 노인들로 하여금 육체적, 정신적 고통을 당할 수밖에 없게 하고 있다. 이에 교회는 노인들을 어떻게 목회적 측면으로 돌볼 수 있을 것인지에 관한 제도적 틀을 마련해야 한다.

코로나19로 인해 현장 예배와 모임이 금지되자 교회 건물이 꼭 필요한가에 대한 고민을 하는 분들도 생기게 되었다. 질병이나 자연재해, 환경적 요인으로 교회 출석이나 신앙 모임이 어려울 것을 대비해 메타버스를 적극적으로 활용하는 방법도 좋다고 말하는 신학자, 목회자들도 있다.

필자는 인공지능(AI)과 메타버스는 고령의 노인이나 환자 그리고 환경적 요인으로 교회에 참석할 수 없었던 사람들에게는 신앙의 도움을 줄 수도 있겠지만, 영아나 유치, 유·소년부나 중고등부 학생과 청년들에게는 부정적인 영향을 끼칠 가능성이 크다고 본다. 이에 각 교회는 인공지능과 연

---

[11] 미치오 카쿠, (e book) 『불가능은 없다』, 박병철 옮김 (경기: 김영사, 2017), 155-156.
[12] 염색체의 끝 부분에 있는 염색 소립으로 세포의 수명을 결정짓는 역할을 한다. 즉, 세포 시계의 역할을 담당하는 DNA의 조각들(ko.wikipedia.org>wiki)로, 인간의 수명을 조절하는 부분이다.

계된 메타버스나 가상 현실(VR)과 증강 현실(AR)을 영아부에서부터 노인에 이르기까지 신앙과 신앙 교육에 접목을 시키고 프로그램화할 수 있는 것이 무엇인지 연구해야 할 것이다.

가상 현실과 증강 현실 그리고 메타버스를 이용해 노인들을 위한 성경의 방을 만들고 거기에 초대하여 그 속에서 성경 인물들로부터 말씀을 들을 수 있다면 더 효과적일 수 있다.

예를 들면, 홍해를 걷는 모습이나 르비딤에서의 이스라엘과 아말렉의 싸움에서 기도하는 모세, 갈멜산에서 바알과 아세라 제사장과 영적 싸움을 하는 엘리야, 풀무 불에 들어가는 다니엘과 그의 친구들, 큰 물고기 배 속에 들어간 요나, 물위를 걷는 베드로, 십자가를 지시고 골고다 언덕을 오르신 예수님 그리고 십자가에 달린 예수님의 가상칠언을 가상 현실로 체험한다면, 재미와 흥미 그리고 놀라운 경험을 할 수 있을 것이다.

이런 시대의 흐름을 이해하고 받아들여 노인 교육에 필요한 연구 개발은 선택이 아닌 필수로 이루어져야 한다.

인간은 현실에서 가고 싶지만 갈 수 없는 곳, 보고 싶지만 볼 수 없는 것, 하고 싶지만 할 수 없는 일을 간절히 원했다. 이런 현실을 가상 현실이 인간의 원초적 욕망, 현실과 다른 세상을 꿈꾸는 욕망을 충족시켜 주는 것이다.[13]

특히, 공상과학 소설이나 영화에서처럼 과거나 미래로의 여행을 꿈꿔 왔던 것이 이미 현실로 다가온 가상 현실은 곧 시간 여행을 통해 성경적 인물이나 기적들을 체험할 수 있는 대체자가 될 수 있다. 전 세계 모든 도시에 가 볼 수 있고, 모든 스포츠 경기를 관람할 수 있으며 우주를 탐사할 수도 있기 때문이다.

앞으로 10년 이내 가상 현실은 모든 것을 바꿀 것이다. 학생들은 가상 현실 속 교실에서 학습하고 가상 현실 상점에서 쇼핑하며 심지어 가상 현

---

13 한국교회탐구센터 편저, 『인공지능과 기독교 신앙』, 206.

실 사무실에서 일하게 될 것이다.[14]

가장 큰 영향을 미치게 될 분야는 직무 교육으로 의료나 학교 교육, 기업과 기관, 군대에서 도입하면서 큰 변화를 보일 것으로 예상한다.

1. 노인이 체감하는 사회적 변화

인간은 그 사회의 한 일원으로 타인과 상호 작용을 하면서 관계를 유지하고 함께 어울려 사는 존재이다. 아리스토텔레스(Aristoteles)는 "인간은 사회적 동물이다"라고 했다. 이 말은 인간은 태어나면서부터 가족과 사회, 국가와 끊임없이 상호 작용을 하면서 살아가는 존재라는 뜻이다. 사람은 사회적 맥락 속에서 역할 수행자로서 존재하게 된다.

한 사회의 구성원으로 노년기에 나타나는 사회적 변화는 크게 두 가지 관점에서 볼 수 있다. 하나는 사회 전체 속에서 노인들이 어떤 지위와 역할을 담당하는가 하는 거시적 관점이고, 또 다른 하나는 개인과 다른 개인 혹은 집단 간에 어떤 관계를 형성하는가 하는 미시적 관점이다.[15]

과거 노인들은 거시적인 관점으로 오랜 경험과 지식 및 지혜를 기반으로 가정 문제와 지역 사회의 최종 결정권자로서 전통문화의 계승과 전달의 책임을 맡아 왔다. 특히, 한국 사회에서의 전통은 "효(孝)는 백행(百行)의 근본(根本)"이라 하여 오랫동안 효를 도덕과 인륜의 으뜸으로 삼았다.

효도가 인간 행위에 근간이 되는 것은 농경 사회적 배경과 밀접한 관련이 있다. 농경 사회에서는 노인인 부모가 가족들의 일상생활에 관한 한 모든 책임을 질 뿐만 아니라 오랜 경험이 축적된 농업 기술을 부모를 통하여

---

14 한국교회탐구센터 편저, 『인공지능과 기독교 신앙』, 215.
15 한정란, 『노인교육론』(서울: 학지사, 2019), 250.

배우기에 부모의 은덕으로 사회적 생존이 가능하고 부모의 후광으로 사회적 지위의 취득이 보장되었다.

가족이 사회생활의 기본 단위로 간주되고 생산과 소비가 전적으로 가족 단위로 영위될 뿐만 아니라 정치적, 종교적, 교육적 기능이 가장이자 원로이며 정신적 지주로서의 노인에게 집중되었고 그들은 가정 교육과 문중의 어른으로서 관리자였다. 뿐만 아니라 마을의 도덕적 지도자이며 사회 교육자 같은 절대적인 권한을 가진 존재였다.

그런데 산업혁명 이후, 사회 변화에 따라 노인의 지혜와 지식은 박물관의 전시장에서나 볼 수 있는 유물이 되었다. 또한, 전통에 근거한 지식과 기술, 인생 경험을 통해 얻은 지혜는 시대에 뒤떨어지는 것이 되었다.

농경 문화에서 기능을 중시하는 기술 문화로의 전환은 부모보다 유능한 자녀, 부모의 지위를 넘어서 출세한 자녀의 탄생을 가능하게 했다. 이러한 사회에서는 부모가 자녀를 통제하는 힘은 당연히 상실될 수밖에 없다. 따라서 노인에게 찾아온 자괴감과 상실감을 회복하기 위해서는 새롭고 만족스러운 역할 변화가 일어나도록 도와야 한다.

은퇴는 여러 가지 의미에서 인생의 분기점이 된다. 사회적 관점에서 보면 장년기에서 노년기로의 이행이며 노동을 종식하고 새로운 여가 생활로 이행해 가는 분기점이다. 정년을 맞아 퇴직하게 됨으로써, 소득의 상실뿐 아니라 직장 동료, 동료 직원들과의 대인 관계 축소로 인한 유대감 상실도 경험하게 된다. 이렇듯 퇴직과 동시에 소득뿐 아니라 사회적 신분과 지위도 잃어버림으로써 빈곤과 상실감에 시달리게 된다.

전통적으로 여성은 표현적 역할, 남성은 수단적 역할을 담당하여 왔다. 퇴직에 이르면 어머니로서 표현적 역할에 엄격히 매달려 있던 여성일수록 자녀가 떠난 후 허전함으로 텅 빈 집에 홀로 남아 있는(Empty nest syndrome) 커다란 정신적 고통을 받게 된다. 은퇴 이후에 찾아오는 깊은 상실감이나 정서적 고통, 우울증 그리고 스트레스를 받지 않기 위해서는 여가 선용이나 사역, 일 등으로 감사와 만족감을 가져야 한다.

김병숙은 『은퇴 후 8만 시간』에서 다음과 같이 조언한다.[16]

> 은퇴 후 8만 시간은 밥벌이를 위한 시간이 아니라 내 꿈을 위해 일해야 할 시간으로 만들어야 한다. 8만 시간이라는 수치는 60세에 은퇴해 100세까지 산다고 가정했을 때, 하루 중 일상생활에 꼭 필요한 수면, 식사, 가사노동 등의 시간을 제외한 여가 시간이 16만 160시간(11시간×365일×40년) 정도 된다. 이 8만 시간을 나의 유익과 유용한 시간으로 만들기 위해서는 인생 설계도를 만들라. 은퇴 후의 시간은 축복이 될 수도, 재앙이 될 수도 있다. 그렇기에 자신만의 인생 설계도를 작성해야 한다. 이 인생 설계도를 작성할 때는 뒤에서부터 계획을 세우라.

그러면서 구체적인 예를 드는데, 그 내용은 다음과 같다.

> 예를 들면, 85~99세까지 사회 활동(아르바이트+사회 활동+여가), 70-84세까지 은퇴(시간제 근로+사회 활동+여가), 69세까지 정년 연장(정시제 또는 창업)의 식으로 연령, 시간대 별로 체계적인 계획을 세운다. 계획에 성공하지 못했을 때의 시나리오도 필요하다. 인생 설계도를 세울 때 가장 중요한 것은 '그 일을 할 때 나는 행복할까'를 생각하면서 설계를 해야 한다. 인생 설계도를 작성하는 시점은 곧 은퇴 준비의 출발점이다. 인간관계, 직업관리, 자산관리, 건강관리 등 자신을 지원해 줄 망을 미리 구축하고, 언제든지 가동될 수 있는지 꾸준히 확인하는 것이 필요하다.

이처럼 저자는 앞으로 남은 '제2의 인생'을 위해 '인생 설계도'를 세워 보라고 권한다.

---

[16] 김병숙, 『은퇴 후 8만 시간』(서울: 조선, 2012), 158-160.

노인을 거시적 관점에서 보면 태어나면서부터 가족과 사회, 국가와 끊임없이 상호 작용을 하면서 살아가는 존재이다. 개인뿐만 아니라 사회적 맥락 속에서 역할 수행자로서 존재하며 사회적 존재로서의 인간은 사회화(Socialization)의 과정을 통해 사회생활로 참여하게 된다.

인간 못지 않는 사회적 동물들이 있다. 남극의 황제펭귄은 무리를 이루며 사회를 구성한다. 황제펭귄은 남극의 추위를 극복하기 위해 신체를 두꺼운 지방질로 이루어진 육중한 몸으로 바꾸고, 오랫동안 먹지 않아도 견딜 수 있는 개인 저장 창고를 만든다. 그리고 남극의 추위를 이기기 위해 서로의 체온을 이기는 허들링(Huddling)[17]이라는 집단 협력 체계를 이룬다.

또한, 황제펭귄은 오직 하나의 알만 낳아 부화시키고, 암컷과 수컷이 교대로 새끼를 키우며 먹이를 공급하는 사회성도 가지고 있다. 이런 생존의 힘은 사회적 협력에서 온 것이다.

협력(協力)의 한자를 보면, 協(협)은 열 십(十)자와 힘 력(力)자 세 개로 이루어져 있다. 나무(木)가 두 개면 숲(林)이 되어, 이 두 글자를 합한 다섯 개의 나무를 삼림(森林)이라고 한다. 그런데 협력(協力)은 힘(力)이 세 개인 것도 모자라 그 앞에 십(十)을 더했다. 세 사람이 힘을 합치면 그것이 세 배가 아니라 열 배의 효과를 나타낸다는 것이 협력이다.

황제펭귄의 협력(Huddling)은 일정한 시간을 주기로 바깥의 펭귄이 안으로 들어오고, 안의 펭귄이 바깥으로 나가는 과정으로 이기심보다는 바깥의 동료를 생각하는 협력과 배려심의 산물이다. 따라서 노인을 거시적 관점에서 바라본다면, 그들은 시너지 효과를 통해 놀라운 기적을 만들 수 있다.

미시적 관점으로 노인들을 바라보면 그들의 활동 범위가 크게 줄어들었다. 기계와 과학의 발달은 점점 우리 삶의 자리를 차지하고 있다. 걷기보

---

17 추운 바람으로부터 열 손실을 막아 자신들을 지키기 위해 원형으로 겹겹이 서서, 서로에게 꼭 붙어 기대는 것.

다는 차로 이동하고, 계단보다는 엘리베이터를 이용하는 횟수가 점점 늘어나고 있다. 여기에 한 걸음 나아가 기업들은 노인들을 위한 제품들을 만들어 내고 있다. 이러한 편리와 생활의 도움이 도리어 노인들의 양극화를 조장할 수 있다.

스포츠 용어에는 플레이메이커(Playmark)와 딥라잉 플레이메이커(Deep-lying Playmark)가 있다. 플레이메이커는 결정적인 찬스를 만드는 위치로 동료 선수들을 이끌며 경기를 지휘하는 역할 및 중심 선수를 지칭하는 말이고, 딥라잉 플레이메이커는 팀 전체의 진행(Play) 사항을 연출, 조율하는 역할을 한다. 즉, 후방에서 전방으로 연결하여 팀의 공격 전술을 새로 정해 준다.

아무리 고령화 시대라 해도 노인은 노인이다. 따라서 노인은 선도적인 역할(Playmark)은 되지 못하지만, 삶의 지혜와 경륜으로 뒤에서 전술을 연출하고 조율하는 역할(Deep-lying Playmark)은 할 수 있다.

노인들은 삶 자체가 하나의 역사이다. 나이 많은 분들은 모두 다 역사를 안고 살아가신다. 근데 그러한 역사를 가진 사람으로서의 자부심을 잃어버리면 노인은 역사(historical)의 한 사람이 아니라 인격적인 장애(hysterical)를 가진 한 사람이 될 수 있다.[18]

노인들은 외롭고 우울한 사람들의 말벗이 되어 격려해 줄 수 있다. 마음이 상한 사람들, 아물지 않은 원망과 분노와 상처로 약해진 사람들의 친구가 되어 줄 수 있다. 치매나 알츠하이머병 등 각종 질환으로 자립 능력을 잃고 고생하는 사람들을 도울 수 있다.

결혼, 자녀의 세례와 양육, 가정생활의 긴장과 위기 등에 부딪힌 사람들을 상담해 줄 수 있다. 마음만 먹으면 저마다 이런 긍휼 사역에 기여할 것이 많이 있으며, 실제로 이는 더할 나위 없이 귀중한 사역이 될 수 있다.

제임스 휴스턴(James Houson)과 마이클 파커(Michael Parker)는 『노령화 교회

---

[18] 이동원(2019), 『노년 항해를 준비하라』(서울: 연합가족상담연구소), 40.

를 위한 비전』(*A Vision for the Aging Church: Renewing Ministry for and by Seniors*)[19]에서, 이런 결집이 오늘의 교회를 굉장히 풍요롭게 해 줄 수 있다[20]고 한다. 따라서 노인이라고 벤치에만 앉아 있는 후보 선수나 퇴역 군인으로만 만들지 말고, 한 사회의 일원으로, 또는 교회의 성도로서 좋은 팀을 만들어 합력하여 선을 이루어야 한다.

나 하나 꽃이 되어

조동화 시

나 하나 꽃피어
풀밭이 달라지겠냐고
말하지 말아라
네가 꽃피고 나도 꽃피면
결국 풀밭이 온통
꽃밭이 되는 것 아니겠느냐

나 하나 물들어
산이 달라지겠냐고도
말하지 말아라
내가 물들고 너도 물들면
결국 온 산이 활활
타오르는 것 아니겠느냐

---

[19] James M. Houston, Michael Parker, *A Vision for the Aging Church: Renewing Ministry for and by Seniors*(IVP Academic, 2011).
[20] 제임스 패커, 『아름다운 노년』, 윤종석 옮김(서울: 디모데, 2017), 106-107, 재인용.

제4장
부르심의 소망을 향해

> 우리 주 예수 그리스도의 하나님, 영광의 아버지께서 지혜와 계시의 영을 너희에게 주사 하나님을 알게 하시고 너희 마음의 눈을 밝히사 그의 부르심의 소망이 무엇이며 성도 안에서 그 기업의 영광의 풍성함이 무엇이며 그의 힘의 위력으로 역사하심을 따라 믿는 우리에게 베푸신 능력의 지극히 크심이 어떠한 것을 너희로 알게 하시기를 구하노라(엡 1:17-19).

산이 좋아서 또는 건강을 위해 등산을 하는 사람들이 있다. 이때, 등산을 하는 사람을 세 분류로 나눌 수 있다.

먼저 출발한 지 얼마 안 되서 물이 흐르고 평평한 곳에 주저앉아 놀다가는 사람이 있다. 그리고 중간 지역까지 올라가면서 땀 좀 닦고 다리가 뻐근할 때 쯤 된 곳에 머물다가 내려가는 사람이 있다. 마지막은 극히 드물지만 정상까지 올라가서 산 밑까지 바라보며 정복의 기쁨을 누리며 땀을 닦고 내려가는 사람이다.

정상까지 올라가는 것은 힘들고 어렵다. 그래도 참고 견디면서 오른 곳이 정상이다. 정상에 올랐을 때 느낄 수 있는 희열, 감격, 만족이 있다. 그러나 중간까지만 올라오다가, 혹은 출발한 지 얼마 안 되어서 주저앉은 사람은 이 기쁨과 환희를 결코 맛볼 수 없다.

사도 바울은 빌립보 교회에 "내가 그리스도 예수께 잡힌 바 된 그것을 잡으려고 달려간다"(빌 3:12)고 편지했다.

　신앙의 길은 나이와 학력과 지위와는 상관이 없다. 바울은 신앙생활을 경주자에 비유하고 있다. 달리기 경주에 임한 사람은 골인 지점을 보고 달려야 한다. 인생 달리기는 장거리인 마라톤에 비유한다. 마라톤의 출발 지점에서 조금 달리다가 힘들다고 쉬거나, 그곳에 머물기만 하면 안 된다.

　바울은 자신이 왜 달려가야 하는가를 분명히 알고 있었다. 그것은 바로 '위에서 부르신 소명'을 알고 있었기 때문이다. 그러기에 풍랑이 불어도 사방의 우겨쌈을 당해도 결코 흔들리지 않았다.

　우리가 이 세상을 살다 보면 때로는 주최할 수 없을 정도로 어려움이 찾아올 때가 있다. 견디다 견디다 못 견딜 때쯤 하나님이 나에게 주신 부름에 대한 소망이 흔들릴 때가 있다. 심지어 이런 의심이 들 때도 있다.

　'정말 나에게 이 땅에서 이루어야 할 사명과 소망이 있기는 한가?'

　특히, 나이 들고 힘이 없을 때 그럴 수 있다. 인생 마지막 고개만 남겼을 경우에 불안과 갈등에 휩싸인다. 그런데도 이 땅에서 삶이 다하는 순간까지 전인적 그리스도인의 모든 덕과 더불어 부름의 소망을 가꾸어야 한다. 적어도 피터 드러커(Peter Ferdinand Drucker)가 충고한 것처럼, 다음 질문에 대한 답을 찾을 때까지는 그래야 한다.

> 나의 가치 기준은 무엇이고 갈망하는 바는 무엇이며
> 나아갈 방향은 어디인가?
> 스스로의 요구를 채우고 삶의 기대에 부응하기 위해서는
> 무엇을 하고 무엇을 배우고 무엇을 바꿔야 하는가?[1]

　밥 버포드(Bob Buford)는 그의 책 『하프타임』에서 다음과 같이 조언한다.

1　밥 버포드, 『하프타임』, 김성웅 옮김(서울: 낮은울타리, 2005), 82, 재인용.

축구 코치와 팀 선수들에게는 하프타임이 전반전에 한 경기를 다시 평가해 보고 돌아보는 시간이다.
어떤 플레이가 효과적이었고 어떤 플레이는 효과적이지 못했는가?
효과적이지 못한 플레이는 조정하거나 후반전에서는 아예 그런 플레이를 펼치지 않도록 해야 할 것이다. 후반전에 좋은 경기를 펼칠 수 있는 것은 대게 하프타임 시간에 무엇을 했느냐에 달려있다. 재평가의 시간을 가질 때, 스스로 질문들을 던져 보라.

내가 열심을 내는 일은 어떤 것인가?
나는 어떻게 열심을 내는가?
나는 어디에 속하는가?
나는 무엇을 믿는가?
나는 내가 믿는 바에 대하여 무엇을 할 것인가?

이 모든 질문에 정확이 대답해 줄 수는 없다. 그러나 경기장으로 돌아갈 준비를 할 때 내게 가장 효과적이었던 것들에 대해 이야기는 해 줄 수 있다.

첫째, 마음을 편안하게 가져라. 전반전에 대해 후회했던 그대로 후반전에도 들어간다. 후회는 사람을 불행하게 하는 괴로운 감정이다. 다시 말해 여러 형태로 따라다니면서 더 나은 일을 하려고 하는 의지를 꺾고 좋은 생각을 좌절시키며 괴롭게 하는 것이다. 그러므로 하프타임에 해야 할 첫 번째 일들 가운데 하나는 전반전의 문제들에 대해 마음을 편안하게 가지는 것이다.

둘째, 시간을 가져라. 대부분의 사람들이 전반전에서 저지르는 최대 실수는 정말로 중요한 일들에 충분한 시간을 들이지 않는다는 점이다. 따라서 하프타임에 들어갈 때 그런 실수를 되풀이하지 말아야 한다. 그렇게 하려면 일정한 훈련과 시간 사용 기술이 필요하다. 그런데 사람들에게는 이것을 이미

수첩에 적어 놓은 많은 계획 가운데 하나로 생각하는 경향이 있다. 그러나 삶에서 일어나는 변화들에 대해 신중해지지 않는다면 하프타임에 들어가지 못할 것이다. 전반적의 문제들을 전부 해결하겠다는 기대도 말고 몇 시간 이내에 후반전을 위한 계획을 세우겠다는 기대도 말라. 여러분이 하프타임에 도달하기까지는 거의 20여 년이 걸렸다.

셋째, 신중하라. 하프타임은 잠시 쉬며 명상하는 시간 이상의 의미가 있다. 그리고 생각과 기도와 경기를 위해 따로 시간을 가지는 것 이상의 의미가 있다. 성공적인 하프타임은 어떤 체계를 필요로 한다. 기도하고 성경을 읽고 생각할 시간도 분명히 있어야 한다.

넷째, 믿음을 가져라. 그리스도인들에게는 하프타임이 이런 질문에 대답하는 시간이다.

기본적으로 내가 믿는 것에 대해 나는 무엇을 해야 할 것인가?

굳은 신념을 가지고 일하되 하나님께서 여러분을 인도할 것을 신뢰하며 이 질문에 대답을 하라. 성경을 통하여 들려주시는 그분의 음성에 귀를 기울이라. 그리고 그분과 이야기를 나눌 때 마음에 떠오르는 생각에 귀를 기울이라. 귀를 기울이고 신뢰하라.[2]

부름의 소망을 향해 가는 것은 하나님의 뜻을 이루며 사는 삶이다. 하나님은 여전히 여러분을 부르고 계시고 날려살 길을 세시하신다. 진(前) 애플의 CEO였던 스티브 잡스(Steven Paul Jobs)는, 2005년 6월 스탠퍼드대학교 졸업식 축사에서 이런 말을 했다.

매일 인생의 마지막처럼 살아야 합니다.
헝그리 정신을 가지고 미련할 정도로 자기의 길을 가야 합니다.

---

2 밥 버포드, 『하프타임』, 82-88.

여러분도 열정을 느끼는 걸 찾아야만 합니다.
그건 연애뿐만 아니라 일에도 적용되는 일입니다.
아직 찾지 못했다면 계속해서 찾아보아야만 합니다.

사도 바울은 다메섹을 지날 때 예수로부터 부름을 받았고 소망을 가졌다. 그는 부름의 소망을 향해 달려가는 자신의 삶을 이렇게 표현했다.

> 오직 한 일 즉 뒤에 있는 것은 잊어버리고 앞에 있는 것을 잡으려고 푯대를 향하여 그리스도 예수 안에서 하나님이 위에서 부르신 부름의 상을 위하여 달려가노라 (빌 3:13-14).

조지 버나드 쇼(George Bernard Shaw)는 이렇게 조언했다.

> 이 세상이 자신을 행복하게 해 주지 않는다고 투덜대기보다는 인생의 주체자가 되어 스스로 깨달은 목적을 위해 사는 것이야말로 진정한 기쁨이 된다. … 나는 내가 철저하게 활용된 다음에 죽기를 바란다. 왜냐하면, 열심히 일하면 일할수록 그만큼 더 내가 사는 것이기 때문이다.
> 나는 삶 자체를 즐거워한다. 삶은 잠깐 타고 마는 촛불이 아니다. 그것은 내가 쥐고 있는 활활 타오르는 횃불과 같은 것이다. 그래서 나는 다음 세대에 넘겨주기 전까지 할 수 있는 한 그것이 밝게 활활 타오르기를 바란다.[3]

---

3 밥 버포드, 『하프타임』, 43, 재인용.

1. 잠재력이 풍부한 저장고

노인들을 대상으로 교회나 기독 단체가 운영하는 늘푸른교실, 아카데미, 기타 등 이름만 다른 노인대학을 운영하면서 일종의 트렌드나 교회 성장의 대안적 프로그램, 또는 돈벌이로 오해하고 접근할 때 통전적 노인 교육은 실패할 확률이 높다.

루시엔 콜먼(Lucien Coleman)은 "노인들은 성장 잠재력을 가지고 있다. 노인은 아직 개발되지 않은 능력의 저장고"[4]라고 말한다. 잠재력이 풍부한 저장고인 노인들을 위한 노인 목회 사역이 필요하다.

호서대학교 설립자인 강석규 총장님은 95세 때 이런 고백을 했다.[5]

> 나는 젊었을 때, 정말 열심히 일했습니다. 그 결과 나는 실력을 인정받았고, 존경을 받았습니다. 그 덕에 65세 때 당당한 은퇴를 할 수 있었죠.
>
> 그런 내가 30년 후인 95살 생일 때, 얼마나 후회의 눈물을 흘렸는지 모릅니다. 내 65년의 생애는 자랑스럽고 떳떳했지만, 이후 30년의 삶은 부끄럽고 후회되고, 비통한 삶이었습니다. 나는 퇴직 후, '이제 다 살았다. 남은 인생은 그냥 덤이다'라는 생각으로 그저 고통 없이 즐기기만을 기다렸습니다.
>
> 덧없이 희망이 없는 삶.... 그런 삶을 무려 30년이나 살았습니다. 30년의 시간은 지금 내 나이 95세로 보면, 3분의 1에 해당하는 기나긴 시간입니다. 만일 내가 퇴직할 때, 앞으로 30년을 더 살 수 있다고 생각했다면, 난 정말 그렇게 살지는 않았을 것입니다. 그때 나 스스로가 늙었다고, 뭔가를 시작하기엔 늦었다고 생각했던 것이 큰 잘못이었습니다.

---

[4] 이석철, 『기독교 성인 사역론: 기독교교육적 접근』(대전: 침례신학대학교출판부, 2005), 271.
[5] 2015년 8월 31일 103세의 나이로 하나님의 부름을 받고 하늘나라로 감.

> 나는 지금 95살이지만 정신이 또렷합니다. 앞으로 10년, 20년을 더 살지 모릅니다. 이제 나는 하고 싶었던 어학공부를 시작하려 합니다.
> 그 이유는 단 한 가지-. 10년 후 맞이하게 될 105번째 생일날, 95살 때 왜 아무것도 시작하지 않았는지, 후회하지 않기 위해서입니다.

강석규 장로의 고백을 통해 노인 프로그램이 필요한 이유를 세 가지로 요약해 보면, 다음과 같다.

첫째, 은퇴 후에 오랫동안 노년 생활을 즐겁게 지낼 수 있는 수단으로서의 의미이다. 마땅히 갈 때가 없는 노인들은 TV시청이 유일한 낙이거나 노인들만 모이는 맥도날드나 공원에 삼삼오오로 모여 장기나 바둑, 또는 등산이나 낚시 등을 즐기며 여가 시간을 보내고 있다. 이렇게 시간을 보내지 않게 하기 위해서 평생 교육이 필요하다.

둘째, 변화하는 사회에 필요한 지식, 기술, 태도, 가치관을 습득하는 것이다. 노인교실, 노인학교, 노인대학, 대학부설 평생교육원, 사회교육원, 기타 종교 시설의 교육 기관 등에서 학습의 형태로 존재하게 해서 과학의 발달로 사회와 세대 간의 차이가 나지 않도록 해야 한다.

셋째, 노인의 상실감 극복 차원에서 필요하다. 인생 주기에서 누구에게나 찾아오는 세 번의 정서적 위기는 사춘기, 갱년기, 노년기에 나타난다. 그런데 청년기의 위기는 소망에 대한 좌절과 관련되지만, 노년기의 위기는 신체적 상실, 배우자 상실, 직업의 상실 등에서 오는 절망감이다. 즉, 노년기는 다양한 측면에서의 상실로 인한 고독과 외로움과 함께 자신의 존재에 대한 허무감과 장래에 대한 허무감으로 인해 절망 상태에 들어가기 쉽다.

목회를 하면서 많은 노인에게 찾아오는 절망감 중에 가장 큰 것은 배우자의 죽음이었다. 그 상실감이 곧바로 신체와 정신적으로 오는 것을 보았다. 따라서 이러한 노인의 능력을 재평가하여 활용하도록 하는 방안, 즉 다양하게 찾아온 상실감과 무료한 시간들을 유용하게 활용하도록 만든 것이 노인 목회의 의미이고 목적이라 하겠다.

교회와 목회자(사역자)들은 영적 주유기의 역할을 해줘야 한다. 상실감과 무력감 그리고 고독과 외로움에 움츠리고 있는 노인(성도)들을 향해 사랑과 온유의 영적 주유를 해 줘야 한다. 그래서 노인이라도 세상에서 그리스도의 향기와 빛과 소금의 역할을 다할 수 있게 해 줘야 한다. 따라서 노인 사역이나 목회의 퀄리티(Quality)를 높일 필요가 있다.

퀄리티라는 것이 별거 아니다. 재교육을 통해 노인들을 평신도 사역자로 만들자는 것이다. 노인 사역을 한다고 광고하는 여러 교회를 방문했다. 그런데 대부분 노인 사역을 통합적인 목회 차원에서 실시하지 않고 목회와 분리된 특수 선교 차원, 또는 교회 안의 복지 차원에서 시행하고 있었다.

노인 사역에 봉사하는 봉사자들 역시 그 분야의 교육을 받지 않은 사람들이었고, 그 봉사자들을 교육할 지도자도 전문적 교육을 받지 않은 이가 담당하고 있었다. 노인에 대한 지식이나 경험은 물론 해당 교육도 받지 못한 분을 세우다 보니 노인이 실제로 필요한 것이 무엇인지도 모른 채 프로그램만 진행하고 있었다. 노인에 대한 신학적, 기독교적 교육 기초는 전혀 고려되지 않은 상황이었다.

노인 교육에 있어 퀄리티가 보장되지 않는 이유는 뭘까?

아마도 노인들이 좋아하는 것 같고, 노인이 많이 모이고, 잘 운영되는 것 같고, 출석률이 높기 때문일 것이다. 그러다 보니 목회자 중심으로 프로그램을 만들고 진행하고 있었다.

더 큰 문제는 문화센터에서 운영하는 프로그램을 가져와 교회나 기독단체가 운영하는 노인대학에서 그대로 사용하고 있는 것이었다. 좋은 프로그램은 가져와 사용할 수 있다. 그러나 기독교화된, 아니면 교회에 맞게 수정된 교육과 프로그램으로 운영했더라면 하는 아쉬움이 있다.

　노인 사역을 진행함에 있어 해당 분야를 전공한 분이 하는 게 가장 좋지만, 그렇지 못했을 경우는 최소한 노인에 대한 2권 이상의 서적을 읽거나 세미나, 혹은 인터넷 교육을 받은 분들이 맡았으면 좋겠다. 이것도 아니면 노인 사역에 남다른 달란트가 있거나 사역에 헌신한 분이 세워졌으면 좋겠다. 설문 조사를 통해 이렇게 물었다.

　"노인 사역을 위해 교육이나 훈련을 받은 적이 있는가?"

　이 질문에 36.4퍼센트만이 "예"라고 대답했다. 문제는 36.4퍼센트가 교회 안에서 노인 사역하는 사역자나 교회 밖에서 운영하는 시설, 혹은 단체에 종사하는 분이었다는 것이다.[6] 담임목사가 하라고 하니까 다른 교육 부서와 같이 그냥 담당하고 있었다는 것이다.

　또한, 노인대학을 세웠던 취지와 목적을 잃어버리고 엉뚱한 방향과 목표를 지향하는 것도 보았다. 노인대학을 다른 교회에 다니는 노인들을 우리 교회의 성도로 만들기 위해 운영하지 않았으면 한다.

　그 교회가 나의 신앙생활에 도움이 된다고 생각하여 본인이 원해서 옮기는 것이야 어쩔 수 없지만, 자꾸 우리 교회로 오라고 종영한다거나 전도한다고 강요해서는 안 된다. 다시 말해, 교회의 부흥을 위해 노인대학을 운영하고자 지역과 사회에 광고를 내고 그 광고를 통해 모집한 노인들에게 계속 교회에 나오도록 조장하고 강요해서는 안 된다는 말이다.

　노인대학이나 노인을 위해 교육이나 훈련 및 다양한 프로그램을 운영하면서 전인적인 노인을 만들고자 하는 목적이 확실해야 한다.

　노인 목회의 필요성에 대해 목회자와 교회의 리더들은 거룩한 고민을 해야 한다. 좀 늦은 감이 있지만 그래도 노인 목회는 절대적으로 필요하다고 본다.

6　김병호(2023), <4차 산업혁명 시대의 미주 한인 노인 목회와 발전 방안>, GMU, 박사학위 논문(Ph,D), 94.

노인 목회의 필요성에 대한 조사를 통해 알 수 있었던 것은, 목회자와 노인의 생각과 사고의 차이가 많다는 것이다. 물론 목회자와 노인들과의 생각이 다를 수 있다고 본다. 그럼에도 이를 언급한 이유는, 노인들의 생각과 사고를 목회나 노인대학을 운영할 때 반영하기보다는 목회자(운영자) 중심으로 진행하기 때문이다.

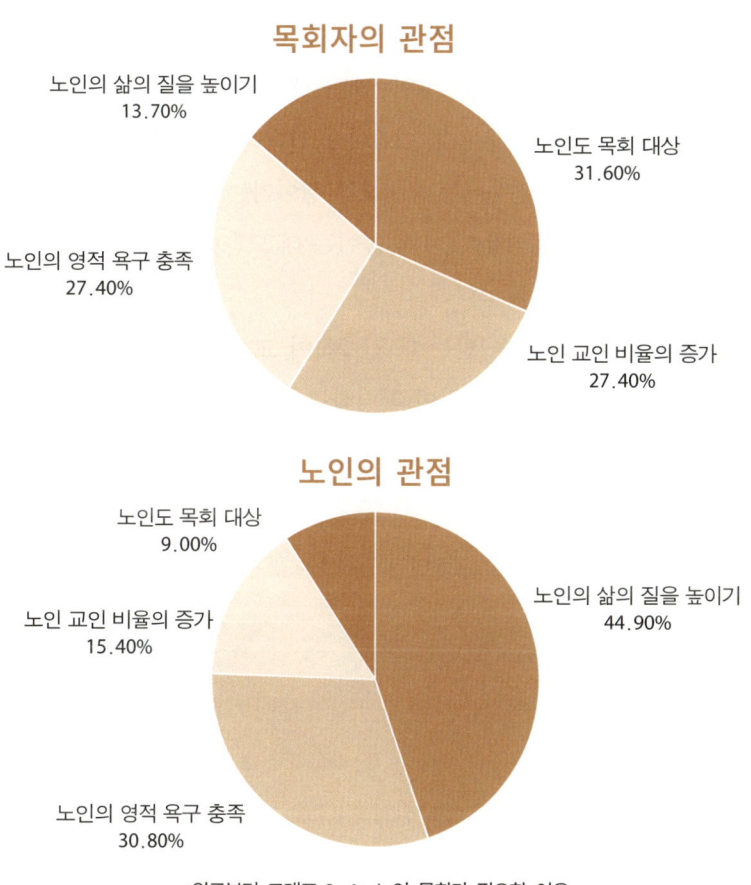

<위로부터 그래프 3, 4> 노인 목회가 필요한 이유

<그래프 3>은 목회자의 관점에서 생각하는 "노인 목회가 필요한 이유"에 대한 조사 결과이다.

1위는 "노인도 목회의 대상이기 때문"이다(31.6%). 2위는 공동으로, "노인 교인 비율의 증가"와 "노인의 영적 욕구 충족"(27.4%)이 자치했다. 마지막은 "노인의 삶의 질을 높이기"(13.7%) 위함 순이었다.

그러나 <그래프 4>에서 확인할 수 있는 노인의 관점에서 생각하는 "노인 목회가 필요한 이유" 1위는 44.9 퍼센트가 답한 "노인의 삶의 질을 높이기"가 차지했다. 2위로는 "노인의 영적 욕구 충족"을 위해서가 30.8퍼센트, "노인 교인 비율의 증가"를 이유로 뽑은 비율은 15.4 퍼센트로 3위를 찾지했으며, 4위는 "노인도 목회 대상"이기 때문이라는 대답으로 9.0퍼센트가 나왔다.[7]

모든 세대는 목양의 대상이다. 그러나 노인대학이나 노인들만 대상으로 하는 프로그램을 하는 경우에는 노인으로 살아가는 데 필요한 삶의 질(-영적으로나 정신적 그리고 육체적으로-) 을 높이는 데 도움을 주는 프로그램을 운영했으면 한다.

반대로 노인들은 섬김을 받는 데 안주하여 교회 생활에 무익한 존재가 되어서는 안 된다. 연장된 건강이 허락하는 한 기회를 잘 살려 계속 그리스도를 섬겨야 한다. 이때 노인들이 가져야 할 마음가짐 세 가지는 성숙과 겸손 그리고 열정이다.

제임스 패커(J.I. Packer)는 『아름다운 노년』에서 이렇게 조언했다.

> 응답하라. 노인들이여! 하나님께 여쭙고 교회 지도자와 상의하여 당신이 가진 것으로 어떻게 최선을 다할 수 있을지 알아보라. 직접 솔선하여 65세가 넘은 사람들을 결집하라. 힘닿는 한 계속 혼신을 다하여 하나님의 양 떼 안에서 이루어지는 공동의 사역에 지속적으로 기여하라.[8]

HIS University(Home International School) 양은순 총장은 4차 산업혁명 시

---

[7] 김병호(2023), <4차 산업혁명 시대의 미주 한인 노인 목회와 발전 방안>, 78.
[8] 제임스 패커, 『아름다운 노년』, 윤종석 옮김(서울: 디모데, 2017), 106.

대 노인 목회의 의미와 중요성에 대해서 이렇게 말한다.

> 4차 산업혁명 시대에도 여전히 우리는 하나님의 형상으로 지음을 받은 존귀한 자라는 것을 가르쳐 주어야 합니다. 그 이유는 다음과 같습니다.
>
> **첫째**, 인간은 하나님의 형상대로 지음받은 특별한 존재이며 하나님과의 연결과 교제를 위해 지음받은 사실을 지적으로 감정적으로 삶의 방식으로 알고 실천하도록 한다.
> **둘째**, 영원한 가치관을 가지고 자신의 내적 성장을 위해 끊임없이 노력하도록 돕는다.
> **셋째**, 하나님의 가정에 일원이 되었다는 사실을 깨닫고 권리와 의무를 수행하도록 한다.

노인 사역 혹은 노인대학을 운영함에 있어 노인들 안에 감추인 보화를 보고, 그 보화를 끄집어낼 수 있는 사역을 해야 한다.

> 오 하나님, 주의 백성을 주의 지팡이로 목양하여 주십시오. 주께서 사랑하시는 귀한 양 떼의 길을 인도하여 주십시오. 낙원 한가운데 있는 숲에서 오직 주의 백성으로 하여금, 옛적 길르앗의 푸른 초원에서처럼, 바산의 무성한 초원에서처럼 풀을 뜯으며 살게 해 주십시오. 저희가 이집트에서 나왔을 때처럼 기적과 이적을 다시 일으켜 주십시오(미 7:14-15, 메시지).

2. 누가 주인공인가?

노인대학을 하거나 노인을 위해 실시하고 있는 프로그램들이 그 주체가 누구인지 잊고 있다. 노인 사역자들이 실수하는 것 중 하나가 노인들을 대상으로 교육이나 프로그램을 하면서 노인 중심이 아닌 목회자나 사역자 중심으로 이루어지고 있다는 것이다. 아예 목회자 중심의 교육과 일정으로 이루어지고 있는 곳도 있었다.

노인대학이나 노인 대상으로 하는 프로그램의 주체는 목회자나 사역자가 아님을 확실히 알아야 한다. 노인에게 필요한 것이 무엇인지 교회가 인지하고 노인이 필요로 하는 것을 교육해야 한다.

그렇다면, 교회나 목회자들이 노인들이 필요로 하는 부분을 채워 주어야 하는 이유는 무엇인가?

이에 대한 조사 결과에 따른 안젤라(Angela Jun)의 의견은 다음과 같다.

> 4차 혁명으로 인한 빠른 변화에 조금이라도 적응할 수 있는 능력을 갖추는 것입니다. 이것은 노인들의 의지만으로 되는 일이 아니고 교회와 사회적 차원에서 배려와 변화가 필요한 부분이라고 생각합니다. 노인에게 맞는 교육 기회를 제공하는 것, 노인에게 맞는 장치(Devices)를 개발하는 것 등은 사회 인프라(social infra) 형성이 필수라고 생각됩니다.[9]

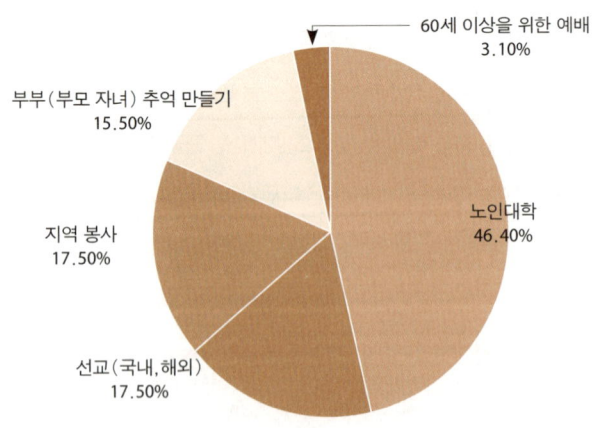

<그래프 5> 노인 성도를 위해 교회가 해 줬으면 하는 바람

---

9   Angela Jun: 남가주한인간호사협 회장.

<그래프 5>는 "노인 성도를 위해 교회가 해 줬으면 하는 바람"에 대한 조사 결과이다. 1위는 "노인대학"(46.4%), 2위는 공동으로 "국내, 해외 선교 및 지역 봉사"(17.5%), 3위는 "부부(혹은 부모와 자녀) 추억 만들기"(15.5%) 그리고 4위로는 "60세 이상 분들만 위한 예배"(3.1%)를 선택했다.[10]

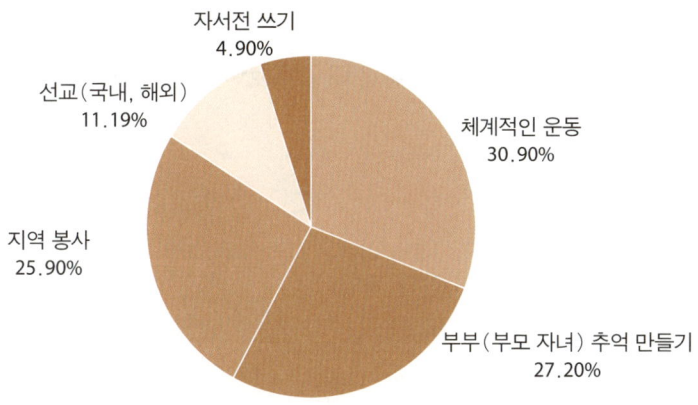

<그래프 6> 개인적으로 노인들이 가장 하고 싶은 것

<그래프 6>은 "개인적으로 노인들이 가장 하고 싶은 것은 무엇이 있는가"를 조사했을 때의 결과다. 1위는 건강을 위해 "체계적인 운동"이 필요하다(30.9 %)가 차지했다. 2위는 "부부 또는 자녀와 추억을 만들기"(27.2 %)가, 3위는 "지역 봉사"(25.9 %)로 집계됐으며 4위와 5위는 각각 11.19퍼센트가 나온 "선교(국내, 해외)"와 "자서전 쓰기"(4.9 %)로 나타났다.[11]

그런데 강의 내용을 보면 여전히 주체가 누구인지, 누구를 대상으로 강의하는지에 대한 부분이 모호했다. 한 예로, 남가주 한인교회에서 시행하는 60세 이상 노인들을 대상으로 하는 성경 공부 교재를 들고자 한다.

10　김병호(2023), <4차 산업혁명 시대의 미주 한인 노인 목회와 발전 방안>, 76.

11　김병호(2023), <4차 산업혁명 시대의 미주 한인 노인 목회와 발전 방안>, 76.

이 교재는 3단계로 구성되어 있는데, 제1단계는 "무엇을 믿는가"로 우리가 믿는 것이 무엇인가를 공부하는 교재이고, 제2단계는 "무엇을 실천하는가"로 우리의 믿는 바가 어떻게 생활 속에서 실천되어야 하는가를 훈련받게 한다. 마지막 제3단계는 2단계에서의 삶의 실천들과 함께 한 걸음 더 나아가 성장과 성숙의 훈련을 받게 하는 과정으로 "무엇이 성장과 성숙하게 하는가"에 대해 다룬다

이 성경 공부 교재의 제1단계 내용만 보면 다음과 같다.

① 성경
② 하나님의 영광
③ 하나님의 주권, 사람의 책임
④ 사람
⑤ 사람에게 일어난 일
⑥ 선택과 예정
⑦ 예수님이 죽으신 이유
⑧ 구원
⑨ 은혜받은 흔적들
⑩ 성도의 견인

제1단계 교재 순서를 살펴보면 알겠지만, 너무 어려운 내용이다. 내용도 너무 딱딱하게 구성되어 있어서 필자가 봐도 질리게 하는 성경 공부 교재이다. 신학교에서 신학생이 공부해야 하는 내용을 노인 분들과 진행하고 있다는 생각이 든다. 중직자들을 대상으로 하는 교재라고 해도 어려운 내용이다. 그래서 가르치는 대상이 누구인지 정확히 알고 그에 맞는 기획을 세우고 프로그램을 진행했으면 한다.

스타벅스의 CEO를 역임한 하워드 슐츠(Howard Schultz)는 "우리는 고객

의 배를 채우는 것이 아니라 영혼을 채우는 일을 한다"고 했다. [12] 그는 커피로 사람들의 입을 즐겁게 한다고 말하지 않고 영혼을 채우는 일을 한다고 했다.

교회와 사역자들은 세상 사람의 영혼을 커피점에 맡겨서야 되겠는가? 교회의 현실은 참으로 암담하고 위태롭다. 영혼 구원을 위해, 교회 성장을 위해 아무리 부흥회를 해도, 좋은 프로그램을 가져와도 더 이상 부흥하지 않고 구호 소리만 교회에 머물고 있다.

이미 젊은 층으로부터는 교회에 가야 할 이유나 도전이 없어졌고, 세상 사람들에게 교회는 더 이상 매력적이지 않다. 교회에 가야 하는 이유를 잃어 가고 있는 것이 아니라 이미 잃어버렸다. 아동부, 학생, 청년, 장년부가 이미 떠난 빈 둥지를 차지하고 있는 노인들만이 긴 의자에 듬성듬성 앉아 예배를 드리고 있다.

교회 안에 갇혀 버린 목표와 방향성, 교회 안에 모든 것을 묶어 두고 더 이상 세상에 아무런 변화와 충격도 주지 못하는 '갇혀 버린 교회의 본질과 사명'만을 추구하고 있다.

예수님은 다시 살아난 나사로를 향해 "풀어놓아 다니게 하라"(요 11:44)고 말씀하셨다. 교회의 주체가 누군인가를 알아야 한다. 더 이상 교회 안에, 패러다임 울타리에 가둬 놓아서는 안 될 것이다. 노인 사역도 마찬가지이다. 노인을 더 이상 교회 안의 은퇴자로 묶어 두지 말아야 한다.

노인 사역은 온도계처럼 주변의 온도에 따라 변하는 것이 아니라 온도 조절기처럼 주변의 온도를 변화시키는 것이어야 한다. 그러므로 노인사역을 하는 목적과 목표를 다시 인식하여 노인들이 전인적인 사역자로 다시 쓰임 받기 위해 어떻게 해야 할 것인지 거룩한 고민을 해야 한다.

평생 노인대학만 다니다 끝나게 한다거나 1, 2년 만에 졸업하게 한 후

---

12 박호근, 『하프타임 임팩트』(서울: VIVI2, 2017), 26.

아무 일도 하지 않는 노인으로만 남게 해서는 안 될 것이다. 프로그램에 참여한 분들을 어떤 방식의 사역자로 쓰임 받을 수 있게 할지 그 주체에게 맞는 교육을 실시하고 프로그램을 운영해야 한다.

목표를 잃는 것보다 방향을 잃는 것이 더 큰 위기이다. 노인 목회가 방황하는 까닭은 목표를 잃었기 때문이 아니라 방향을 잃었기 때문이다. 노인 목회의 사명이 무엇이고, 노인 목회가 지향해야 하는 기준이 무엇인지 확실하지 않으면 노인 목회를 하면 할수록 침몰하는 함선을 보게 될 것이다.

> 새는 알에서 나오려고 투쟁한다.
> 알은 세계다.
> 태어나려고 하는 자는 하나의 세계를 깨뜨려야 한다.[13]

3. 양육 프로그램을 만들라

은퇴 이후에 있는 노인들도 온도 조절기로서의 삶을 살도록 양육과 교육이 필요하다. 지구상의 모든 생물체는 변화하는 자신의 몸과 주위 환경에 민감하게 반응하며 대처해 나아간다.

노인들을 재설정하는 이유는 변화하는 시대에 대처하기 위함이다. 교육을 통해 노인들이 한 인간으로서의 자존심과 긍지를 품고 자유를 누리며 살 수 있게 하기 위함이다.

노인을 포함한 모든 사람은 자신의 몸과 환경을 관리하고 다스리며 살아가도록 하나님으로부터 복 받은 존재이다. 노인이 자유롭게 살기 위해

---

[13] 헤르만 헤세, 『데미안』, 전영애 옮김 (서울: 민음사, 2009), 123.

서는 변화하는 신체와 정신 및 주위 환경에 대해서 새롭게 배워야 한다.

이를 위해서 필요한 것이 바로 기독교적 교육과 양육이다. 이에 전인적인 노인으로 살아갈 수 있게 하기 위해서는 재설정(Reset)이 필요하다.

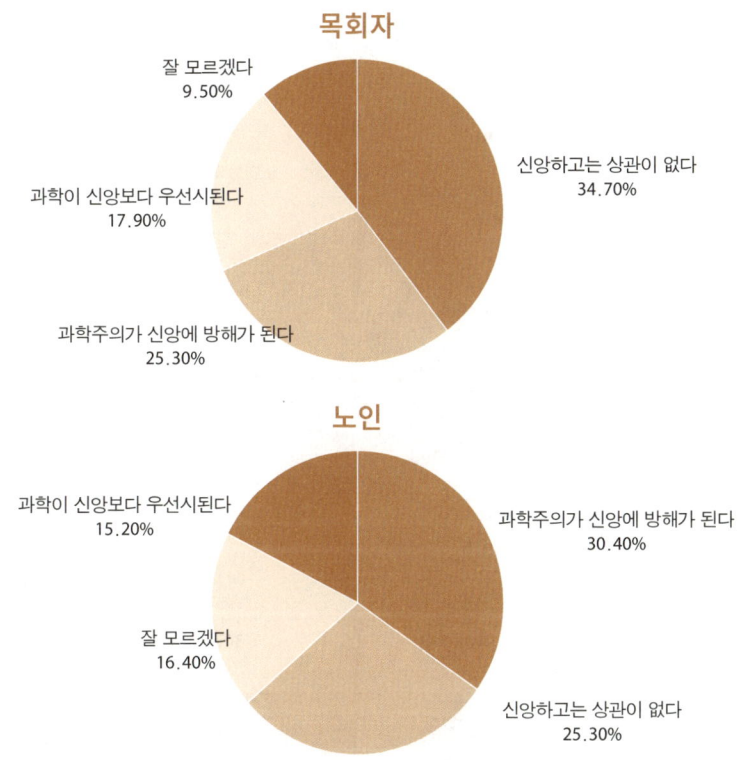

<위로부터 그래프 7,8> 과학이 발달할수록 나의 신앙생활은 어떤 변화가 있을 것 같은가

<그래프 7>은 "과학이 발달할수록 나의 신앙생활에 어떤 변화가 있을 것 같은가"란 질문에서 미주 한인 목회자들의 대답 순위이다.

1위는 34.7퍼센트가 답한 "신앙하고는 상관이 없다"가 차지했고, 2위는 "과학주의가 신앙에 많은 방해가 된다"(25.3%), 3위는 "과학이 신앙보다 우선시된다"(17.9%)가, 5위는 9.5퍼센트가 대답한 "잘 모르겠다"가 차지했다.

이에 반해 <그래프 8>에서 확인할 수 있는 미주 한인 노인들의 대답은 다음과 같다.

1위가 "과학주의가 신앙에 많은 방해가 된다"(30.4%), 2위는 "신앙하고는 상관이 없다"(25.3%), 3위는 "잘 모르겠다"(16.4%), 4위는 "과학이 신앙보다 우선시된다"(15.2%)가 차지했다.[14]

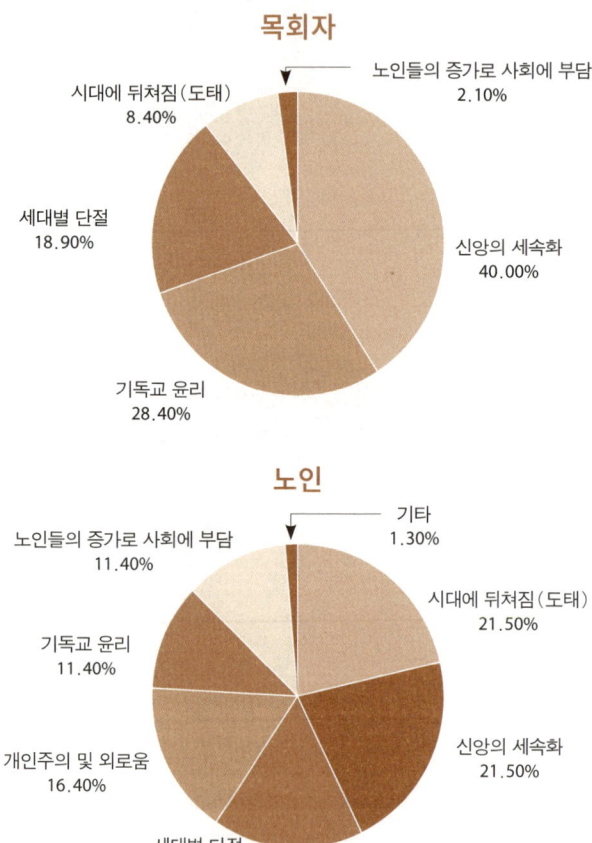

<위로부터 그래프 9, 10> 기술·과학이 발달할수록 걱정이 되는 것이 무엇인가

14　김병호(2023), <4차 산업혁명 시대의 미주 한인 노인 목회와 발전 방안>, 88.

<그래프 9, 10>은 "기술·과학이 발달할수록 걱정이 되는 것은 무엇인가"에 대한 질문의 결과다.

미주 한인 목회자들은 "신앙의 세속화"를 1위로 뽑았고(40%), 2위는 "기독교 윤리"(28.4%), 3위는 "세대별 단절"(18.9%), 4위로는 "시대에 뒤처짐(도태)"(8.4%)이, 5위는 "노인들의 증가로 사회에 부담"(2.1%)이 차지했다.

미주 한인 노인분들은 공동 1위로 "시대에 뒤처짐, 신앙의 세속화"(21.5%)를, 2위도 공동으로 "세대별 단절", "개인주의 및 외로움"(16.4%)이, 3위 역시 공동으로 "기독교 윤리", "노인들의 증가로 사회에 부담"(11.4%)이 꼽혔다. 그리고 4위는 "기타"(1.3%)가 차지했다.

<그래프 9, 10>에서도 보여 주고 있듯이, 한인 목회자들은 기술·과학이 발달할수록 신앙의 세속화에 우려함을 나타지만 노인분들은 여러 가지를 걱정하는 것을 알 수 있다.[15]

그래프를 보면 알 수 있듯이 기술과 과학이 발달할수록 노인들은 신앙의 세속화와 시대의 뒤처지는 것에 대한 우려가 강함을 알 수 있다. 따라서 새로운 노인 문화 연구에 기반한 프로그램 개발이 요구된다고 할 수 있다. 그렇다고 무조건 다양한 프로그램을 제시하기보다는 노인들의 특성과 욕구에 맞는 교회별, 또는 상황에 맞는 개별화된 프로그램을 제공해야 한다.

급변하는 4차 산업혁명 시대에 노인들을 교육과 훈련으로 변화에 대처할 수 있도록 교육해야 한다. 이런 의문을 가진 분이 있을 수 있다.

왜 노인을 위한 교육이 필요한가?

많은 교회는 미래를 책임지어야 할 젊은 세대나 자녀 세대에게 교육이 집중되어야 한다고 생각한다. 그러나 꼭 그렇지는 않다. 고령화 시대에 살다 보니 노인으로만 치부하기에는 건강하고 활동력이 있는 분이 많기 때문이다. 또한, 이 땅에 살면서 전인적인 그리스도인으로 살아갈 수 있도록

---

15 김병호(2023), <4차 산업혁명 시대의 미주 한인 노인 목회와 발전 방안>, 89.

하기 위함도 있다. 그러므로 노인들이 전인적인 그리스도인으로 살아갈 수 있도록 돕기 위한 교육이 필요하다.

가끔 고학력자나 소득이 높은 사람, 지위와 명망이 있는 사람끼리만 커뮤니티를 형성한다거나 학력이나 소득이 낮은 노인들의 학습 기회를 차단하는 장벽이 있다. 이런 이미지나 인식 그리고 생각의 토양과 교회 안에 자리 잡은 생태계를 바꿔야 한다. 따라서 세대를 벗어나 누구에게나 균형 있는 교육의 기회가 주어져야 한다.

하나님의 사람은 생을 다할 때까지 배우고 학습하고 사역해야 한다. 프로스트와 허쉬(Michael Frost & Alan Hirsh)가 제시한 노인 사역 3가지 특성을 살펴보자.

① 성육신(incarnational)적

다른 세대보다 더 가까이 죽음을 경험할 수 있는 노인들에게 예수 그리스도를 영접하고 예수의 사람으로 살아갈 수 있도록 그분들에게 다가가야 한다.

죄악이 가득한 세상에 오셨던 예수 그리스도와 같이 빛처럼 소금처럼 녹아들어 가야 한다.

부서지고 깨지기 쉬운 노인들을 아름다운 모자이크로 만들기 위해서 먼저는 노인을 이해하고 이들의 사명감을 고취해야 한다. 그래서 삶과 상황 속에서 복음을 증거하고 통전적 그리스도인으로 살아가도록 가이드해야 한다.

② 메시야적(Messianic) 영성 소유

성(聖)과 속(俗)을 구분하지 않고 그리스도처럼 세상과 교회를 통전적으로 이해해야 한다. 다시 말해 노인들을 전인적 그리스도인으로 양육하여 삶의 그 자리에서 그리스도의 향기를 전하도록 해야 한다.

메시아가 하신 것처럼 세상 속에서 더불어 살아가며 삶으로 복음의 향기를 전해야 한다.

노인이라는 이미지를 가지고 있는 껍질을 벗고 신노인이라는 인식을 하게 해야 한다.

③ 사도적인(Apostolic) 사명 소유

에베소서 4장 11절에 나타난 사도직, 선지자직, 복음 전하는 자, 교사, 사역자로서 그 사명과 역할을 현시대에 구현해 내며 수평적으로 이해하는 것을 말한다. 이에 제자도를 정립하여 전인적 노인으로 살아갈 수 있도록 교육과 훈련으로 세워 나가야 한다.[16]

프로스트(Frost)와 허쉬(Hirsch)가 말한 것처럼 노인 목회 사역을 위해 이 3가지를 가져야 한다. 이로써 성육신적 노인이 되게 하고, 메시아적 영성을 갖게 하며 사도적인 사명을 가진 노인으로 재설정해야 한다.

30년 동안 노인대학을 운영하고 있는 김영찬 목사는 노인들의 교육에 대해 다음과 같이 말한다.

> 한국 문화는 가부장적이고, 유교와 불교 문화잖아요. 그 문화 속에서 살고 자라다가 자녀들이나 친척 그리고 주위의 권유로 또는 은퇴 이후 시간은 많고 할 일은 없으니, 사람을 사귀고 친구를 만나러 교회에 나가기 시작한 겁니다. 문제는 교회에서 젊은 세대들은 활동력도 많고 교회의 일꾼으로 만들기 위해 성경 공부도 하고 무슨 훈련이다, 교육이다, 열심히 투자하고 가르치잖아요. 그런데 노인 분들을 위해서는 특별히 무슨 교육이나 공부를 하기보다는 구역 모임을 통해서 성경 공부도 하고 예배 모임도 하고 그렇게 해

---

16 마이클 프로스트, 앨런 허쉬, 『새로운 교회가 온다』, 지성근 옮김(서울: IVP, 2016), 33.

서 몇 년이 지나면 노인들에게 그냥 집사, 권사를 준 겁니다.

그러다 보니 신앙인이 어떻게 살고 행동해야 하는지 잘 몰라요. 그나마 청장년 때에 신앙생활하던 분들은 교회에 대한 애착심과 교회에 대한 봉사심 그리고 뭔가를 배우고자 하는 열망은 있지만, 여전히 한국 문화를 버리지 못한 노인들은 대접만 받고자 해요. 거기에다 교회에서 직분을 주니 뭐를 할 줄을 몰라요.

사실은 그분들이 한국 문화에서 가지고 있던 그런 가치관을 다 허물어 버리고 그 위에다 새로운 예수 그리스도의 믿음의 집을 지어야 하는데, 그런 것을 허물지 않고 그냥 그 위에다가 예수 그리스도의 집을 지었어요.

마태복음 7장에 보면, 모래 위와 반석 위에 집을 짓게 되잖아요. 노인들이 모래 위에 집을 짓지 않게 하기 위해서도 성경 공부가 절대적으로 필요한데 그 성경 공부의 주제가 뭐냐면, '내가 누구인가' 입니다. 즉, 정체성을 찾아 주는 거예요. 그것을 통해서 그분들이 올바른 믿음과 구원의 확신을 가질 수 있도록 해 주는 성경 공부가 필요하다고 생각합니다.

그래서 '나는 누구인가' 가 확실한 사람만이 하나님의 백성이고 하나님의 자녀이며 천국의 소망을 가질 수 있도록 확실하게 가르칠 수 있는 성경 공부가 필요하다고 생각합니다.[17]

4차 산업혁명 시대를 맞이하여 본래 하나님으로부터 부여받은 "가서 모든 민족을 제자를 삼아 아버지와 아들과 성령의 이름으로 세례를 베풀고 내가 너희에게 분부한 모든 것을 가르쳐 지키게 하라"(마 28:19-20)는 교회의 본질과 사명을 다시금 깨닫고, 급변하는 세계 속에서 노인 사역에 그 역할을 다하려는 노력을 해야 할 것이다.

모든 사람은 일평생 하나님 앞에서 자녀이며 배우는 학생이다.

---

17 김영찬 목사, 효사랑선교회 대표.

4. 깐부가 필요하다

노인이 되면서 찾아오는 '빈 둥지 현상'(empty nest syndrome)은 고독함과 외로움을 갖게 한다. 둥지를 떠난 새가 다시는 그 둥지로 돌아오지 않는 것같이 부모 곁을 떠나 자립한 자녀들은 돌아오지 않는다.

들어오는 자리보다 떠난 자리가 큰 것처럼 빈자리는 커질 수밖에 없다. 그러다 보니 스스로 고립의 섬을 만들어 생활하는 노인들이 있다. 고립의 섬을 만들면 고독사(孤獨死)하는 경우가 생긴다. 노인들이 가장 염려하고 고민하는 것 중에 하나가 바로 고독사하는 것이다. 이에 대한 김영찬 목사의 견해는 다음과 같다.

> 노인들은 죽음에 대해서는 그렇게 두려워하지 않는 것 같습니다. 누구나 죽기 때문이라는 인식을 다 가지고 있기 때문입니다. 그런데 노인 아파트에서 며칠이 지난 후 시신으로 발견되는 것을 보고, 듣는 것을 통해 자신도 그렇게 아무도 없이 외로이 홀로 죽을까 봐 그것을 가장 두려워해요. 그래서 교회에서 돌봄이 중요하다고 생각해요. 홀로 외롭지 않고 고독해하지 않으며 외롭게 고독사하지 않도록 지속적으로 관심을 갖는 것이 필요하다고 생각합니다.[18]

위키백과는 '고독사'를 "주로 혼자 사는 사람이 돌발적인 질병 등으로 사망하는 것"으로 정의한다. 고독사는 도시화와 문명화로 각종 편의 시설의 발달과 개인주의 가치관의 확산, 인권, 권리에 대한 정보 및 인지 상승, 이런저런 성격 차이 등으로 혼자 생활하는 사람이 급증하면서 나타나기 시작했다.

자녀는 떠나고 배우자는 상실해서 혼자 지내다가 홀로 죽어서 오랫동안 시신이 방치되는 경우가 있다. 초기에는 실직이나 경제적 능력으로 인한 중장년 남성의 고독사가 대부분이었지만 개인주의 가치관 확산과 인권,

---

[18] 김영찬 목사, 효사랑선교회 대표.

권리 의식, 가치관 충돌 등으로 독신자가 늘면서 경제력과는 상관없는 고독사, 연령과 상관없는 고독사도 나타나고 있다.

현대 사회에서는 고독사가 증가하고 있는데 전문가들은 고령화, 개인주의, 인간관계, 스트레스, 핵가족화 등을 그 원인으로 분석하고 있다.

한 예로, 서울 강서구의 아파트에서 혼자 살고 있던 50대 중반 C씨는 고독사했다. C씨의 죽음은 아파트 관리소 직원에 의해 우연히 발견됐다. 하자 보수 때문에 초인종을 여러 번 눌렀으나 인기척이 없었고, 혹시나 하는 마음에 손잡이를 돌리자 문이 열려 있었다. 문을 여는 순간 온 집안에는 시체 썩는 냄새가 진동했다.

C씨는 홀로 누워 있는 상태였고, 부패 정도로 봤을 때 사후 1주일 이상 방치됐던 것으로 보였다. 문을 잠그지 않은 C씨의 행동으로 볼 때 자신의 고독한 죽음을 어느 정도 예측하고 누군가 들여다봐 주길 원했을 것이라고 추측된다. 그러나 열려 있는 C씨의 집을 찾아온 사람은 아무도 없었다. 아파트 관리소 직원의 방문이 없었다면 C씨의 외로운 죽음은 더 오래도록 방치됐을 것이다.

고독사 통계에 의하면 2017년 2천412건, 2018년에는 3천48건, 2019년은 2천949건, 2020년에는 3천279건, 2021년은 3천378건, 2022년 3천559건, 2023년 3천661건으로 해마다 증가하고 있다.

이렇듯 매년 고독사하는 경우가 많기에 노인 돌봄이 필요하다. 스스로, 혹은 사회나 환경의 다양한 원인으로 마음 문을 닫고 세상에 벽을 쌓아 동굴로 들어간 그분들에게 깐부(Kambu)[19] 관계를 맺도록 하는 것이다.

필자가 어렸을 때 놀이 문화 중에 깐부 맺는 것이 있었다. 2021년 넷플릭스(Netflix)에서 가장 흥했던 <오징어 게임>(Squid game)에서 주인공 성기훈(No 456번)과 게임 주관자인 노인 오일남(No 001)은 깐부를 맺는다.

19　특별한 사이를 일컫는 한국 문화 중 하나이다. 사전적 의미로 깐부(Gganbu)는 동반자, 짝꿍, 격이 없는 사이를 뜻한다.

깐부를 맺는 것은 닫혔던 마음의 문을 열고 세상을 향해 쌓았던 벽을 스스로 허물어 동굴에서 나오는 관계 회복이다. 중요한 것은 이 프로그램의 운영은 노인들이 필요로 하는 개인적 돌봄과 가족과 같은 성격의 인간관계를 맺어 주는 데 초점이 있어야 한다는 것이다.

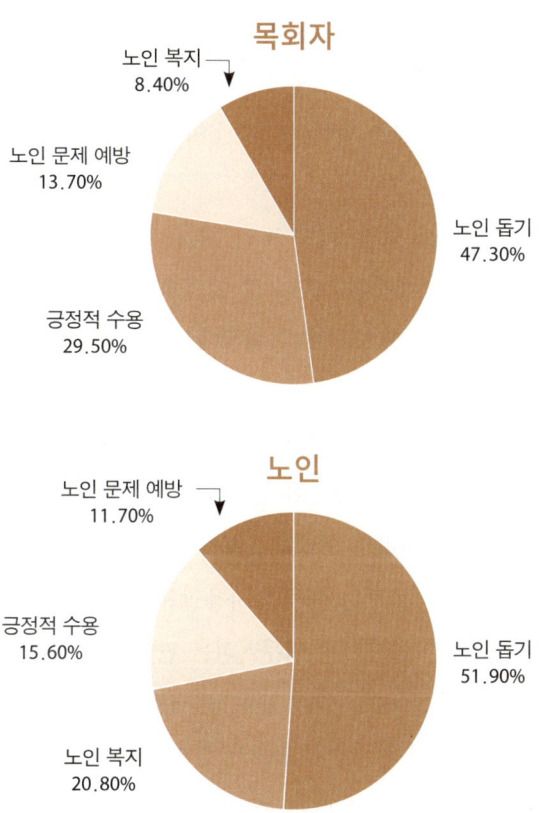

<위로부터 그래프 11, 12> 교회가 노인 돌봄 프로그램을 해야 하는 이유

<그래프 11>은 "교회가 노인을 돌봄 프로그램을 해야 하는 이유"에 대해, 미주 한인 목회자들의 설문 조사 결과이다.

목회자들은 신앙으로 행복한 노년을 돕기 위해서를 1위로 뽑았고

(47.3%), 2위가 죽음을 포함한 신앙 안에서 긍정적 수용을 위해(29.5%), 3위는 노인 문제 예방 및 해결을 위해(13.7%), 마지막으로는 노인 복지 차원(8.4%)으로 나타났다.

<그래프 12>는 "교회가 노인을 돌봄 프로그램을 해야 하는 이유"에 대한 미주 한인 노인들의 의식 조사 결과인데 순위는 다음과 같다.

1위, 신앙으로 행복한 노년을 돕기 위해(51.9%), 2위 노인복지 차원(20.8%), 3위 죽음을 포함한 신앙 안에서 긍정적으로 수용하기 위해(15.6%), 4위 노인 문제 예방 및 해결을 위해(11.7%) 순이다.[20]

이와 같은 조사 결과를 보면, 미주 노인분들은 노인 예방이나 해결, 노인 복지보다는 신앙으로 행복한 노년으로 살기를 원하고 있음을 알 수 있다. 필자는 미주에 살고 계신 노인이나 한국에서 살고 계신 분들의 생각과 마음은 비슷하리라고 본다.

대전에는 '웰 에이징 비영리 단체'(대표 우대명 목사)가 운영되고 있다. 이 단체의 목적은 '삶 속에서 그리스도의 향기를 전한다'이다. 이 단체에서는 '실버 전용 상품권'을 발행하고 있다(<그림 1> 참조). 이 상품권은 60세 이상의 노인 또는 부모님을 돌보는 분들만 사용할 수 있다.

이 단체는 자체 개발한 콜드브루 원두커피를 판매하고 있는데, 10,000원에 판매하는 원두커피를 5,000원 실버 전용 상품권 1장이면 구입할 수 있다. 이 실버 전용 상품권 안에는 "네 부모를 공경하라 그리하면 하나님이 네게 준 땅에서 생명이 길리라"(출 20:12)는 하나님의 말씀과 "수고하고 무거운 짐 진 자들아 다 내게로 오라 내가 너희를 쉬게 하리라"(마 11:28)는 주님의 말씀이 새겨져 있다.

---

[20] 김병호(2023), <4차 산업혁명 시대의 미주 한인 노인 목회와 발전 방안>. 79.

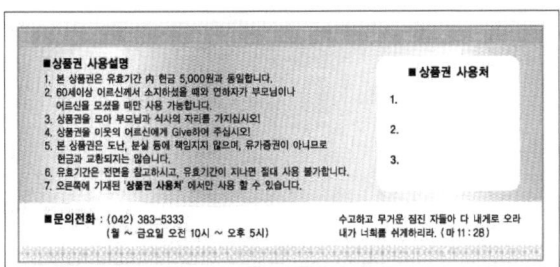

<그림 1> 실버 전용 상품권

웰 에이징 비영리 단체는 세 가지 캠페인을 벌이고 있다.

① 효 문화 운동

상품권은 커피를 주문한 사람이 부모님(노인)을 모셔와야만 사용할 수 있으므로, 부모(노인)와의 자리를 가짐으로써 한 번 더 만날 수 있게 한다.

② 노인 공경 운동

상품권은 노인이 직접 소지하여 사용할 수 있다. '실버 전용 상품권'이라는 구별된 혜택 명칭으로도 국민이 노인을 지키고 있음을 상기시킴과 동시에 노인을 위로함이다.

③ 기부 문화

단체는 먼저 노인을 위한 삶을 기부하는 것을 원칙으로 운영한다. 또한, 커피 주문자가 60세 미만일 경우에는 이웃의 노인에게 상품권을 기부하도록 유도한다. 이를 위해 '기부 영수증 발행'을 하고 있다.

웰 에이징 비영리 단체의 대표 우대명 목사는 "모든 사람은 늙어감을 인식하고 세상이라는 바다에 아름다운 삶의 여정을 위해 다시 그물을 내릴 수 있는 어선이 되어줘야 한다"라고 말한다.

다른 아이디어로는 마켓이나 은행과 연계해서 노인 전용 쿠폰을 만들거나 노인 전용 카드를 제작해 일정 금액을 넣은 후 그 카드를 사용할 수 있게 하는 것도 있다. 만약 은행과 연계해서 카드를 만든다면 그 카드를 사용할 때마다 포인트가 적립되는 것도 좋은 방법이다. 적립된 포인트는 노인대학의 운영자금이나 노인들의 상품으로 사용해도 좋을 것이다.

한동안 유행했던 챌린지(Challenge)[21]처럼 교회에서도 결연 관계를 운영해도 좋다. 교회에서 일명 릴레이 기도 동아리줄 결연 관계를 맺어서, 기도 제목을 나누고 장소가 다르더라도 같은 기도 시간을 갖게 하는 것이다. 그리고 다음 사람을 지목하여 그 사람은 지목한 사람을 위해 기도 챌린지를 하는 것이다. 이것을 재미있게 하기 위해선 SNS나 홈페이지에 올리게 하는 것도 좋은 방법일 것이다.

이렇듯 천하보다 귀한 한 영혼을 위해 결연 그물을 내려 도태되거나 소외되지 않게 해야 한다.

---

21 '도전'을 뜻하는 챌린지는 특정 과제를 수행하고 이를 이어 가는 행위를 일컬음. 시발점은 2012년 미국의 한 투자 회사 매니저였던 토리 그리핀이 루게릭병 환자를 돕기 위해 시작된 '아이스버킷 챌린지'이다. 차가운 얼음물이 닿을 때처럼 근육이 수축되는 루게릭병의 고통을 잠시나마 함께 느껴 보자는 취지였다(https://news.hmgjournal.com>TALK>챌린지로 세상을 체인지하다).

결연 관계는 일방적인 사역 주체와 혜택을 받는 수혜자가 분리되는 것이 아니라 양쪽 모두에게 유익한 내용을 주고받을 수 있는 관계가 될 것이다. 이런 관계는 교회가 현실적으로 노인들을 섬기고 돌보아 드릴 수 있는 방법이다. 노인들의 필요를 채워 드리기 위해서 다시 옛날 대가족 제도로 돌아갈 수 없는 현대의 핵가족들에게 대안을 제시해 줄 수 있는 방법이 될 것이다.

물론 실버타운(노인 아파트)이나 요양원에서 생활하는 분들 가운데 주말에 자녀들이 정기적으로 방문하여 생활에 필요한 여러 가지 부분을 돕는 경우도 많이 있다. 그러나 노인들을 만나 보면 자녀들에게도 공개하기 어려운 마음속 문제들을 안고 살아간다.

많은 이유가 있겠지만, 노인들은 주말마다 찾아온 자녀들이 직장 때문에, 자녀 때문에 그리고 바쁘다는 이유로 한 달에 한두 번, 혹은 일 년에 한두 번 오다 보니 외로움과 그리움이 가득 차 있다. 그 그리움이 때로는 섭섭함과 배신감, 더 나아가 분노까지 갖고 있음을 보았다.

가끔은 자책감에 빠져 있는 경우도 종종 있었다. 혹시 자녀에게 부담감을 주고 있는 건아닐까 하는 생각 때문에 자책하고 후회하며 낙심하고 상심한다.

노인들이 혼자 살고 있는 곳에 가 보면 유독 가족 사진이 많음을 본다. 특히, 손자와 손녀들의 모습이 많은 것을 볼 수 있다. 그 이유는 그 만큼 가족이 그립다는 것이다.

노인들은 이런저런 이유로 자녀들에게 부담을 줄까 해서 말하지 못했던 것을 자녀가 아닌 신뢰의 대상에게 내면의 다양한 문제를 털어놓고 대화하며 도움을 주고받을 수 있는 또 다른 인간관계를 형성할 것이다.

결연 관계가 중요한 이유는 노인들이 혼자 사는 경우, 종종 목욕을 하다가 미끄러져서 허리를 다치거나 화장실에서 볼일을 보고 일어나다가 허리를 삐끗한든지 혈압이 갑자기 올라서 쓰러지는 경우가 종종 일어나기 때문이다.

필자가 섬겼던 교회의 권사님은 샤워를 하려다가 미끄러져서 허리를 다

쳐서 꼼짝할 수 없었다. 그렇게 꼬박 하루를 목욕통에 계시다가 같은 아파트에 사시는 권사님의 도움으로 치료를 받을 수 있었다. 같은 아파트에 사는 권사님은 전화를 해도 받지 않고 문을 두드려도 기척이 없어서 혹시나 하는 마음에 매니저와 함께 문을 열고 들어가서 목욕탕에서 신음하고 있는 권사님을 발견하여 911을 부른 것이다.

이런 일은 우리 주위에서 의외로 많이 일어난다. 이렇듯 정기적으로 혼자 사는 노인의 집을 방문한다면 최소한의 문제들은 해결할 수 있으리라 믿는다.

누가복음 10장 25절에서 37절에는 선한 사마리아 사람의 비유가 나온다. 현대 시대로 이 비유를 본다면 이렇다.

산업의 일꾼으로, 자녀 양육으로 일평생 헌신과 희생만 하며 살다 보니 어느새 은퇴와 함께 찾아온 빈곤이 친구가 되었다. 여기에 강도를 만나 삶의 전부를 강탈당하고 가진 것 다 빼앗기고, 거의 죽을 것처럼 되었다. 도움이 절실히 필요한 시점이다. 그런데 피하려 하거나 모른 채 그냥 지나쳐 가는 이는 교회 사역자들과 지역 지도자들이다.

마침 비그리스도인이 그 지역을 지나다가 그를 보고 불쌍히 여겨 가까이 가서 빈곤과 곤핍으로 상처 난 정신과 육체의 아픔을 치유하고 기관에까지 연결해서 돌본다. 예수님이 말씀하신다.

네 생각에는 이 세 사람 중에 누가 강도 만난 자의 이웃이 되겠느냐 이르되 자비를 베푼 자니이다 예수께서 이르시되 가서 너도 이와 같이 하라(눅 10:36-37).

미국 제39대 대통령은 지미 카터(James Earl Carter Jr)다. 그는 대통령 재임 기간 동안에는 평가가 좋지 않았고, 인기도 없는 대통령이었다. 그러나 퇴임 후 그는 활동과 발언 등으로 성경적인 그리스도인의 모습들을 보여 주었다. 특히, 미국 시민권을 가진 한국인이 북한에 억류되었을 때마다 그들의 인권과 석방을 위해 늘 그의 이름이 거론되었다.

그는 늘 금권주의와 물신주의를 경계하면서 분배의 정의와 함께 나눔의 삶을 외쳤다. 그리고 가난과 기아, 전쟁과 지진이 있는 곳마다 그가 함께 있었다.

2011년에 아이티에 큰 지진이 나고 온 나라가 깊은 절망 가운데 빠졌을 때 그는 87세의 노구를 이끌고 부인과 함께 그곳에 간이 주택을 짓는 해비타트 운동을 했다. 다른 미국의 평범한 노인처럼 청바지를 입고 팔을 걷어붙이고 세워진 목재에 못을 박고 집을 지으며 땀을 흘리는 그의 모습은 강도 만나 거의 죽어 가던 이웃을 돌본 사마리아인이었다.

은퇴 이후 권위와 편안함을 버리고 낮은 곳에서 함께 섬기는 힘은 "가서 너도 이와 같이 하라"는 예수님의 말씀에 순종한 모습이다. 지미 카터를 보면서 은퇴한 노인들도 우리 주위에 경제적 강도, 생활의 강도, 건강에 찾아온 강도를 만난 이웃들을 돌보는 일을 할 수 있음을 알 수 있다.

히브리어에는 '돕는 자', '돕는 손길'이라는 뜻으로 '에제르'(עזר)라는 단어가 있다. 이 단어는 하나님이 아담을 지으신 후에 하와를 돕는 배필로 지으셨다(창 2:18)는 말씀에 등장한다. 여기에 나오는 에제르는 종속된 사람을 가리키지 않는다. '서로 돕는 배필', '친밀한 관계성' 혹은 '극히 중요하다'는 개념이다.

하나님은 모세에게 형 아론이 그의 돕는 배필이 되도록 해 주셨다. 아론은 모세 옆에서 늘 조언자가 되어 주었고, 대제사장의 역할을 감당했으며, 아말렉과의 전투에서도 모세의 팔을 들어 주어 전쟁에서 승리할 수 있도록 했다. 다윗과 요나단은 친구이면서도 서로 힘이 되어 주는 관계였고, 바울과 바나바도 친구이며 서로 돕는 배필이며 동역자였다.

바로 이 에제르가 영어 단어 '에센셜'(essential)의 어근이다. 에센셜은 '필수적인', '극히 중요한', '본질적인'이란 뜻으로 없어서는 안되는 것을 의미한다. 이에 우리는 성경에서 교회공동체를 향한 하나님의 뜻이 무엇인가를 발견하고 그 뜻대로 존재해야 한다. 즉, 노인 목회는 바로 노인들에게 에제르가 되어 하나님과 세상을 연결하는 다리가 되어 주는 역할을 하는 것이다.

> 보라 형제가 연합하여 동거함이 어찌 그리 선하고 아름다운고 머리에 있는 보배로운 기름이 수염 곧 아론의 수염에 흘러서 그의 옷깃까지 내림 같고 헐몬의 이슬이 시온의 산들에 내림 같도다 거기서 여호와께서 복을 명령하셨나니 곧 영생이로다(시 133: 1-3)

5. 노인 부양이 주는 현실

미국에서의 노인의 권위는 한국에서의 권위와는 많은 차이가 있다. 그럼에도 한인들끼리는 노인에 대해 어느 정도 존중하는 것을 볼 수 있다. 아직까지는 동양적 사상, 특히 한국의 전통적 문화를 가지고 있기 때문이다.

한국의 전통적 문화는 효를 중심으로 가족 관계의 통합성을 유지하고 있다. 특히, 부모와 자녀 관계를 중요시한다.

요즘 한국의 케이팝(K-POP), 드라마(K-Drama)의 열풍으로 한국 문화에 대한 관심이 굉장히 많아졌다. 그로 인해 예전에 보지 못했던 한글 공부에 열을 쏟는 외국인을 볼 수 있으며 대학에 한국어 학과도 생기게 되었다.

필자가 처음 미국에 왔을 때만 해도 이민 온 자녀나 유학생들에게 한국어를 쓰지 못하게 하는 부모가 많았다. 그러다 보니 한국어를 잊어버리는 경우가 있었다. 1.5세나 2세 중에서는 한국어를 전혀 못하는 학생도 많았다.

그들의 가족사를 보면 부모님 세대는 한국적 사고를 가지고 있는데 자녀들은 90퍼센트의 미국적 사고에 10퍼센트만 한국적 사고를 가지고 있었다. 그런 그들에게 한국적 사고로 부모를 공경하라고 한다는 것은 어불성설일 것이다. 그러나 의식 있는 부모들은 매주 한글 학교에 아이를 보내고 매를 들어서라도 한국 문화를 가르치기도 했다. 그 결과로 한국어도 잘하고 영어도 잘해서 어느 곳에서도 쓰임 받는 존재로 성장하기도 했다.

조부모로부터 양육을 받았던 아이나 한국적 문화 속에 살았던 자녀들은 아직도 한국적 사고를 가지고 있어서 노인과 어른을 공경할 줄 안다. 물론 한국에서 만큼의 공경은 아니다. 이런 가족 중심의 사회에서 핵가족화로 인해 점점 홀로 사는 노인들이 생기게 되고 노인 아파트로 가는 경우가 많아졌다.

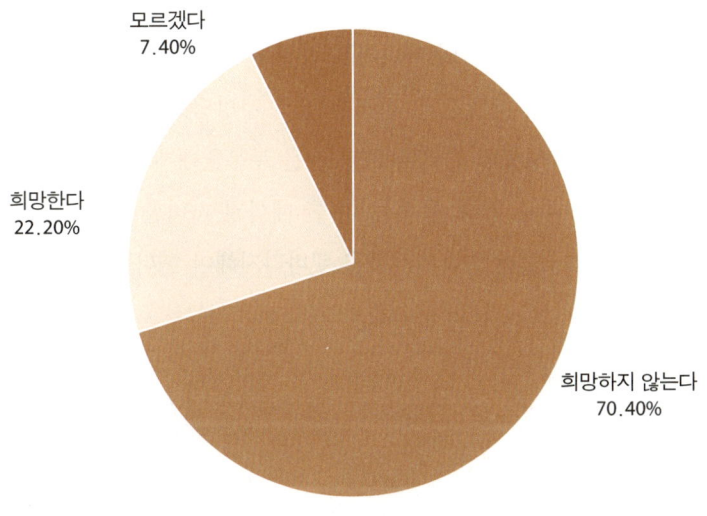

<그래프 13> 자녀와 함께 살기

<그래프 13>는 미주 한인 노인들을 대상으로 "자녀와 함께 살기"에 대한 생각을 조사한 결과이다. 노인들은 대부분 자녀와 함께 살기를 희망하지 않고 있었다(70.4%). 자녀와 함께 살기를 희망한다고 답한 부모는 22.2퍼센트에 그쳤다.[22]

이런 결과가 나온 이유는 무엇일까?

대부분의 노인들은 자녀들에게 경제적인 부담을 주기 싫어한다. 또한,

---

22 김병호(2018), <고령화 시대의 노인 성도를 위한 목회 방안: 미주 한인교회를 중심으로>, Fullerm Theological Seminary, 박사학위논문(D.Min), 70.

무엇보다 함께 살고 싶지만 자식들이 불편할까 봐 혼자 살겠다고 한다. 어쩌면 산업화와 도시화가 진전되면서 노인들의 주거 환경이 바뀐 이유도 있을 것이다. 문제는 노인의 역할 상실감이다.

  필자가 섬겼던 교회에도 구역 예배나 교회 모임을 갖는 것이 무척이나 힘들었다. 그 이유는 맞벌이 부부가 자식들을 돌볼 수 없으니까 조부모들이 손자 손녀를 픽업하거나 그들의 식사를 준비하거나 아이들을 돌봐야 하기 때문이다.

  특히, 미국은 13세 미만의 어린이를 집에 혼자 두었을 경우 부모들은 감옥에 가거나 자식을 빼앗긴다. 심각한 경우 추방당하기도 한다. 그러기에 생계에 뛰어들어 생활할 수밖에 없는 젊은 부부들에게는 노인 이상 더 좋은 도움을 주는 이는 없다. 문제는 다 클 때까지 자녀를 돌보고 키웠더니, 늙어 노인이 되어도 여전히 자식들을 뒷바라지해야 한다는 것이다.

> 존 던(John Donne, 영국 시인)[23]
>
> 완전히 고립된 사람은 아무도 없다.
> 사람은 모두 전체의 한 부분이며 본체의 일부이다.
> 내가 인류에 포함이 되었기 때문에 어떤 사람의 죽음이 나에게 상처를 준다.
> 그러므로 종이 누구를 위하여 울리는지 알려고 해서는 안 된다.
> 종은 너를 위하여 울린다.
> 종은 너를 위하여 울린다.

---

[23] 밥 버포드, 『하프타임』, 74, 재인용.

제5장

아웃-리치(Out-reach)에서 인-릿치(In-reach)로

사람의 수명이 평균적으로 연장되었을 뿐만 아니라 과거에 비해 교육 수준과 생활 수준이 월등히 높아짐에 따라 노인들이 사회와 교회 안에서 매우 중요한 영역으로 등장하고 있다. 그러나 교회는 이 분야에 대한 연구가 거의 없으며 전문가들도 그리 많지 않은 실정이다. 이에 고령화되어 가고 있는 교회에서 실시할 수 있는 목회적 사역 방안들을 살펴보기로 한다.

노인은 신체적으로 약화되고 은퇴로 빈곤해지기 쉬우며 사회적으로나 심리적으로 고립과 소외를 경험하게 된다. 더욱이 이러한 변화에 적응 능력 역시 저하되어 결국 욕구 불만이 생기고 이에 반응하는 여러 양식에 따라 노년기의 성격으로 형성되기 쉽다.

대체로 노인들은 우울해지는 경향이 있다. 젊은이들보다는 스트레스 양은 줄어들지만 스트레스의 양이 부정적인 방향으로 많아지고, 퇴직으로 인한 정체성 상실과 직장 동료들과의 단절로 오는 상실감과 소외감을 경험한다. 무엇보다 사람에 대한 의존성이 증가된다. 아마도 신체적, 경제적, 사회적 능력의 쇠퇴로 인하여 자연스럽게 증가하는 것 같다.

헤이제 파버(Heije Faber)는 노인 목회를 "노인들이 하나님의 빛 속에서 그들의 존재를 경험하며 살도록 도와주고 용기를 북돋워 주는 것"이라고 정의했다.[1]

---

1   헤이제 파버(1984), Striking Sails: A pastoral-psychological view of growing Oder in our society. Nadhville, Tennessee: Abingdon, 146-147.

노인 목회는 한두 사람의 노력으로 이루어지는 것이 아니라 교회공동체의 공통된 관심사로서 모두의 참여를 필요로 한다.

노인 목회의 바람직한 방향이 있다면 그 첫째가 바로 상실감에서 벗어나게 하는 것이다. 노인들이 가지는 심리적인 고통은 소외와 고독감이다. 사라진 역할로 인해 사회와 가정에서 소외당하고 심지어 자신에게마저 버림받았다고 생각한다. 육체적인 쇠약은 심리적인 부분에도 영향을 주어 자신이 없어진다. 이러한 소외 의식과 정체감 상실에서의 회복은 노인 목회에 있어 주된 사역이 될 수밖에 없어진다.

그다음은 존중함이 있어야 한다. 다시 말하면 앞 장에서도 말한 "돌봄의 원리"이다. 노인들은 육체적, 경제적, 사회적으로 연약해지기에 서로 돕고 섬기는 일을 하게 해야 한다. 남을 돕는 것은 결국 자신의 정체감을 찾는 데 커다란 도움을 준다. 그것은 새로운 용기와 활력소가 되어 섬김과 봉사를 통해 상실했던 역할이 살아나게 되어 삶의 의욕과 활력소를 가져다주기 때문이다.

인생 후반전을 살고 계신 노인들에게 하나님이 주신 달란트(은사)를 하나님의 나라를 위해서 사용할 수 있는 길을 찾아 주는 것처럼 유익한 것은 없을 것이다. 하나님은 "그의 나라와 의를 구하는 사람에게 모든 것을 더해 주신다"(마 6:33)고 하셨다.

1. 동질 집단의 원리

동일 집단은 '같은 생각을 하고 같은 물건을 갖고, 같은 것을 원하는 사람들' 즉, '문화가 같고 생각과 감정과 느낌을 서로 인정하는 단체 및 그룹'을 말한다. 그렇지만 생각과 감정과 원하는 바가 우리와 다른 사람들은 불

안한 느낌이 들게 한다.[2]

맥가브란(D.A. McGavran)은 "부족, 카스트, 언어별 교회들을 증가시켜라. 어떤 환경들에서는 동질적인 단위의 교회들을 세우는 것이 성장의 열쇠이다. 도시에 거주하는 수용적인 무리 중 소수는 그 도시에서 사용하는 표준어에 익숙하지 못해 상실감을 갖는다. 비록 어느 정도 표준어를 할 줄 알아도 모국어처럼 들리지 않기 때문에 그들은 자신의 언어로 예배하는 사람들과 어울리기를 좋아한다"라고 서술한 바 있다.[3]

그의 말처럼 문화적, 의식적 배경이 동일해 서로 부담 없이 자연스럽고 쉽게 의사소통을 할 수 있는 어떤 그룹을 통해 복음을 전하는 것이다.

미국 캘리포니아 남가주에 있는 한인교회들의 특성을 보면 좁게는 폐쇄적이라고 할 수 있다. 한인끼리만 모여서 예배를 드리고, 한인들이 좋아하는 음식만 먹고, 한인 음식점을 주로 찾으며, 한인들이 많이 모이는 학교(초, 중, 고)나 주거지로 이사하는 것을 많이 본다. 그러다 보니 대형 한인마켓들이 줄줄이 들어서고 있다.

이러한 동일 집단 원리를 바탕으로 노인 목회를 한다면 갈 곳이 없는 노인들이나 언어의 장벽으로 고통스러운 분들에게는 이보다 좋은 곳이 없을 것이다. 이것이 아무리 좋은 장점이라고 해도 먼저 효과적인 노인 목회를 위해서는 노인에 대한 편견을 제거하는 것이 절대적으로 필요하다.

노인에 대한 잘못된 사회적 통념이 편견적인 선입관으로 자리를 잡게 하고 있다. 편견이라는 왜곡된 렌즈를 끼고 바라볼 때에 많은 문제가 발생할 수밖에 없다. 이에 노인들의 경험을 최대한 존중하며 활용해야 한다.

노인들이 살아오면서 몸으로 체득한 경험은 무형의 자산이다. 많은 시간과 시행착오를 거쳐 체득한 것이 많기 때문이다. 이것은 전통 계승이라

---

2 마이클 프로스트, 앨런 허쉬, 『새로운 교회가 온다』, 지성근 옮김(서울: IVP, 2016), 95, 재인용.
3 도널드 맥가브란, 『교회 성장 이해』, 전재옥 외 2인(서울: 한국장로교출판사, 2012), 447.

는 측면에서도 중요하지만, 특별히 전통적인 신앙 자세와 하나님을 믿는 믿음의 열심, 믿음의 순수함을 존중하는 것이 더 좋다.

필자가 섬겼던 교회의 목회자 사이에도 노인 세대를 다른 세대보다 더 소홀히 여기고, 노인이기 때문에 뭐든지 잘 모를 것이라고 여겼다. 그런데 노인들이 소그룹 모임에서 말하는 것을 들어보면, 목회자들이 생각하지 못한 부분을 발견하게 되었다. 심지어 그분들이 느끼고 생각했던 것들을 말할 때, 가끔은 얼굴이 화끈할 정도로 부끄러울 때가 한두 번이 아니었다.

모르는 체할 뿐이지 사실은 다 느끼고 알고 있었지만 목회자이기 때문에, 혹은 마음에 상처를 주기 싫어서 그 앞에서 말하지 않을 뿐이다. 모를 것이라고, 알지 못할 것으로 생각해서 그분들을 소홀히 대해서는 안 될 것이다.

우리들은 노인들을 인격적으로 대우해야 한다. 또한, 효과적인 목회를 위해서는 시설 투자도 계속해야 한다. 교회의 건물 구조가 노인들이 모임을 갖거나 활동하기에 적합한가를 살펴야 한다.

노년부를 위한 특별 배려도 필요하다. 노인 전용 큰 글씨 주보를 제작하거나 더 밝은 조명으로 바꿀 필요가 있다. 잘 안 들리는 분들을 위한 무료 보청기나 깨끗하게 들리는 스피커와 마이크 설치는 물론 냉난방 시설과 쉴 수 있는 공간이 필요하다. 안마 의자가 있으면 더 좋을 것이다.

제니(Jenny Park)는 노년부를 위한 배려에 대해 다음과 같이 조언했다.

> 제 편견 가지고 이야기하는지 모르지만 여러 사람의 의견을 종합해 보면, '교회 가도 노인들은 거의 교인 취급을 안 한다'는 것입니다. 무엇보다 가장 가슴 아팠던 것은 교회 맨 앞자리에 앉아도 보청기 문제 때문에 귀에서 윙윙거리는 소리에다, 스피커에서의 들리는 소리 때문에 예배와 말씀에 집중할 수 없었다는 것입니다. 그리고 예배를 다 젊은이들 중심으로 드리기 때문에 예배 시간 내내 일어서라, 앉아라, 손을 들라, 내리라고 해서 힘들다

는 겁니다.

나이가 들면 손을 올리기 쉽지 않아요. 어깨가 아프거든요. 앉았다 일어서는 것도 무릎에 무리가 가서 쉽지 않거든요. 그런데 그런 상황을 전혀 고려하지 않고 자꾸 요구하니까 안 하는 것도 그래서 어쩔 수 없어 하는데 너무 힘들다는 겁니다.

교회에서 장애인들을 위한 시설이 부족한 것도 사실이지만, 어르신들을 위한 시설들이 더 없는 실정입니다. 장애인들은 어르신들보다 10분의 1이 될까 말까 하지요. 물론 나이가 들다 보면 노환에 의한 장애가 생길 수 있지만, 대부분의 교회에서 노인에 비해 장애인 분들은 일부분입니다. 그러니까 어르신들을 위한 시설들을 더 확충하고 보수를 했으면 좋겠어요.

교회에서 좀 더 어른들을 위한 케어를 해줘야 되지 않을까요?

잘 모시고, 식사 대접 잘하고 피크닉을 하는 것도 중요하지만, 그것으로 다 했다는 생각을 하기보다는 교회에서 지속적인 관심과 돌봄이 있으면 좋을 것 같아요. 조금만 관심을 가지고 변화를 주면 좋겠습니다.[4]

<그래프 14, 15>는 "교회에서 활용했으면 하는 과학 및 기술 분야"에 대한 조사 결과이다. 먼저 미주 한인 목회자의 관점 순위는 다음과 같다.

1위 "다양한 훈련 프로그램"(48.4%), 2위 "첨단화된 예배의 현장감"(28.9%), 3위 "신앙 교육"(13.4%), 4위 "성경 공부"(9.3%)이다.

미주 한인 노인분의 대답도 거의 같았다.

1위 "다양한 훈련 프로그램"(41.8%), 2위 "신앙 교육"(21.5%), 3위 "성경 공부"(19%), 4위 "설교"(3.8%) 순으로 나타났다.[5]

재미있는 현상은 목회자는 설교에 아무런 반응이 없다면, 노인들은 첨

---

4 제니박, 남가주 양로보건센터장.
5 김병호(2023), <4차 산업혁명 시대의 미주 한인 노인 목회와 발전 방안>, 87.

단화된 예배 현장감에 대해서는 반응이 없었다는 것이다.

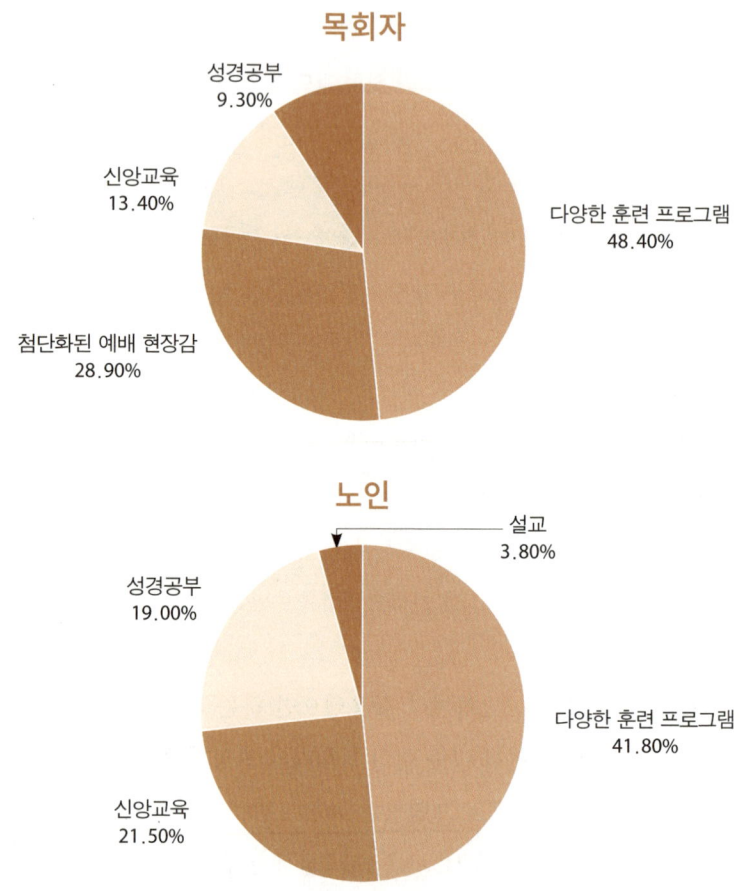

<위로부터 그래프 14, 15> 교회에서 활용했으면 하는 과학 및 기술 분야

조사에 의하면, 노인들은 교회 안에서도 다양한 훈련 프로그램이 운영되길 원하고 있다. 그러기에 노인을 위한 프로그램도 끊임없이 개발해야 한다. 여기서 노인의 여가 활동과 역할을 찾아 주는 것은 정체감을 회복하고 건강 관리를 위한 것이다.

작은 교회는 어렵겠지만, 교회 안에서 한방이나 의료 시설을 운영하는 것도 좋은 방법이다. 혹은 의사들이나 한의원들과 연계해서 한 달에 한 번씩 봉사로 노인들을 치료해 주거나 건강 상담을 해 주면 좋을 것이다.

노인들만을 위한 영적 여행을 가는 것도 좋을 것 같다. 미국에 엘더호스텔(Elderhostel)과 로드스콜라(Road Scholar)라는 유명한 노인 교육이 있다. 여행과 학습을 합쳐 놓은 것인데, 여행지가 학습의 장이 되고 머무르는 곳이 교실이 되는 프로그램이다.

크루즈선을 타고 가는 비싼 프로그램도 있고, 방학 때 대학의 빈 캠퍼스와 기숙사를 활용해 그곳을 베이스캠프로 삼아 숙박을 하면서 근처에서 프로그램을 운영하는 것도 있다. 여기에서 이루어지고 있는 강좌의 주제는 다양하다.

가장 인기 있는 강좌는 건강과 관련된 것이다. 건강 강좌를 가장 선호하는 것을 보면 노화 자체에 대한 이해나 관심이 없다고는 할 수 없을 것이다. 또 자신의 인생을 조망해 보는 자서전 쓰기도 인기 강좌이다. 이 노인 교육의 프로그램을 좀 더 소개하면 다음과 같다.

① 야외 모험 활동(outdoor adventures) 프로그램
하이킹, 자전거 타기, 수영, 래프팅, 스키, 사냥, 골프 같은 야외 활동을 즐기며 자연의 경이로움을 경험하는 야외 모험 활동이다.

② 북미 탐험(exploring north America) 프로그램
미국과 캐나다 지역을 문화 유적, 경치, 문화와 예술, 음식과 와인, 집과 정원, 국립공원, 명문 도시 등 7개의 세부 주제로 나눠 '테마 여행'을 한다.

③ 선상 모험(adventure afloat) 프로그램
에게 해에서 미시시피강, 남극에서 프랑스 운하까지 갖가지 코스에서

역사, 문화, 예술, 문학, 생태 교육 프로그램을 배우고 즐긴다.

④ 세대 간(inter-generational) 프로그램
　조부모, 부모, 이모, 삼촌 등 성인 가족이 어린 자녀들과 함께 동식물원, 해변과 섬, 산을 탐사하며 생명과 환경의 소중함을 경험하고 세대 간의 교류에도 도움을 준다.

⑤ 여성 전용(women only) 프로그램
　예술이나 문학부터 대체의학까지 다양한 주제를 여성의 관점에서 배우고 토론한다.

　이밖에 40여 가지 유형의 프로그램을 갖추고 있다. 각각의 과정은 참가자의 건강과 활동 수준에 따라 몇 단계로 나뉘어 실행하고 있다. 가격은 하루 프로그램이 100달러 안팎이며 보통 600달러를 넘지 않지만, 3,000~4,000달러짜리 해외 여행이나 선상 모험 프로그램도 있다.
　한국에서 노년학을 연구하는 학자를 중심으로 전국의 대학을 연계해 한국형 엘더호스텔 프로그램을 도입하여 실행했지만 단기간으로 끝났다.
　아마도 유료 프로그램 운영을 위한 수익 모델을 창출하지 못했고 노인들의 문화에 대한 사회적 인식과 관심이 부족해 제대로 싹틔우지 못한 것 같다. 더불어 노인들도 재정에 대한 부담을 가져 결실을 맺지 못했던 것 같다. 그러므로 부담이 덜한 범위 내에서 다양한 프로그램을 시도하는 것이 좋을 것이다.
　이런 프로그램을 시도할 때, 동질 집단이기에 더 친밀감을 갖게 될 것이고 서로 더 의지하게 될 것이다. 이때 선후배 사이나 손아랫사람이란 걸 알게 된 순간 동생이나 후배 취급을 하여 잔심부름을 시키거나 함부로 대하면 서로 간에 불미스러운 일을 만날 수 있기에 주의해야 한다.

필자가 섬겼던 교회에서는 1년에 두 차례 미국 서부여행을 떠난다. 계절별로 봄에는 3박 4일 일정이고, 가을에는 1박 내지 1박 2일로 LA 근방으로 간다. 그런데 생각 외로 노인들이 고집도 세고, 싫어하는 사람과는 절대로 같은 방을 배정받지 않으려고 한다. 같은 교회를 오래 다녀도 쉽지 않음을 알게 되었다. 그 이유는 저마다 상이한 인생 경험과 살아온 환경과 여건 때문에 삶이 굳어졌기 때문일 것이다.

이 같은 특성은 노인 집단이 가지고 있는 동질성과 이질성 때문일 것이다. 그러므로 저마다 살아온 방식이 다르기에 무조건 동질 집단이라고 묶지 말고 성격과 성향이 같은 분들로 팀을 짜 주면 좋은 친구이자 형님·동생으로 바뀔 것이다. 실제로 필자가 섬겼던 교회에서는 나이 많은 분들끼리 직분을 부르는 것보다 형님·아우로 부르는 경향이 더 많다. 노인들에게 친밀감이 중요하기 때문이다.

친밀함은 모닥불과 같아서 계속해서 장작을 넣지 않으면 결국은 꺼진다.[6] 서로 친밀을 유지하기 위해서는 예수 사랑의 장작, 샬롬의 장작 그리고 이해와 배려의 장작을 계속 넣어야 한다. 그렇지 않으면 동질 집단에서의 친밀함은 꺼지고 말 것이다.

2. 심장에 불을 붙여라

필자가 섬겼던 교회에서는 주일 예배 후 오후에는 65세 이상 노인들만 대상으로 성경 공부를 했다. 이때 파워포인트와 인쇄물로 진행하였다. 그 이유는 시력과 청력이 떨어진 노인들은 성경책을 찾아 읽는 것이 쉽지 않기 때문이다. 말로만 하면 중요하다고 생각하는 부분을 받아쓰는 것도 쉽

---

[6] 존 오트버그, 『관계 훈련』, 정성묵 옮김 (서울: 두란노, 2018), 60.

지 않은 것이 노인의 현실이다.

성경 공부하면 너무 딱딱하고 지루할 것 같아서 아동부가 좋아할 듯한 만화도 넣고, 동영상과 지도 그리고 교인들의 모습들을 사용하며 입체적으로 진행하였다. 그 결과, 그동안 나이 드셨다고 대충 준비하던 다른 목사님에 비해 반응은 물론 참가율도 좋았다.

조사에 의하면 교회에서 지속적으로 실행되기 바라는 프로그램 1위가 노인대학(26%)이고, 2위가 노인 성경 공부(14.9%), 3위가 노인 선교회(11%), 4위가 중보 기도 사역자였다. 그다음으로는 의료 봉사, 결석자, 전도 대상자를 위해 주보 및 전도 편지 써 주기, 이미용 및 목욕 봉사, 노인 전화 심방, 배우자 사별 후 돌봄 순으로 나타났다.[7]

이 조사 결과를 유추해 보면, 아직까지 노인들은 성경 공부를 하고 싶어 하며 노인대학이 필요하다는 사실을 알 수 있다.

그동안 얼마나 많은 설교를 듣고 성경을 읽었겠는가?

요즘 교인들의 말을 들으면 기독교 방송 CGN TV와 라디오 복음방송을 매일 그렇게 몇 시간씩 보고 듣는다고 한다. 이유는 일주일에 30분만 하는 성경 공부를 통해서는 깨닫거나 체계적으로 공부하지 못하고, 그동안 교회에서 드리는 예배만 드리고 말씀만 듣다 보니, 성경에 대해서 많이 아는 것 같았는데 막상 대화를 하다 보면 너무 아는 것이 없다는 것이다.

그런데 이렇게 교회에서 프리젠테이션과 인쇄물로 진행한 성경 공부를 통해 새롭게 하나님에 대해 알게 되었다고 하는 분이 많았다. 이런 반응은 그만큼 눈높이 교육과 말씀이 부족했다는 것을 말해 주는 것이다.

기억력 감퇴로 자꾸 까먹는다고 하면서도 재교육과 성경 공부는 그분들의 심령에 식었던 성령의 불이 다시 타오르게 하고 있는 것이다. 함께하고 그 속에서 다시 하나님을 만나게 하는 시간들이 이분들에게는 다시 없는

---

[7] 김병호(2018), <고령화 시대의 노인 성도를 위한 목회 방안: 미주 한인교회를 중심으로>, 81.

소중한 시간이 되는 것이다.

　신체적으로 쇠약해지더라도 말씀에 대한 열의는 여전히 식지 않고 있기에 노인들의 눈높이에 맞는 성경 공부 교재가 필요하다. 또한, 그분들만을 위한 영적인 예배를 시도하면 아마도 많은 은혜가 될 것이다. 여전히 성령을 사모하고 영적인 갈망을 그만큼 크게 갖고 있기 때문이다.

　여기에 반해 교회는 변화하고 있는 사회의 흐름이나 노인들의 생각의 변화를 읽지도 보지도 못하여 예전의 방식으로 교회를 토착화시키려고 한다. 시대의 흐름에 제대로 반응하지 못하면 시대의 물결에 고립된 교회의 모습을 볼 것이다. 여전히 이 시대에도 영성이 필요하다는 것을 인식하여 식어져 가는 노인이나 교회에 성령의 바람이 일어나길 기대한다.

　4차 산업혁명 시대와 영적인 이슈에 대해 조사한 바에 의하면, 인간에게 가장 기본적인 문제인 삶과 죽음, 존재 가치 등이 지니는 의미가 중요하기에, 그 어떤 것으로도 대체할 수 없는 인간 내면의 문제는 시대를 초월하여 존재한다. 따라서 영적인 갈망과 요구는 이 시대를 살아가는 노인(인간)들에게도 동일하게 내재되고 있다.

　여기서 한 걸음 더 나아가, 연구 참여자들은 4차 산업혁명의 기술 발달 속에 오히려 인간 소외와 미래에 대한 두려움과 직결된 영적 이슈들이 더 강하게 제기된다고 한다. 또한, 영적인 이슈에 답하는 진리에 대해서, 문화는 변화더라도 진리는 변하지 않는 '의미'로 인간 내면에 여전히 남아 있다고 믿고 있었다.[8]

　조지 휫필드(George Whitefield)는 55세에 하나님의 부름을 받았다. 그가 하나님의 부름에 앞서 했던 말을 소개한다.[9]

　　　나는 녹슬어 없어지기보다 닳아서 없어지고 싶다.

---

[8] 김병호(2023), <4차 산업혁명 시대의 미주 한인 노인 목회와 발전 방안>,126.
[9] 박신웅(2020),『노년 사용 설명서』(서울: 생명의 양식, 2020), 181.

3. 치유와 회복의 기도

목회를 하면서 많이 겪은 것은 지금도 하나님의 역사는 일어나고 있다는 것이다. 여전히 성령 하나님의 일하심을 목회 현장에 많이 경험한다. 그렇다고 신유의 은사가 놀라운 정도로 매번 일어나는 것은 아니지만, 그래도 몸의 질병을 위해 기도하면 치유가 되었다고 간증하는 분이 많다.

그것은 특별한 은사가 있음이 아니라 예수 그리스도의 이름에 능력이 있기 때문이고, 그 아픔을 치유받고 회복되기를 간절히 원한 그분들의 믿음 때문에 일어나는 것이다.

필자도 목회자의 길을 걷겠다고 서원했던 이유가 육신의 질병이 기도로 치유되었기 때문이다. 이렇듯 기도로 치유를 경험한 분들이 교회 안에 많이 있다. 그 치유로 하나님에 대한 신뢰와 믿음이 더 굳건해지고 더 봉사하고 헌신하는 경우들을 자주 보기 때문이다.

이 치유와 회복 기도 사역은 젊은 사람들보다 신체적으로나 심적으로 많이 약해져 있는 노인 분들이 있기 때문에 필요하다. 설령 기도 이후에 아무런 치유와 회복의 결과가 없을지라도 기도해 드리는 것 자체가 노인들에게 큰 위로와 사랑의 나눔을 갖는 귀중한 시간이 된다.

또한, 그 일로 노인들은 더 간절히 기도하게 되고 아파하는 다른 분들을 위해서 기도하는 사역자가 되기도 한다. 여기에 한 걸음 더 나아가 교회 안에서 기도의 중요성을 아는 분들과 기도의 은사가 있는 분을 함께 기도 사역자로 묶어 중보 기도 사역을 할 수 있도록 격려하면 좋을 것이다.

4. 비계

> 밤나무, 상수리나무가 잘리더라도 그루터기는 남는 것같이 거룩한 자손들이 그루터기가 되어 거기에서 다시 싹이 틀 것이다(사 6: 13, 쉬운성경).

21세기 사회의 가장 큰 문제 중 하나는 고령화로 인한 노인 문제와 고령화되어져 가는 교회이다. 캘리포니아도 앞으로 6년 뒤면 초고령 사회로 진입하게 된다.

가주공공정책연구소(PPIC)가 최근 발표한 <가주 시니어 인구 성장 계획>(Planning for California's Growing Senior Population) 보고서에서는 65세 이상 시니어 인구가 2030년에는 약 860만 명으로 급증할 것으로 전망했다.

이유는 은퇴하기 시작한 베이비부머 세대가 2030년에 이 세대의 마지막인 1965년 출생자까지 모두 시니어가 되기 때문이다. 여기에 더해 독거노인 수의 증가도 예상되고 있다.

2030년에는 사별, 이혼, 별거, 미혼 등 싱글로 일상생활이 어려운 독거노인이 101만 명 가까이 늘 것으로 예측하고 있다. 그러므로 시대와 교회 자체가 노인 목회를 필요로 한다는 생각의 전환과 이에 대한 목회적 패러다임이 있어야 한다.

이제 교회와 교단 리더들이 고령화 사회에서 오히려 노인들을 통하여 제2, 제3의 부흥과 성장을 이루어 나가는 교회들이 있다는 사실에 눈을 떠야 한다.

지금은 노인을 위해서는 비계(Scaffolding)가 필요한 시점이다. 비계는 건물을 지을 때 건축 회사가 작업 편의를 위해 건물 주변에 세워 놓는 지지대이다. 집을 지을 때 비계를 어떻게 세우느냐에 따라 집 모양이 결정된다.

지금 시점이 바로 어떤 계획을 세우느냐에 따라 노인을 바라보는 시각과 사역의 모양이 결정될 시기이다. 노인들을 귀하게 여기고, 노인 목회를 통하여 교회 성장을 원한다면 다음 몇 가지 제언에 귀 기울여야 한다.

첫째, 교단과 교회는 본격적으로 빠르게 진행 중인 고령화 사회의 노인 문제에 대한 심각성을 인식하고 노인 선교를 위한 노인 목회를 준비해야 한다. 뿐만 아니라 교단과 신학교에서 전문가를 양성하고 그 전문가를 통해 노인 목회를 위한 실제적이고, 체계적인 교육이 이루어져야 한다.

노인들에게 배움의 즐거움을 알게 하여 내적 성숙을 갖게 해 줄 필요가 있다. 배움이라는 것은 시험을 준비하는 상황이 아니라면, 나이와 경륜과 환경에 따라 다르게 받아들이고 이해한다. 그래서 배움과 신앙은 요람에서 무덤까지 가야 한다. 이것이 아동부에 계단 공과가 있듯이 노인들에게도 계단 같은 교재가 필요한 이유이다.

특히, 나이가 점점 많아지더라도 영적으로 계속 성장해야 한다. 우리는 신앙공동체 안에서 하나님의 부르심이 있을 때까지 말씀과 기도 생활 속에서 계속 성장해야 한다.

제임스 휴스턴(James M. Houston)이 말한 것처럼 "그리스도인의 사전에 은퇴란 단어는 없다."[10] 따라서 좀 더 깊이 있는 영성과 학문을 위한 프로그램을 개발할 필요가 있다.

이를 위해 양은순은 이렇게 조언했다.

> 노인일지라도 신체적인 음식을 취해야 하는 이유와 똑같이 영적인 양식인 성경을 알아야 하고 매일 섭취해야 한다. 그러나 성경 공부의 방식이 연령에 따라 혹은 개인적인 지적, 신체적, 사회적, 영적 형편에 따라 달라져야 한다고 생각한다.[11]

---

[10] 폴 스티븐스, 『나이듦의 신학』, 박일귀 옮김(서울: CUP, 2018), 18, 재인용.
[11] 양은순 총장, President, HIS(Home International School) University.

천관우 변호사 역시 다음과 같이 조언한다.

> 노인들은 대부분 은퇴를 하셨기 때문에 오히려 자유롭게 여러 사역에 대해 인벌브(Involve)할 수 있고, 삶에 대한 지혜를 여러 가지 쓰실 수 있는 영역이 있어서 그분들의 사역에 대해 다시 생각해 볼 수 있다. 따라서 그분들을 위해서 따로 훈련도 필요하다. 노인 분들은 하나님의 나라를 위해 뭔가 해야 할 뭔가가 다른 사명이 있으리라 생각한다.[12]

은퇴는 포기나 내려놓음이 아닌 또 다른 시작이다. 그러므로 은퇴 후 50년은 새로운 인생, 인생 후반의 시작이다. 대부분 교회의 주력 세대는 40~60대 초반이다. 하지만, 10년 후면 60~70대가 주력 세대가 된다.

55~70대가 주력이 된 교회가 이미 많이 일어나고 있다. 이것이 지금의 현실이고 미래이다. 불과 50년 전만에도 60~70대는 교회나 지역에서 대접받은 나이였다. 그런데 100세 시대가 시작된 지금도 이 생각이 지배적이라는 것이다. 평균 수명 50세 시대에는 40~50대가 중년이고 60대는 노인이었다. 지금은 그렇지 않다. 60대를 노인으로 보기에는 애매하다는 것이 중론이다. 보통 70세를 노인으로 보는 관점들이 지배적이다.

이건 간단한 예상 수치이다. 그러나 우리가 살고 있는 4차 산업 시대에는 느린 것 같지만 급변하게 변하는 시대이기에 앞으로의 5년이 다를 것이고 10년 후에는 어떻게 진행될지 알 수 없다. 그러나 확실한 것은 고령화의 속도는 우리가 예상한 수치보다 더 많이, 그리고 더 빨리 진행될 거라는 것이다.

둘째, 아웃-릿치(Out-Reach)에서 인-릿치(In-Reach)로 만들어야 한다. 다시 말해서 노인학교나 노인대학에 대한 활성화 방안을 모색해야 한다.

---

12 천관우 변호사, 그룹 대표.

즉, 교회에서 평생 교육을 통해 자녀와 소통할 수 있는 문들을 열어 주고, 지역의 노인들과 소통할 수 있는 창고를 만들어 주어야 한다. 여기에 교회에서 노인대학과 같은 대학은 좋은 구실이 될 것이다.

일단 교회의 문턱보다는 노인대학이라는 문은 종교인이든, 비종교인이든 때로는 타 종교나 기독교와 유사 종교인들도 교회보다는 부담을 덜 갖고 온다는 것이다. 나가서 전도한 아웃릿치에서 들어와서 예수를 믿게 하는 인릿치에 더 투자와 신경을 쓰게 만들어 이슬비에 옷 젖듯 자연스럽게 예수의 보혈이 스며들도록 해야 한다.

여러 번 방문하고 섬기고 봉사를 해도 복음을 전파하는 것이 어려웠던 것이 노인대학을 통해 교회로 찾아오게 만드는 것이다. 일단 노인대학에 등록한 분들은 마음의 문이 조금은 열려있기 때문에 무작정 전도하는 것보다는 일단은 50퍼센트는 전도가 된 상태라 하겠다. 그러니 복음을 받아들이는 것이 쉬울 수 있다. 따라서 노인 목회는 하나님이 선교하시는 선교적 다리가 되어서 많은 미신앙인이 예수를 믿게 되는 계기가 될 것이다.

그러므로 교회와 목회자들은 노인 목회로 교회 성장뿐 아니라 하나님의 자녀를 만드는 필수 코스로 만들어 노인들을 주님의 부름에 앞서 구원받는 사람이 되게 해야 한다. 또한, 노인들이 가지고 있는 죽음에 대한 이슈를 예수 그리스도를 믿고 고백하는 신앙 안에서 맞이하도록 돕는다면 그들의 삶을 신앙으로 마무리할 수 있게 할 것이다

중요한 것은 교회에만 머무르도록 하는 것이 아니라 세상을 향하는 훈련 과목을 만들어야 한다는 것이다. 그래서 교회 안과 세상에서 어떻게 이웃을 섬기고 관계 형성을 하며 다 종교 사회에서 어떻게 살아갈 것인가를 교육해야 한다.

교회는 세상을 향해야 하고, 세상으로 파송하여 하나의 공동체로서 활동하도록 교육해야 한다. 그래서 지역 사회를 돌보고, 세상의 문제에 대해 책임을 다해 대응하도록 해야 한다. 그러므로 교회와 목회자들은 노인

들을 위한, 노인들과 함께하는 노인 목회를 해야 한다.

셋째, 노인 복지 사역에 대한 연구와 실천이 필요하다. 교회는 노인 복지 사업을 실시하면서 그것을 전도의 매개체로 활용할 수 있다.

교회에 출석하는 노인은 물론 교회에 출석하지 않는 지역 사회의 노인을 위한 복지사업을 순수한 마음으로 진행시킬 때, 교회는 지역 사회나 노인이 많이 사는 아파트에 주기적으로 방문하고 그들을 돌봄으로 사회적 책임을 수행할 수 있다. 이런 돌봄과 봉사를 통해 관계가 형성된다면 노인들은 예수 사랑을 알게 될 것이다.

또한, 교회가 노인 복지 사업과 병행하여 노인의 삶을 보살피면서 복음을 전파할 기회를 자연스럽게 가질 수 있다. 무엇보다 순수한 목적으로 도와주고 보살펴 주어야지 어떤 이득을 위한 목적을 가져서는 안 된다.

남가주 S교회 목사는 영어를 모르는 분들과 미국에서 살아가는 데 도움이 필요한 분들을 도와주고 있다. 그렇게 도움이 필요한 분들을 위해 에버그린(Evergreen)이라는 사역을 하고 있다. 너무도 귀한 사역이다. 그러나 도움을 받은 사람들이 뒤에서 욕을 한다.

그 이유는 그 문제를 해결해 주고는 수고비를 받기 때문이다. 물론 도와주기 위해서는 시간을 투자해야 하고, 이동에 필요한 연료비도 들고 수고로움까지 감수해야 한다. 그러나 아무리 선한 사역이라도 이윤이 목적이라면, 세상 사람들이 좋게 볼 이유가 없다.

교회는 노인 사역을 위해 형편에 맞는 여러 가지 사역을 할 수 있다. 무엇보다 교회는 건물과 공간 등 복지 시설을 제공할 수 있다는 장점이 있다.

노인이 갖고 있는 4중고는 빈곤, 질병, 고독과 소외이다. 여기에 하나를 더 추가한다면, 역할 상실이다. 빈곤을 예방하려면 은퇴 준비 교육, 노후 생활 준비, 노인의 재취업 알선, 인력 은행, 주택 보장, 가정 봉사원 파견, 가사 지원 서비스, 급식 서비스 등 여러 가지 대책을 시행할 수 있다.

또한, 질병에 관한 부분은 건강 예방 교육, 주기적으로 받는 메디컬, 메디케어 검진, 가정 간호 서비스, 치매 예방 및 치료, 호스피스 사역 등이 있다. 무엇보다 황혼 이혼과 재혼이 많이 이루어지는 노인들을 위한 노인 결혼 정보, 노인 상담, 노인학교, 취미 생활, 여가 생활, 자원봉사 활동 등이 있을 수 있겠다.

넷째, 교회는 노인들에게 사명 의식을 가르쳐야 한다. 노인들은 엄밀히 말하면 주력 세대가 아니다. 중심에서 한 걸음 물러난 세대이다. 그러나 그것은 단지 사회적 역할에서 국한된다. 하나님 나라를 위한 일에는 낮고 천함이 없고, 배우고 못 배우고의 차이가 없듯이 나이가 커다란 의미로 작용하지 않는다.

모세는 80세에 하나님으로부터 사명을 받았다. 사명은 나이가 중요한 것이 아니다. 노인의 경험이나 지력, 지혜는 아직 유효하다. 특히, 사명이 아직 끝나지 않았다.

하나님은 여전히 그들을 하나님 나라를 위해 사용하기 원하신다. 그래서 앞으로 남은 40~50년의 인생을 존재부터 비전까지 재설계하는 것이 필요하다. 그들이 다시 사명을 회복하도록 교회가 나서야 한다.

요즘 왕성하게 활동하는 노인들을 부르는 호칭이 '액티브 시니어'(Active Senior)다. 한 예로, 2015년 8월 2일에 미국 경제 방송 CNBC는 미국 캔자스 월마트 윈필드 매장에서 일하고 있는 로렌 웨이드(Loren Wade Dies)가 103번째 생일을 맞았다고 보도했다.

웨이드는 "아직 나에겐 힘이 남아 있고 다행히도 일할 직장이 있으며, 이 나이까지 사람들과 함께 지내며 일할 수 있다는 것은 최고의 선물이다"라고 말했다. 당시 그는 1983년 미국 캔자스주 윈필드의 월마트 매장에 취직해 33년째 일하고 있었다. 그는 친구들이 직장에서 은퇴해 쉴 시점인 70세에 월마트에 들어갔다. CNN은 100세가 넘어서까지 직장에 다니는 웨이드를 "세상에서 가장 행복한 노인 중 한 명"이라고 보도했다.

웨이드는 처음에는 매장 주변의 잡초 제거와 나무 가꾸기 등 단순 업무를 했으나 점차 고객들의 사랑을 받으며 고객 응대와 매장 관리 업무도 맡았다. 월마트 윈필드 매장의 점장 토냐 빌라(Tonya Villa)는 "웨이드는 고객들에게 친절하게 응대하면서도 언제나 성실하게 맡은 일에 최선을 다한다"며 "매장을 찾는 고객들 사이에선 유명 인사"라고 평가했다.

웨이드는 고령에도 일하는 이유를 '돈보다는 행복한 삶을 살기 위해서'라고 밝혔다. 그는 연금과 자녀들이 주는 용돈만으로 충분이 생활할 수 있지만, 사람들과 어울려 일하는 게 집에서 쉬는 것보다 행복하다고 했다. 다만 주말엔 가족들과 함께 지내는 걸 원칙으로 하며 주말마다 여행을 떠나고 밴드 동호회에서는 80년 넘게 색소폰 연주자로 활동했다.

웨이드는 "언제까지 일을 할 거냐"는 물음에 "20킬로그램 무게의 개 사료를 옮기는 것이 힘든 건 사실이지만 움직일 수 있는 힘이 남아있을 때까지 일하고 싶다"고 대답했다.

로렌 웨이드를 통해 알 수 있듯이 은퇴 전보다 은퇴 후의 삶이 더 길 수도 있는 시대이다. 그런데 우리 주변에는 노인으로 사는 분이 너무나 많다. 이젠 부모 세대가 먼저 가치관을 바꿔야 한다. 노인으로 살지 말고 존경받는 어른으로 살아야 한다.

과거에 화려했던 이력과 학력, 경력이 다 무슨 소용이겠는가? 젊은이들에게 그런 것을 내세우고 잔소리해 봐야 좋아할 사람은 아무도 없다. 다 내려놓고 자손들에게 최고의 유산인 하나님을 경외하는 신앙을 물려줘야 한다.

부모에게는 하나님께서 주신 특별한 권한인 '축복권'이 있다. 이것을 자녀들에게 활용하는 것이다. 자녀들에게 하기 거북하면 손자, 손녀의 손을 붙잡고 기도하고 축복해 주면 된다. 이것은 부모 세대가 자녀에게 줄 수 있는 신앙의 유산을 전달하는 훌륭한 도구일 것이다.

필자가 이민 온 지 3년이 접어들 때 아들이 집에서 걸어서 갈 수 있는 거리에 있는 초등학교에 다녔다. 그런데 우리 집과 그리 멀리 떨어지지 않은 곳에서 비슷한 시간 때에 걸어서 손녀를 매일 데려다 주는 한인 노인이 있었다. 이분은 매일 학교까지 손녀를 데려다주고는 학교 앞에서 꼭 안아 주면서 기도해 주는 분이셨다. 처음에는 할머니가 손녀를 포옹해 주는 줄로 알았다. 그런데 자세히 보니 단순한 허그가 아니라 기도를 해 주는 것이었다.

매일 그렇게 학교로 들어가는 입구 옆에서 기도해 주는 것이 일상 중에 하나가 되었는지 손녀도 그 기도를 받는 것을 좋아했고 자연스럽게 받아들였다. 이 할머니의 기도는 정말 진지하고 축복과 사랑이 가득 담긴 기도였다. 누가 옆에 있든 없든 상관하지 않고 짧고 굵게 한 그 기도, 축복해 주는 할머니의 기도, 그것은 너무나도 아름다운 모습이었다.

이렇게 기도를 받고 자란 아이가 어떻게 다른 길로 가겠는가?

바로 이것이 우리가 물려주어야 할 믿음의 유산이고 기도의 본이다. 교회는 노인으로서의 아픔, 외로움과 고독, 노환으로 찾아온 질병과 역할 상실로 아픈 그분들의 마음과 영혼을 사랑과 긍휼의 마음으로 치유하고 회복시켜 주어야 한다. 그래서 삶의 자리에서 예전에 품었던 열정과 헌신이 다시 불타오르도록 만들어, 지역 사회와 삶의 자리에서 예수의 향기를 전달할 수 있도록 빛과 소금의 역할을 감당하는 교회로서의 사명을 회복해야 한다.

이러한 수고와 노력과 봉사는 교회와 목회자의 몫이며 4차 산업 시대를 살아가는 우리 모두의 몫이라 하겠다.

마저리 윌리엄스(Margery Williams)는 동화책 『벨벳 토끼 인형』을 썼다. 그 이야기에서 한 소년은 토끼 인형을 크리스마스 선물로 받지만 별로 기뻐하지 않는다. 오랫동안 토끼는 선반 위에 놓여 있었다. 아무도 건드리지 않은 채, 그 존재조차 잊힌 채 선반 위에 있는 동안 토끼는 낡아 누더기가 된 조랑말 인형과 이야기를 나눈다. 조랑말은 토끼에게 진짜가 되는 것이 무슨 의미인지 말해 준다.

"뭐가 진짠데?"

그러자 조랑말이 말했다.

"진짜는 처음 만들어진 상태를 말하는 게 아냐. 조금씩 이루어지는 거지. 아이가 널 아주아주 오랫동안 사랑해 주면 그때 진짜가 되는 거야. 아이가 널 갖고 놀기만 하는 게 아니라 오랫동안 진짜 사랑해 주어야 해."

"아프지 않아?"

"가끔은 아프기도 하지. 하지만, 진짜가 되면 아픈 건 아무것도 아니야."

"상처가 나는 것처럼 한번에 일어나는 거야?

　아니면 조금씩?"

"한번에 일어나는 게 아냐. 점점 이루어지는 거야. 시간이 아주 많이 걸려. 그래서 쉽게 부러져서 조심스럽게 다뤄야 하거든. 그래서 날카로운 날을 가진 장난감은 진짜가 되기 힘들어. 진짜가 될 즈음 네 털은 거의 닳아서 없어지고 네 눈은 빠져나오고 관절은 헐렁거려서 너는 완전히 누더기가 될 거야. 하지만, 아무런 상관없어. 진짜가 되면 이해하지 못하는 사람들이 아니고선 절대 너를 추하게 보지 않거든."

벨벳 토끼 인형은 진짜가 되기를 원했다. 진짜의 느낌을 알고 싶었다. 하지만, 누더기가 되고 눈과 수염을 다 잃는다는 건 좀 슬펐다. 토끼는 그런 불편한 일을 겪지 않고도 진짜가 될 수 있으면 좋겠다고 생각했다.

몇 주가 지나갔고, 작은 토끼는 더없이 낡고 꾀죄죄해졌다. 하지만, 소년은 변함없이 토끼를 사랑했다. 소년이 얼마나 사랑해 주었던지 토끼의 수염이 모두 닳아 버리고 귀의 분홍 천이 회색으로 바래지고 갈색 점들이 사라졌다. 심지어 모양도 망가져서 더 이상 토끼처럼 보이지도 않을 정도였다. 이제는 오직 그 소년에게만 토끼로 보였다. 소년에게 토끼는 여전히 아름다웠다. 토끼에게는 오직 그것만이 중요했다.

그러던 어느 날 소년이 아팠다. 얼굴이 새빨개지고 작은 몸이 너무 뜨거워서 꼭 껴안자 토끼가 탈 것 같을 정도였다. 그렇게 앓다가 열이 떨어지고 몸이 좋아졌다. 이제 의사의 처방만 따르면 되었다. 방 안은 살균 처리를 해야 했고, 소년이 침대에서 갖고 놀던 책과 장남감을 모두 불태워야 했다. 바로 그때 토끼가 발견했다.

"이 낡은 토끼는 어떻게 해요?",

"그거?

그건 세균 덩어리야. 태워 버려야 해."

그리하여 작은 토끼는 낡은 그림책과 쓰레기가 가득한 자루에 담겨 닭장 뒤 정원 끝으로 옮겨졌다. 토끼는 지독히 외로웠다. 늘 좋은 침대에서 잤던 생각을 하며 몸을 부르르 떨었다. 소년이 하도 품에 안는 바람에 이제 토끼의 털은 너무 얇게 헤어져서 더 이상 아무런 보호막이 되지 못했다.

토끼는 정원에서 오래도록 햇볕을 쐬던 시절을 생각했다. 얼마나 행복했던가. 생각할수록 극심한 슬픔이 밀려왔다. 토끼는 더 없이 지혜롭고 상냥했던 조랑말과 그가 했던 모든 말을 생각했다.

이런 식으로 끝난다면 사랑을 받고 아름다움을 잃어 가며 진짜가 되는 것이 무슨 소용인가?

그때 온 세상에서 가장 아름다운 요정이… 작은 토끼에게 다가와 일으켜 세우고, 울어서 축축해진 벨벳 코에 입을 맞추었다.

"작은 토끼야, 내가 누군지 모르겠니?"

"나는 장난감방 마법의 요정이란다. 아이들이 사랑하는 모든 장난감을 돌보지. 장난감들이 낡고 헤어져서 아이들이 더 이상 갖고 놀지 않으면 내가 가져가서 진짜로 만들지."

"저는 진짜가 아니었나요?"

"너는 그 소년에게는 진짜였어. 그건 소년이 너를 사랑했기 때문이란다. 이제 너는 모두에게 진짜가 될 거야."[13]

윌리엄스는 '진짜가 되는 것'이 무엇인지 말하고 있다. 진짜 노인답게 늙는 것, 진짜 노인답게 사는 것을 말이다. 이제 거룩한 고민을 해 봤으면 좋겠다.

진짜 노인을 위한 사역이 무엇일까?

---

[13] 존 오트버그, 『관계 훈련』, 27-332, 재인용.

제3부

아름다운 마무리
노인답게 죽는 것(Well Dying)

나의 달려갈 길과 주 예수께 받은 사명 곧
하나님의 은혜의 복음을 증언하는 일을 마치려 함에는
나의 생명조차 조금도 귀한 것으로 여기지 아니하노라
(행 20:24).

제1장
인생 절정(Climactic)을 향해

> 내가 달려갈 길과 주 예수께 받은 사명 곧 하나님의 은혜의 복음을 증언하는 일을 마치려 함에는 나의 생명조차 조금도 귀한 것으로 여기지 아니하노라
> (행 20:24).

삶은 내가 남기는 것이 아니다.
훗날 누군가에 의해 들추어졌을 때 부끄럽지 않은 삶이기를 바라는 것.
그것이 우리가 할 수 있는 유일한 일이다.[1]

인생 시계는 종착점을 향해 달리고 있다. 성경의 기록에 따르면 노아의 대홍수 이후 인간이 무병장수하여 자연사(自然死)할 수 있는 연령은 120세 전후이다. 그렇게 시간이 흐를수록 인간의 타락과 자연계 오염으로 생명의 주기율표는 줄어들게 되었다. 인생 속도계는 나무늘보처럼 느릿느릿 가는 것이 아니라 치타처럼 달려간다.

모세는 인생 속도계를 바라보며 "우리의 모든 날이… 순식간에 다하였나이다. 우리의 연수가 칠십이요, 강건하면 팔십이라도 그 연수의 자랑은

---

[1] 이근후, 전(前) 이화여자대학교 교수.

수고와 슬픔뿐이요 신속히 가니 우리가 날아가나이다"(시 90:10)라고 했다.

모세는 120살에 흘러가는 인생의 무상함을 "신속하게 날아가는 것"으로 표현했다. 시간은 멈추지 않고 지나고 있다. 우리가 신앙생활을 열심히 해도 흘러가고 이름만 그리스도인으로 살아도 흘러간다. 열심히 일해도 흘러가고, 잠잘 때에도 시간은 멈추지 않고 흘러간다. 그래서 성경은 "세월을 아끼라"(엡 5:16)고 한다.

세월을 헬라어 '카이로스'(Καιρός)로 보면, 무한정하게 주어진 시간을 말하는 것이 아니고 한정되어 있는 일정한 것으로 하나님께서 부여하신 특별한 기회를 의미한다.

사람에겐 출생할 때부터 하나님이 부르시는 그날까지 주어진 시간이 있다. 우리는 그렇게 숨가쁜 세월을 살아가며 자칫 잘못하면 주어진 세월을 놓치고 후회하는 경우가 발생한다. 한 시간 또 한 시간, 하루 또 하루를 하나님께서 우리에게 맡겨 주신 사명에 충실하고 헌신하며 하나님께 영광을 돌리는 기회로 삼아야 한다.

노년기에 접어든 사람들 중에 죽음에 대해 심각하게 생각하지 않는 사람은 없다. 인류가 생존한 이래 계속되는 질문이 있다

"인간이란 무엇인가?"

이 질문과 함께 죽음에 대한 물음 역시 계속 제기되어 왔다.

인간은 태어나면서부터 죽음의 길에 서게 된다. 그만큼 죽음은 우리와 함께 우리를 불편하게 만든다. 이러한 죽음의 필연성에도 불구하고 인간은 죽음의 문제를 기피하고 죽음에 대해 생각조차 하기 싫어한다.

죽음은 가장 철저하게 개인적이면서도 동시에 보편적인 감정을 내포한다. 그래서 우리 모두에게 어릴 적부터 갖고 있던 공포나 환상 그리고 죽음에 대한 방어 자세를 취하게 한다. 오늘날 과학의 진보에도 불구하고 죽음은 인간의 가장 보편적인 결과로 남아 있고, 누구도 죽음에서 자유롭지 못하다. 이뿐 아니라 죽음에 대한 생각을 떨쳐 버린다고 해서 죽음의 문제

가 해결되는 것이 아니다. 오히려 그러한 태도는 남은 생에 대해서도 올바른 태도를 가질 수 없게 한다.

히브리서 9장 27절에서는 "한 번 죽는 것은 사람에게 정해진 것"이라고 했다. 죽는다는 것은 모든 생명체에게 공통된 것이지만 인간과 생명체들과 다른점이 있다. 그것은 '생령'(נֶפֶשׁ חַיָּה, Living Being)을 가진 존재인 인간에게는 죽음 이후에 반드시 심판이 있다는 것이다.

죽음을 맞이하는 것에 있어서 환경과 여건, 종교와의 관계, 노인과 장년층, 청년층과 학생층 간에 생각과 관심이 다를 수 있다. 노인들은 죽음 그 이후의 세계에 대한 두려움과 불안으로 종교에 대한 관심이 다른 세대보다 열려 있다고 할 수 있다.

쇠약해져 가는 건강, 주위에 있는 분들과의 사별은 죽음이라는 현실을 직시하게 만든다. 특히, 가족과 절친한 친구의 죽음은 강한 압박과 스트레스를 받는 생활을 경험하게 한다.

여성 노인의 경우는 자식이 성장하여 자립하면서 오는 '빈 둥지 증후군' 등으로 노후에 대한 초조와 불안감이 가중된다. 또한, 여성이 남성에 비해 평균 수명이 더 길며 여성의 대다수가 좀 더 나이든 남성과 결혼하는 경향이 있기 때문에 여성이 독신이 되기가 더욱 쉽고 수년간 홀로 남겨진다. 사람들은 가족이나 친지들의 임종 앞에서 슬픔과 불안, 초조감이 생기고 죽음을 다시 생각하게 된다.

스위스의 정신의학자 엘리자 베스 퀴블러 로스(Eliabet Kubler-Ross)[2]는 의학적으로 버려진 환자들과 접하면서 죽어 가는 사람들의 의지처가 되어 주는 것도 의사가 해야 할 중요한 일이며, 죽음을 직시하지 않고서는 참된 의료가 이루어질 수 없다고 주장한다.

---

2 1969년에 쓴 『죽음과 죽어감』(*On Death and Dying*)에서 사람이 죽음을 선고받고 이를 인지하기까지의 과정을 5단계로 구분하였다.

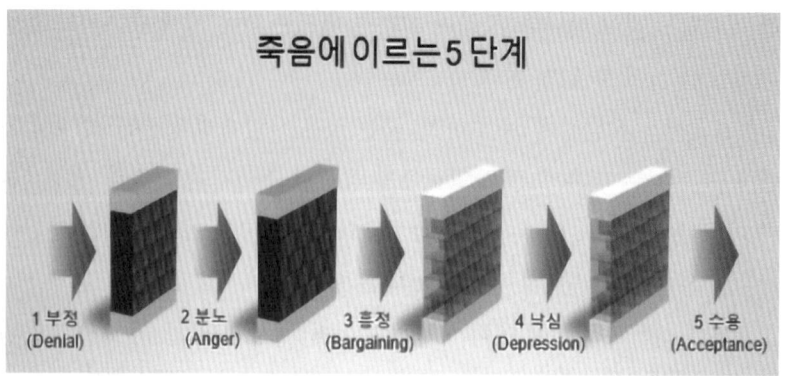

<그림 2> 죽음에 이르는 과정

이것을 목회자나 교회로 적용해 보면, 죽어 가는 사람들이나 죽음을 기다리는 사람들의 안식처가 되어 주지 않는 교회나 목회자는 참된 목회자나 교회가 될 수 없다.

퀴블러 로스는 죽음을 눈앞에 둔 환자들은 비슷한 심리 과정을 거친다는 사실을 알게 되었다. 죽음에 이르는 원인과 경과 그리고 처한 상황은 각각 다르지만 죽음을 맞닥뜨렸을 때 누구나 비슷한 마음의 변화를 밟으며 죽음에 임한다는 것이다. 그녀는 이것을 '죽음에 이르는 과정'이라고 하고 5단계로 구분했다(<그림 2> 참조). 각 단계에 따른 특징은 다음과 같다.

① 1단계: 부정(Denial)
강렬한 충격을 받아 "이건 뭔가 잘못된 거야. 내가 죽는다니, 그런 일은 있을 수 없어!" 하며 사실을 부정하려 한다. 부정하는 것은 자기를 지키려는 방어기제에서 나오는 것이고 예기치 못한 갑작스러운 비운에 대처하는 정상적이고 건전한 반응이다. 부정함으로써 자기 인생이 끝난다는 생각을 지워 버리고 그 전과 변함없는 인생으로 돌아가려고 한다.

② 2단계: 분노 (Anger)

필사적으로 부정해도 결코 돌이킬 수 없는 사실이라는 것을 알고 난 후에는 '분노'를 느끼기 시작한다.

'왜 나만 이런 가혹한 운명을 뒤집어쓰지 않으면 안 되는가?'

이런 분노의 대상은 '왜 하필이면 내가?'에서 '왜 그 사람이 아닐까?'로 변화되어 간다.

'나는 완벽하다고는 할 수 없지만 그래도 성실하게 살아왔다. 그렇게 교활하고 못된 짓만 골라 하는 그 사람은 잘 살고 있는데, 왜 그 사람이 아니고 내가 이런 병에 걸려서 고통받지 않으면 안 되는가?'

해답을 얻을 수 없는 이런 생각은 점점 깊어져 간다. 가족, 의사, 간호사, 친구 등 누구든 간에 '왜 그 녀석이 아니고 나인가?' 하는 생각에 괴로워하고 이 사람 저 사람 가릴 것 없이 닥치는 대로 역정을 내고 싶은 충동에 휩싸이게 된다. 이런 상황을 퀴블러는 "나는 살아 있어. 모두들 그 사실을 잊지 말라고 하는 외침"이라고 말한다.

이 단계에서 중요한 것은 분노를 터뜨려도 좋다는 자각이다. 누구나 이런 병에 걸리면 분노를 터뜨리고 싶어진다. 그렇지만 환자가 주위 사람들에게 병이 확인되기 전의 상태로는 받아들여질 수 없다는 근원적인 두려움을 확실히 수용하도록 해야 한다. 이것은 매우 중요한 일이다. 이 두려움을 수용한다면 분노를 크게 표출하지 않고도 지낼 수 있다.

자기 속에 이렇게 큰 두려움이 있다는 것을 인정하고, 분노해도 당연하다고 자신을 용서하고 분노를 수용하는 것이 중요하다. 분노를 수용하지 않으면 점점 커다란 분노로 바뀌게 된다. 그런데 '화내면 안 된다', '화내면 안 되지', '내가 불안하다고 해서 아무 죄와 책임도 없는 사람에게 덮어씌우는 것은 가당찮은 일이다. 더욱 늠름하고 의연히 살지 않으면…' 하고 남을 배려하느라 억누르기만 하면 분노가 마침내 슬픔으로 바뀐다.

주위에 이런 마음의 움직임을 이해해 주는 사람이 있는 경우에는 상황이 크게 바뀐다. 풀 수 없는 분노를 신뢰하는 사람에게 퍼붓고 그 마음이 받아들여지면 다음에 이어지는 것이 '거래' 단계이다.

③ 3단계: 타협 또는 흥정(Bargaining)
상황도 받아들였고 분노도 충분히 표출했으면 더 이상 상황이 나아지지 않을 것이라는 걸 깨닫고 상황을 미루려 한다. 이것은 협상이라는 형태로 나타난다. 가장 익숙한 예로는 이런 것들이 있다.
"이번 한 번만 살려 주시면 앞으로 정말 착하게 살게요."
"제 버릇없는 성격을 고칠 테니 아이가 유치원에 들어갈 때까지만 살아 있게 해 주세요."
"어머니를 잘 섬길 테니, 이 아이가 고등학교를 졸업할 때까지만 기다려 주세요."
죽음을 앞둔 사람의 경우 이런 식으로 생명의 연장이라는 목적을 이루기 위해 하나님에게 맹세하는 경우가 있다. 만일 아이가 졸업할 때까지 목숨을 부지할 수 있게 된다면 그 사람은 점점 새로운 거래를 제안하게 된다.
'이 아이가 결혼할 때까지….'
'내가 환갑을 맞을 때까지….'

④ 4단계: 절망 혹은 낙심(Depression)
결국 협상도 되지 않는다는 것을 깨달으면 극심한 우울증 증세가 나타난다. 이 단계에선 증상이 더욱 확실하게 나타나 환자도 알아차릴 수 있다. 모든 일에 초연해지고 웃음을 잃게 되며 하루 종일 멍한 표정으로 있거나 아예 울어 버리기도 한다.
이 단계의 우울함은 크게 두 종류로 나뉘는데, 그것은 자기가 죽으면 남겨질 사람들에 대한 걱정으로 발생하는 반작용적인 우울증과 친구, 가족, 애인이나 소중한 물건을 잃는다는 생각에서 발생하는 예비적 우울증이다.

이 단계에서 환자는 별말을 하지 않지만, 가끔 슬픔을 표현할 때 옆에 있어 주는 것은 큰 도움이 된다. 우울함을 예민하게 받아들이지 말고, 최대한 부드럽게 받거나 혼자 감정을 표현하도록 하는 것이 좋다.

⑤ **5단계: 수용(Acceptance)**

모든 감정이 지나가면 이젠 피할 수 없는 것이라며 죽음을 받아들이게 된다. 이 단계는 우울하지도 않고 활기차지도 않으며 차분하게 자신의 감정을 정리하는 시간이다. 그렇다고 좋은 기분은 아니고, 이때까지 겪었던 모든 감정 때문에 지친 것이다.

환자는 눈에 띄게 약해지고, 뭔가 의미 있는 일을 하려 한다. 사람을 만나는 것을 그렇게 반가워하지 않고 말수가 줄어들어 침묵이 소통을 대신하게 한다.

행복감까지는 아니지만 억울함이나 분노가 사라지고 온화한 체념과 함께 죽음에 대해 안식을 느끼게 된다. 때로는 이 단계에서 사람이 본래 가지고 있는 멋진 성품이 표면에 나타나 본인은 물론 주위 사람들에게 감동을 주기도 한다.[3]

사람은 이처럼 죽음에 이르는 상황을 맞이할 때 나타나는 슬픔의 다섯 단계를 거치게 된다. 그러나 이것은 죽음을 맞이한 사람이 상실을 극복하는 틀일 뿐이다. 모든 사람이 매번 이 다섯 단계를 전부 거치지는 않으며,

---

3 엘리자베스 퀴블러 로스, 데이비드 케슬러, 『상실수업』, 김소향 옮김 (서울: 이레, 2007), 27-51.

반응이 항상 순서대로 나타나지도 않는다. 또는 한 단계를 반복적으로 겪을 수도 있다. 하지만, 분명한 것은 여러 가지 형태로 상실을 경험하며 그것에 반응한다는 것이다.

상실은 삶이 우리에게 던지는 가장 어려운 배움 중 하나이다. 아무리 상실을 겪지 않으려고 노력해도 그것은 결국 찾아온다. 살아가면서 겪는 상실에는 큰 것도 있고 작은 것도 있다. 그중 가장 고통스럽고 이해할 수 없는 상실은 자신이 소중하게 여기던 사람을 잃는 것이다.

평생 곁에 있을 것 같은 부모님, 이미 하나의 인격체가 된 배우자, 자신의 전부를 줘도 아깝지 않은 자식, 자신의 반려자가 될 애인 그리고 든든한 자신의 후원자인 친구, 선생님….

그 사람이 내 곁에 사라져 버린다는 것, 그 이름을 다시는 부를 수 없다는 것, 이젠 그 사람이 내게 따뜻한 미소를 지어 보일 수 없다는 사실은 우리를 너무나 두렵고 슬프게 만든다.[4]

죽음을 각오하는 과정은 사람에 따라 천차만별이다. 길고 긴 투병 끝에 죽음을 맞는 경우도 있고, 건강하던 사람이 어느 날 갑자기 '앞으로 3개월' 하고 죽음을 선고받는 경우도 있다. 때로는 중환자실 앞에서 불확실하고 불안한 상태로 보낼 수도 있다.

사랑하는 사람이 병과 싸우는 모습을 무한정 지켜보고 있어야 할 때도 있다. 어느 날 갑자기 내려지는 죽음의 선고는 긴 투병 생활을 거친 죽음보다 충격이 클 것이다.

카스텐바움(Robert Kastenbaum)에 의하면, 인생을 마무리하는 단계에 있는 노인들은 대체로 두 가지 방법으로 죽음을 맞이하는 경향이 있다고 한다.

하나는 노인들이 죽음을 맞이하기 위하여 사회활동으로부터 물러나면서 자신들의 집을 정돈하는 방법이다. 다른 하나는 죽는 순간까지 활동을

4　엘리자베스 퀴블러 로스, 데이비드 케슬러, 『상실수업』, 318-319.

계속하면서 죽음을 맞이하는 방법이다.

이것 외의 방법들도 있겠으나 일반적으로 노인들이 죽음을 최소한의 공포로 맞이하는 방법을 모를 뿐만 아니라 죽음 전에 삶의 준비와 적응을 어떻게 해야 할지 모르는 경향이 있다.[5]

폴 스티븐스(Paul Stevens)는 하나님께서 우리의 인생을 평가하실 때 다음 두 가지를 물으실 것이라고 한다.[6]

> 내가 너를 아느냐, 우리가 서로 관계가 있느냐?
> 내가 너에게 준 것으로 무엇을 했느냐?

그러므로 고령화 사회에서 노인들에게 예수 그리스도를 믿는 신앙으로 죽음을 맞이할 수 있도록 돕는 것은 매우 중요하다.

고령화로 인해 발생되는 문제 중 아마 장례 문제가 가장 크게 대두될 것이다. 각 자치 단체나 지역에서는 화장터를 세우는 것을 반대하고(집값과 땅값이 떨어진다고 여김) 있기에 화장터를 세우는 데 어려움이 있다. 이 문제는 늘어나는 노인들과 여기에 비례해서 생기는 장례 문제로 이어질 것이다. 장례 문제에 있어 가장 시급한 것은 시신 처리에 관한 것이다.

일본은 이미 이 문제를 겪고 있다. 일본에는 이 문제를 해결하기 위해 시신 호텔이 생겼다. 어쩌면 우리나라에도 시신 호텔이 생길 가능성이 높다.

일본 요코하마시에 '시신 호텔인 라스텔'(LASTEL)이 등장했다. 사무실 밀집지에 지상 9층 규모로 문을 열었다. 라스텔은 인생에서 마지막으로 묵게 되는 '라스트 호텔'을 의미라는 말이다.

---

5 임창복 외 4, 『교회 노인 교육 프로그램 2』(서울: 한국기독교교육교역연구원, 2011), 134, 재인용.
6 폴 스티븐스, 『나이듦의 신학』, 박일귀 옮김(서울: CUP, 2018), 180.

시신 호텔을 한적한 곳이 아닌 도심 속에 문을 연 이유는 지방 도시의 경우 아직 장례 문화를 이어 오거나 대도시보다는 화장장 사정이 좋기 때문이다. 그러나 가장 강력한 이유는 바쁜 직장인들의 생활 양식에 맞춘 전략이라고 할 수 있다.

시신 호텔의 주 고객층은 장례식을 준비하지 않고 간소한 장례를 지내려는 이들이다. 무엇보다 시신 호텔이 생긴 근본적인 원인은 화장장이 부족해 자리가 날 때까지 시신이 부패하지 않도록 호텔에서 대기하기 위함이다. 일본에는 장례식을 치르지 못해 시신 호텔을 이용하는 '장례식 난민'이 속출하고 있다고 한다.

일본은 대체로 장례식을 치른 후 시신을 화장하는데, 초고령 사회로 진입한 일본의 사망자 수가 매년 증가 추세여서 화장장이 부족한 지경에 이르렀다.

세계 최초로 초고령 사회로 진입한 일본은 이제 초유의 '다사(多死) 사회'로 진입하고 있다. '다사 사회'란 말 그대로 죽는 사람이 많은 사회다. 인구 20퍼센트 이상이 65세 이상인 '초고령 사회' 다음에 도래하는 사회 유형이다.

고령자는 영원히 살 수 없다. 이에 초고령 사회는 예외 없이 다사 사회로 넘어간다. 얼마 지나지 않아 한국과 미국에도 닥칠 것이다.

일본 후생노동성은 2017년 연간 130만 명이었던 사망자 수가 2023년에는 35만 2천7백 명에 달했다고 발표했다. 베이비붐 세대가 80대에 이르는 2030년에는 연간 사망자 수가 160만 명에 이를 전망이다.[7] 이는 가고시마현 인구인 약 170만 명과 맞먹는 규모이다.

대다수 불신자 노인들은 죽음 그 자체와 죽음 뒤에 내세가 존재하는지, 존재하지 않는지에 대한 불안과 공포를 느끼고 있다. 또한, 죄의식을 짊어지고 그것을 어떻게 다루어야 할지 알지 못한 채 하루하루 죽음을 기다리

---

7 '전쟁 수준' 사망자 늘어난 일본…유족은 시신 호텔에서 화장 기다린다.「한국일보」, 2023.9.11, https://www.hankookilbo.com.

는 노인이 많다. 히브리서 2장 15절에서는 이렇게 살아가는 자들을 "또 죽기를 무서워하므로 일생에 매여 종 노릇 하는 모든 자"라고 말씀하고 있다.

죽는다는 것은 모든 생명체에게 공통적인 것이지만 인간만이 갖는 특이점은 반드시 자신이 죽는다는 것을 알고 죽음의 의미를 생각할 수 있다는 것이다.

피테르 클레즈(Pieter Claesaz)는 세속성에 물든 사회를 보면서 <바니타스 정물>를 그리며 '메멘토 모리'(memento mori), 즉 '죽음을 기억하라, 인생의 덧없음을 언제나 잊지 말라'는 교훈을 남겼다(<그림 3> 참조).

<그림 3> 바니타스 정물화

그는 이 그림을 통해 죽음 앞에서는 지식과 경험도 결코 영원한 진리가 될 수 없고, 부와 명예도 영원할 수 없다는 것을 깨달으라고 말한다.

우리는 인생 시간표에 의해 하루하루 늙어 가며 죽음을 향해 가고 있다. 죽음은 누구도 피할 수 없다. 그러므로 반드시 죽음을 맞이하기 위한 준비가 있어야 한다. 인생은 죽음으로 끝나는 것이 아니다. 죽음 이후에는 반드시 심판이 있다. '나는 아직 청년인데…. 젊었는데…. 아직…'이라고 생각하지 말라.

우리는 삶과 죽음에 대한 솔로몬의 교훈에 귀 기울일 필요가 있다.

> 젊은 시절에 너는 네 창조주를 기억하여라. 늙고 병든 고생의 날들이 이르기 전에, "이제는 인생에 아무 즐거움이 없다" 하고 한탄하기 전에, … 너는 젊을 때 네 창조주를 기억하여라 … 그러므로 너는 젊은 날에 네 창조주를 기억하여라. 네 생명의 은사슬이 '툭' 끊어지고 금대접이 '쨍그랑' 깨어지기 전에, 네 목숨이 샘 곁에서 물 항아리가 깨지듯 '와장창' 깨어지고 우물 위에서 두레박줄이 끊어지듯 '뚝' 끊어지기 전에, 너는 네 창조주를 기억하여라. 흙으로부터 온 네 몸이 도로 흙으로 돌아가고, 하나님께로부터 온 네 영이 도로 하나님께로 돌아가기 전에, 너는 네 창조주 하나님을 기억하여라(전 12:1-2;6-7, 쉬운말).

"젊은 시절"(청년의 때)은 지금, 곧 기회가 있을 때이다. 그러니까 아직 생명의 은사슬이 끊어질 날이 멀었다고 여길 때, 아직 다시 흙으로 돌아가는 날이 멀었다고 여기고 있을 때, 자기의 건강과 힘이 영원할 것같이 여기고 있을 그때에 창조주를 기억해야 한다.

어느 순간 예고 없이 "두레박줄이 끊어지듯" 죽음이 찾아온다. 인생에 아무 즐거움이 없다고 한탄할 날이 반드시 찾아온다. 솔로몬은 인생 법칙인 겨울이 오기 전에 지금, 창조주 하나님을 기억하라고 말한다.

죽음은 헤어짐이요, 끝이 아니다. 죽어 가는 노인도, 죽음을 지켜보는 사람들도 결국은 만나게 될 것이다. 어디서 만나느냐에 차이일 뿐이다.

《찬송가 408장》

천국에서 만나 보자 그날 아침 거기서

순례자여 예비하라 늦어지지 않도록

만나 보자 만나 보자 저기 뵈는 저 천국 문에서

만나 보자 만나 보자 그날 아침 그 문에서 만나자

1. 노인의 종교성

종교학자 엘리아데(Mircea Eliade)는 인간의 본질을 '호모 렐리기오수스'(Home religious)로 정의했다. 즉, "인간은 하나님 혹은 거룩한 실재와의 만남을 통해 비로소 존재의 의미를 찾는다. 성스러운 실재와의 만남이 그 어떤 경험보다 가장 강렬하고 본질적인 경험으로서 인간에게 삶의 의미와 역동성을 부여하는 원동력"이라고 했다.

종교(religion)의 어원은 라틴어 '렐리기오'(Θρησκεία)이고 사전적인 의미는 다음과 같다.

"종교(宗敎)란 신이나 초자연적인 절대자 또는 힘에 대한 믿음을 통하여 인간 생활의 고뇌를 해결하고 삶의 궁극적인 의미를 추구하는 문화 체계이다."[8]

하나님은 인간을 창조하신 이유를 영혼을 사모하고 하나님을 찬양하게 하며, 이를 통해 인간을 구원하기 위해서라고 말씀하신다. 하나님은 창조한 모든 인간에게 영원을 사모하는 마음을 주셨다.

> 하나님이 모든 것을 지으시되 때를 따라 아름답게 하셨고 또 사람에게 영원을 사모하는 마음을 주셨느니라(전 3:11).

이 구절을 NIV 성경은 "이미 인간의 마음에 영원을 두었다"(He has also set eternity in the hearts of men)라고 표현한다. "영원을 사모하는 마음"은 다른 것으로는 채울 수 없는 하나님을 갈망하는 마음이고, 그분을 사모하는 마음이다.

파스칼(Blaise Pascal)은 "모든 사람의 마음에는 하나님이 만드신 하나의

---

[8] 네이버 사전, https://dict.naver.com / 종교.

공간, 즉 공백이 있다. 이것은 어떠한 피조물로도 채울 수 없고, 오직 예수 그리스도를 통하여 하나님만이 채워 주실 수 있는 공백"⁹이라 말한다.

하나님은 인간을 창조하실 때 다른 피조물과는 다르게 "하나님의 형상대로"(창 1:27) 창조하시고 하나님과 더불어 교제하고 하나님을 찾을 수 있도록 길을 열어 놓으셨다. 그러므로 인간에게 있어서 종교는 삶의 일부분이며 삶의 본질이다.

하나님이 만들어 놓은 공백, 하나의 공간이 있는데, 이것은 사람이 아무리 채워 넣으려고 해도 채울 수 없고, 오직 하나님만이 이 빈 공간을 채워 주실 수 있다. 노년기에 들어서면 죽음을 준비하지 않는 세대와는 달리 죽음을 준비해야 하기에 죽음에 대한 피난처로 종교에 귀의하는 일이 많아진다. 종교는 죽음을 맞이하는 자들이 신앙으로 죽음에 대한 두려움보다는 오히려 큰 위로와 확신을 갖게 할 수 있다.

교회는 노인들이 나이가 들면 들수록 종교심이 많아진다는 사실을 기억해야 한다. 이에 교회는 노인 선교에 있어 그들의 죽음의 문제를 비롯한 영적인 문제를 해결하고 노인들의 짐을 덜어 주는 역할을 수행해야 한다.

이어령은 『지성에서 영성으로』에서 다음과 같이 말했다.

> 백 년도 살지 못하는 인간들이 돌을 쌓아 천년 가는 성과 도읍을 세우는 까닭도 생명이 쉬 사라진다는 것을 알기 때문입니다. 죽음이 내 곁에 있다는 것을 눈치챈 그때부터 나의 곁에는 늘 하나님이 계셨던 것입니다. 아이들과 공을 차고 놀 때에도 감기에 걸려 콧물을 훌쩍거리며 혼자 누워 있을 때에도 내가 손을 뻗기만 하면 손이 닿을 수 있는 가까운 거리에서 하나님이 지켜보고 계셨습니다. 목숨 속에, 나의 숨결 속에 그분이 계셨습니다.¹⁰

9　옥한흠, 『아름다움과 쉼이 있는 곳』(서울: 국제제자훈련원, 2002), 106.
10　이어령, 『지성에서 영성으로』(경기: 열림원, 2010), 36.

CPU 이상명 총장은 2021년 신년사에서 이렇게 술회했다.[11]

> 과학 기술이 아무리 발전한다고 하더라도 하나님이 우리 인간 영혼 안에 남겨 두신 여백은 하나님만이 메우실 수 있습니다. 그 여백을 복음으로 채우라고 하나님께서 이 땅에 교회를 세우셨습니다.

온라인 교회가 온라인상에 존재하고 있고, 온라인 성도도 생겼다.

그렇다면 인공지능이 출현하면 인공지능이 사람들에게 종교적 기능을 대신할 수 있을까?

인공지능이 하나님을 온전히 알지 못하지만, 아마도 종교적 기능은 어느 정도 담당할 수 있을 것이라 여겨진다.

그럼, 4차 산업혁명 시대에도 영적인 이슈가 필요할까?

아무리 AI가 약장수처럼 만병통치약이라고 말해도, AI를 통해 얻은 지식이나 영감이 아닌 성령 하나님이 주신 영성이 필요하다. 도리어 급속도로 발전되고 기술 문명이 발전할수록 인간의 영성은 점점 고갈되고 있기에, 더더욱 목회자의 영력과 종교성(신앙)이 필요하다.

교회의 현실은 이런 필요를 채워 주지 못하고 있다. 과학 기술의 눈부신 발전 속에서 오히려 인간의 내적, 영적 갈급함과 필요는 더 강해지지만 교회들은 이런 필요를 채워 주기는커녕 시대에 동떨어지는 모습을 보여 주고 있다.

2023년 6월 9일, 독일 바이레른(Freistaat Bayern)주의 성바울교회의 대형 스크린에는 3명의 아바타 모습인 챗 GPT가 40분 동안 설교하고 기도와 찬송 등 예배를 인도했다.

이미 2017년 5월 28일, 주일에 독일 비테베르크(Wittenberg)에서는 브레스유투(Bless U 2) 로봇 목사가 5개 언어(독어, 영어, 프랑스어, 스페인어, 폴란드

---

11 http://www.ptsa.edu > 2021/01/06 > 「기독일보」 신년사 "2021년 새해에 비전을 품고 희망을 노래하다."

어)로 설교를 했다. 그날, 축복하기 위해 든 목사의 손에서는 롯봇의 광채가 흘러나왔다.

구글에서 자율주행차 기술개발 책임자로 일했던 안토니 레반도프스키(Anthony Levandowski)는 '미래의 길'(Way of the future)[12]이라는 종교를 만들어 자신이 첫 번째 사제가 되어 인공지능을 그 종교의 신으로 숭배하고 있다. 미국 국세청은 인공지능을 신으로 섬기는 이 단체를 정식 종교 단체로 인정하여 면세 혜택을 주고 있다.

빅데이터를 인용한 인공지능은 설교를 잘할 수 있을 것이다. 감동과 영향도 줄 수 있다. 그러나 의문을 가질 수밖에 없는 영역이 있다.

과연 사람을 변화시키고, 영혼에 울림을 줄 수 있는 설교를 할 수 있을까?

노인에게 있어서 종교는 바로 이와 같다. 감동을 주고 영향을 주는 것보다 영혼에 울림을 줄 수 있는 종교(기독교), 지금 죽어도 천국에(내세) 갈 수 있다는 확고한 구원관을 가질 수 있도록 해야 한다.

"4차 산업혁명 시대에 교회가 가장 먼저 회복해야 할 것"이 무엇인지 조사했다. 그 결과, 목회자의 관점과 노인분들의 관점이 조금씩 다름을 알게 되었다.

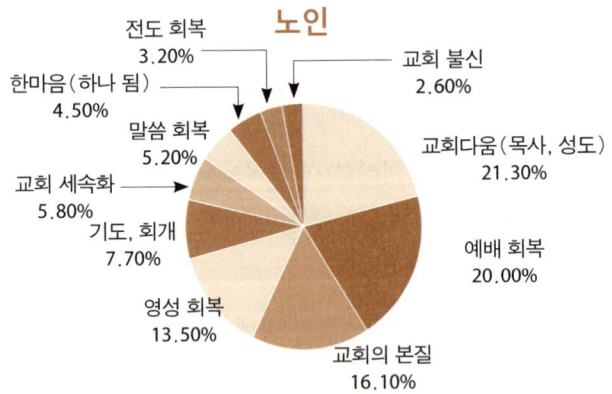

<그래프 16> 4차 산업혁명 시대에서 교회가 가장 먼저 회복해야 할 것 (노인들의 관점)

---

12 안토니 레반도프스키, 2015년 '미래의 길' 창립.

<그래프 16>이 노인 분들이 선정한 교회가 회복해야 할 요소 순위이다. "교회(목사, 성도) 다움"(21.3%)을 1위로 선정했고, 2위는 "예배 회복"(20%)이었다. 그 뒤로 3위 "교회의 본질"(16.1%), 4위 "영성 회복"(13.5%), 5위 "기도, 회개"(7.7%), 6위 "교회 세속화"(5.8%), 7위 "말씀 회복"(5.2%), 8위 "한마음(하나 됨)"(4.5%), 9위 "전도 회복"(3.2%), 10위 "교회 불신"(2.6%) 순으로 나타났다(<그래프 18> 참조).

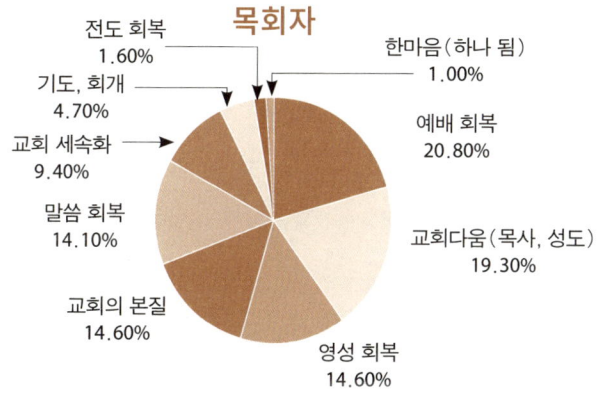

<그래프 17> 4차 산업혁명 시대에서 교회가 가장 먼저 회복해야 할 것(목회자의 관점)

목회자들은 꼽은 회복의 순위는 <그래프 17>와 같다.

순위는 1위 "예배"(20.8%), 2위 "교회(목사, 성도)다움"(19.3%), 3위 공동 "영성"과 "교회 본질"(14.6%), 5위 "말씀"(14.1%), 6위 "교회 세속화"(9.4%), 7위 "기도, 회개"(4.7%), 8위 "전도"(1.6%), 9위 "한마음(하나 됨)"(1%) 으로 나타났다.[13]

한국성서대학교 김응기 교수는 인공지능 시대의 교회의 도전과 응전에

---

13 김병호(2023), <4차 산업혁명 시대의 미주 한인 노인 목회와 발전 방안>, GMU, 박사학위논문(Ph,D), 94.

대해 다음과 같이 조언했다.

> 인공지능 시대인 4차 산업혁명 시대가 된다 해도 사람들은 인생의 목적과 추구해야 할 가치를 종교로부터 찾으려는 노력을 기울이게 되겠지만, 사람들은 이러한 영적 필요를 채우기 위해 다양한 종교에 접근해 어떤 종교든 받아들일 것이다. 그리고 사람들은 건강한 대인 관계를 형성하고 누리게 하는 종교에 대한 선호도가 높아질 것이다. 그러므로 교회는 무엇보다 인생의 목적과 추구해야 할 가치, 삶의 윤리에 대해 명료하게 해답을 제시하는 성경 말씀을 철저하게 가르쳐야 한다.
>
> 단순히 성경 지식만을 가르치는 것이 아니라 성경에서 찾아낸 원리들이 삶에 어떻게 적용될 수 있는지 가르치고, 이러한 가르침과 배움, 적용이 소그룹 활동을 통해 긴밀하게 형성되는 일에 나서야 한다.[14]

교회는 이제 노인들의 불안감, 자신감 상실, 소외, 죽음의 공포, 과거를 돌아보면서 하는 후회와 죄책감 등 노인의 영적 필요를 채우기에 합당한 계획을 수립해야 한다.

> 하나님이 우리에게 맡기신 사역은
> 인간의 삶을 향상시키고
> 인간의 필요에 봉사하고
> 창조주를 영화롭게 하는 일이다.
> <John Leith>[15]

---

[14] 2018.2.12, https://www.christiantoday.co.kr>news ."인공지능·빅데이터. 4차 산업혁명 시대, '설교봇' 등장할까?"

[15] John Leith, "The Reformed Imperative", (Philadelphia: Westminster Press.1988), 94.

제2장

인생의 아름다운 마무리를 위해

> 예수께서는, 자기가 이 세상을 떠나서 아버지께로 가야 할 때가 된 것을 아시고, 세상에 있는 자기의 사람들을 사랑하시되, 끝까지 사랑하셨다.
> (요 13:1, 새번역).

이어령 교수는 죽음에 관해 이런 글을 썼다.

> 죽음이란 숨이 멈추는 육신의 죽음만을 두고 하는 소리가 아닙니다. 죽음은 손에 잡히는 모든 것과 그 관계 사이에 존재하고 있는 것들이지요. 색채가 있는 것, 형태가 있는 것, 숨 쉬는 것. 이 모든 것은 아무리 힘껏 잡아도 손가락 사이로 새어 나가는 모래 같은 것이다.[1]

젊었을 때는 아무리 죽음을 준비하려 해도 마음에 와닿지 않는 것이 죽음일 것이다. 그러나 노인들은 이미 가족들 가운데 부모나 형제들, 혹은 친구 중에 몇은 하늘나라로 보낸 경험이 있기에 이제는 자신에게도 그런 때가 오리라는 것을 알고 있다. 그런 점에서 노인의 시기는 인생에 있어 매우 중요하며 축복의 때이기도 하다. 물론 이런 생각을 하는 분들도 있을 것이다.

---

1 이어령, 『지성에서 영성으로』(경기: 열림원, 2010), 34.

'고령화 시대에 무슨 죽음의 교육이 필요하냐?

아름다운 노년으로 살아가기, 액티브 시니어로 살기 등을 교육해야지.'

그러나 중요한 것은 고령화 시대에 노인 인구의 증가와 더불어 죽음에 대한 올바른 태도를 정립할 수 있게 만들어 줘야 한다. 죽음이란 말이 기피 대상이듯이 죽음 준비라는 말 역시 기피되어, 제대로 이해받지 못하는 경향이 있다. 그래서 죽음에서 삶을 배울 수 있는 프로그램을 만들 필요가 있다. 누구나 예고 없이 죽음이 찾아올 수 있으므로 불현듯 찾아오는 죽음을 받아들일 수 있도록 평소에 준비하자는 것이다.

죽음 준비를 장려했던 에라스무스(Erasmus)는 이렇게 조언한다.

> 우리는 평생 죽음을 준비해야 한다. 믿음의 불꽃은 계속해서 바람을 불어 주어야 커지고 강해진다.[2]

죽음을 준비하는 교육은 모든 세대에게 필요하다. 그러나 인생의 마무리를 준비하는 시기를 살아가는 노인분들에겐 더욱 필요하다. 그들에겐 우선 정리와 정돈 시간들이 있어야 한다.

정리와 정돈은 그 의미가 비슷한 것 같지만 다르다. 정리는 "흐트러진 상태의 것을 정돈하다." 즉, "필요한 것과 불필요한 물건을 분리하고 불필요한 물건을 없앤다"라는 의미다.

웰 다잉(Well Dying)이라는 말은 죽음을 준비함으로써 남은 나의 삶을 더 가치 있게 보내는 것을 말한다. 즉, 남은 인생 주기 시간표 안에서 가치 있는 삶을 살기 위해서 필요한 것과 필요치 않는 것을 구분하는 것이다.

죽음 준비로는 유가족에게 남길 유언장이라든지, 유족 및 지인들에게 남기고 싶은 말, 남길 물건이나 부고 목록 작성하기 등을 들 수 있다. 중요

---

2 폴 스티븐스, 『나이듦의 신학』, 박일귀 옮김(서울: CUP, 2018), 202, 재인용.

한 것은 인생 정리에 있어 꼭 필요 것 중에 하나가 주님께 가져가야 할 것과 반드시 버려야 할 것들을 정리하는 것이다.

지금까지 버리지 못하고 주렁주렁 달고 다녔던 죄의 짐들을 정리해야 한다. 영적 소각장에 불필요한 물건들을 정리해 태워야 한다.

정돈은 "흐트러진 것을 제대로 치우고 질서 정연한 위치에 둔다"라는 의미이다. 즉, 남은 인생을 구체적으로 설계하고 계획하면서 삶의 가치와 중요성을 결정하고 아직까지 남은 시간의 소중함을 알고 나에게 중요한 순위를 정하는 것이다. 중요하다고 여긴 것이 여기저기 퍼져 있다면 그것들을 정돈해 내 신앙에 방해되지 않도록 정돈하는 것이다.

중요하다고 여긴 것들이 때로는 정돈되지 않았을 때는 도리어 방해와 장애물이 될 수 있다. 숫자 자물쇠를 풀 때도 순위가 있다. 내 안과 밖의 것들을 정리와 정돈을 할 수 있는 시간이 우리들에게 필요하다. 특히, 시간이 다른 세대보다 적게 남은 노인들에게는 더 필요하다.

정리와 정돈을 하는 것은 좋은 죽음을 준비하는 것이다. 좋은 죽음을 위해서는 죽음 준비 교육이 필요하다. 죽음 준비란 삶의 시간이 제한되어 있으므로, 주어진 시간을 보다 의미 있게 살고 죽음이 불현듯 찾아오더라도 편안히 죽음을 받아들일 수 있도록 평소에 죽음을 준비하는 것이다.

그러니까 죽음 준비는 주어진 삶의 시간을 보다 의미 있게 영위함으로써 죽음을 편안히 받아들이자는 의미이므로, 죽음 준비는 죽을 각오를 하라는 뜻이 아니라 삶의 준비라고 할 수 있다.[3]

죽음 준비는 결코 삶을 포기하자는 것이 아니다. 삶을 보다 의미 있게 영위함으로써 죽음을 한층 편안하게 맞이하겠다는 굳건한 의지의 표현으로 인식해야 한다. 삶과 죽음은 둘이 아니므로 죽음의 수용은 삶의 포기가

---

3 임창복 외 4, 『교회 노인 교육 프로그램 2』(서울: 한국기독교교육교역연구원, 2011), 128, 재인용.

아니라 오히려 삶의 수용이 될 것이다. 따라서 죽음 준비는 삶을 이치에 맞게 살아 보기 위해 임박해 있는 죽음을 생각해 보라는 의미이다.

죽음 준비 교육은 이 땅에서 제대로 살도록 하기 위한 삶의 교육이며, 이를 통해 자신에게 주어진 시간이 제한되어 있음도 알게 될 것이다.[4] 이런 의미에서 볼 때, 노인들이 남은 삶을 잘 살 뿐만 아니라 죽어 가는 과정을 평안히 그리고 자연스럽게 받아들이도록 돕는 교육을 수행하는 것은 오늘날과 같은 고령화 사회에서 매우 시급하게 필요하다고 할 수 있다.

모든 인간은 태어난 순간에 삶의 종착점을 향해 하나의 화살이 쏘아진다. 그 화살은 날고 또 날아서 죽음의 순간에 그에게 이른다.[5] 전도서 9장 5절은 "산 자들은 죽을 줄을 알되 죽은 자들은 아무것도 모르며…"라고, 히브리서 9장 27절에서는 "한 번 죽는 것은 사람에게 정한 것이요 그 후에는 심판이 있다"라고 말씀하고 있다.

우리는 언젠가는 죽는다. 그리고 심판이 기다리고 있다. 그러므로 전인적인 그리스도인으로 살다가 주님 앞에 설 수 있도록 해야 한다. 따라서 주어진 삶의 시간을 보다 의미 있게 영위하여 죽음을 편안히 받아들임을 의미하는 죽음 준비는 스스로 생(生)을 마치라는 의미가 아니라, 삶의 일부분을 정리하라는 것이다.

소설가 김훈은 74세에 이런 주제로 글을 썼다.

'어떻게 죽을 것인가?'

> 망팔(望八)이 되니까 오랫동안 소식이 없던 벗들한테서 소식이 오는데, 죽었다는 소식이다. 살아 있다는 소식은 오지 않으니까, 소식이 없으면 살아 있는 것이다. 지난달에도 형뻘 되는 벗이 죽어서 장사를 치르느라고 화장장에 갔었다.

---

4 임창복 외 4, 『교회 노인 교육 프로그램 2』, 132-133, 재인용.
5 이창복, 『삶을 위한 죽음의 미학』(경기: 김영사, 2019), 17.

화장장 정문에서부터 영구차와 버스들이 밀려 있었다. 관이 전기 화로 속으로 내려가면 고인의 이름 밑에 '소각 중'이라는 글자가 켜졌다. 10년쯤 전에는 소각에서 냉각까지 100분 정도 걸렸는데, 이제는 50분으로 줄었다. 기술이 크게 진보했고, 의전을 관리하는 절차도 세련됐다. '냉각 완료'되면 흰 뼛가루가 줄줄이 컨베이어 벨트에 실려서 나오는데, 성인 한 사람 분이 한 되 반 정도였다. 직원이 뼛가루를 봉투에 담아서 유족들에게 하나씩 나누어 주었다. 유족들은 미리 준비한 옹기에 뼛가루를 담아서 목에 걸고 돌아갔다.

원통하게 비명횡사한 경우가 아니면 요즘에는 유족들도 별로 울지 않는다. 부모를 따라서 화장장에 온 청소년들은 대기실에 모여서 아이스크림을 먹고 스마트폰으로 게임을 하고 있었다.

제 입으로 "우리는 호상입니다"라며 문상객을 맞는 상주도 있었다.

그날 세 살 난 아기가 소각되었다. 종이로 만든 작은 관이 내려갈 때, 젊은 엄마는 돌아서서 울었다. 아기의 뼛가루는 서너 홉쯤 되었을 터이다. 뼛가루는 흰 분말에 흐린 기운이 스며서 안개 색깔이었다. 입자가 고와서 먼지처럼 보였다. 아무런 질량감도 느껴지지 않았다. 물체의 먼 흔적이나 그림자였다. 뼛가루의 침묵은 완강했고, 범접할 수 없는 적막 속에서 세상과 작별하고 있었다. 금방 있던 사람이 금방 없어졌는데, 뼛가루는 남은 사람들의 슬픔이나 애도와는 사소한 관련도 없었고, 이 언어도단은 인간 생명의 종말로서 합당하고 편안해 보였다.

화장장에 다녀온 날, 저녁마다 삶의 무거움과 죽음의 가벼움을 생각했다. 죽음이 저토록 가벼우므로 나는 남은 삶의 하중을 버티어 낼 수 있다. 뼛가루 한 되 반은 인간 육체의 마지막 잔해로서 많지도 적지도 않고, 적당해 보였다.

죽음은 날이 저물고, 비가 오고, 바람이 부는 것과 같은 자연 현상으로 애도할 만한 사태가 아니었다. 뼛가루를 들어 보니까, 일상생활하듯이, 세수를 하고 면도를 하듯이, 그렇게 가볍게 죽어야겠구나,라는 생각이 들었다.[6]

---

6 「조선일보」, "마지막엔 한없이 고운 가루, 어찌 죽음과 싸우겠는가", 2019.6.15.

어떻게 죽을 것인가를 고민하게 한다. 그러면서도 가슴 한편으로 먹먹하기까지 한다. 그러므로 죽음 준비 프로그램을 만들어야 한다. 죽음에 대해 분명히 알고 있는 세 가지가 있다.

모든 생물은 죽는다.
태어나는 순서는 있지만 죽는 순서는 없다.
아무것도 가지고 갈 수 없다.

경상도의 어느 교회에서 2020년 새해에는 어떤 주제를 다루면 좋을지 설문 조사를 했다. 조사 결과, 죽음에 대해 교육해 달라는 요구가 가장 많았다고 한다.

죽음 준비 교육은 삶을 죽음과 연관하여 생각하는 인식의 변화를 요구하는 것이며, 더 나아가 죽음을 삶의 일부로 수용하자는 것이지 결코 삶을 포기하자는 것이 아니다. 이 땅에서 제대로 살도록 하기 위한 삶의 교육이며, 죽음 준비 교육을 통해 자신에게 주어진 시간이 제한되어 있음을 알게 하는 것이다. 따라서 죽음에서 삶을 배울 수 있는 프로그램을 만들 필요가 있다.

장로회신학대학교의 장신근 교수는 노년기 그리스도인들의 죽음 교육의 목적 세 가지를 제시했다.

첫째, 죽음에 대하여 올바른 성서적, 신학적 지식을 소유하고
둘째, 죽음에 대한 종말론적인 태도를 유지하며
셋째, 은혜 가운데 죽음을 잘 맞이하기 위한 기술을 갖추는 것이다.
이처럼 올바른 지식·태도·기술을 갖추어 생의 마지막 순간까지 하나님 나

라 백성으로 종말론적 삶을 살도록 돕는 것이 기독교 노년 죽음 교육이다.[7]

> 만일 땅에 있는 우리의 장막 집이 무너지면 하나님께서 지으신 집 곧 손으로 지은 것이 아니요 하늘에 있는 영원한 집이 우리에게 있는 줄 아느니라 참으로 우리가 여기 있어 탄식하며 하늘로부터 오는 우리 처소를 덧입기를 간절히 사모하노라 이렇게 입음은 우리가 벗은 자들로 발견되지 않으려 함이라 참으로 이 장막에 있는 우리가 짐 진 것같이 탄식하는 것은 벗고자 함이 아니요 오히려 덧입고자 함이니 죽을 것이 생명에 삼킨 바 되게 하려 함이라 곧 이것을 우리에게 이루게 하시고 보증으로 성령을 우리게 주신 이는 하나님이시니라(고후 5:1-5).

예수 그리스도의 죽음과 부활의 관계 속에서 죽음은 삶의 종점이 아니요, 새 시대로 향하는 의미가 있다. 이에 노인들로 하여금 성경에 근거한 세계관 안에서 자신의 마지막 시간 동안에 홀로 있지 않는다는 확신을 가지도록 도와줄 필요가 있다. 그러므로 신앙을 통한 죽음 준비로 삶의 시간들을 정리할 수 있도록 해야 한다.

시니어즈블레싱라이프사역원[8]에서 사용하는 웰다잉프로그램 중에는 '아름다운 삶 정리, 아름다움 죽음'이 있는데 저녁에 모임을 가졌다(<표 3> 참조).

---

[7] 장신근, 『통전적 기독교 노년 죽음 교육의 모색』(서울: 장신논단, 2018), Vol 50 No3, 346.
[8] SBLM(Seniors Blessing Life Ministry), 2016년 7월에 설립.

시간표

시간	내용	비고
오후 6:00~6:50	식사	조별로 식사
오후 7:00~7:30	찬양	다같이
오후 7:40~8:20	소그룹 모임 및 나눔	지난주 과제 나눈 후 제출
오후 8:30~9:20	강의	다같이
오후 9:30~10:00	오늘 강의 토의	조별 토의 및 전체
오후 10:10~10:20	마무리 및 과제	진행자
오후 10:20~10:50	찬양 및 기도	다같이

<표 3> 아름다운 삶 정리 시간표

진행 일정표

주간	프로그램	활동 내용	비고
1주	마음 열기	- 오리엔테이션 - 인생 따뜻했던 시절, 추웠던 시절	소모임 결성 과제: 용서(화해)할 사람 작성, 왜, 무엇 때문에,
2주	인생 돌아보기	- 용서와 화해	과제: 용서(화해)할 사람 실행하기 - 나의 버킷리스트 만들기
3주	버킷리스트	- 영화 <버킷리스트> 감상 - 나의 버킷리스트 만들기 완성하기	과제 : 유언장, 비문 작성 -자녀와 가족에게 보낼 편지 쓰기, -내 삶의 이력서 작성하기
4주	입관 체험	- 유언장 작성 및 나의 비문 작성, - 내 삶의 이력, - 자녀와 가족에게 보낸 편지 쓰기, - 입관 체험하기	과제: 추억 만들기 장소 설정해 오기
5주	추억 만들기	- 가족과 추억 만들기 여행	과제: - 추억 여행 : 사진 찍기 - 다음 주 가족 초청
6주	평가 및 기도	- 가족과 함께 식사하기	다같이

<표 4> 아름다운 삶 정리 & 아름다움 죽음 진행 일정표

내 생애 최후의 만찬

음식 이름	장소(추억거리)	이유	날짜 / 시간

<표 5> 내 생애 최후의 만찬

▶ 나의 마지막 만찬은 누구와 했는지 이름을 적으십시오.

_____

_____

과거에 혼자 혹은 가족과 함께 나누었던 음식 중 가장 좋았던 음식들을 기록하고 함께 식사하십시오. 가족과 의논해서 기록하여도 좋습니다(<표 4> 일정표 참조).

※ 가능한 이번 주 안으로 식사하십시오.
  단, 피치 못할 시 가족과 의논하여 연기해도 좋습니다.

내 삶의 이력서

출생지		
부모님 성함 가족 이름		
이력		
나의 장례 예식에 특별히 부탁하고 싶은 말		
가장 좋아하는 말씀 성구		
내가 좋아하는 찬송		
장례 예식 때 불렀으면 하는 찬송		
나의 사망 소식을 꼭 알리고 싶은 사람	이름	
	연락처	
	이름	
	연락처	
	이름	
	연락처	

<표 6> 내 삶의 이력서

    일정 중에 4주차 모임을 가장 중요하게 생각하여 엄숙한 분위기를 조성한다(<표 4> 참조). 모든 프로그램을 마치면 참가자들은 대부분 '나를 돌아보는 시간'이 참으로 '의미 있는 시간'이었다며 '인생을 돌아보는 시간이 되었다'고 한다.

    강의 시간 내내 흐느낌과 눈물을 흘리는 시간으로 모임이 쉬 끝나지 않는 경우가 많았다. 그래서 가끔은 분위기를 계속 유지하면서 가고 싶을 때 아무 때나 가도록 했다.

시니어즈블레싱라이프사역원에서 가장 중요하게 여기는 것은 가족이다. 그래서 모든 프로그램은 여행으로 정리하게 한다. 이런 프로그램을 진행하는 이유는 죽음 준비는 노인들에게 지금까지 전 인생을 돌아보게 하고 남은 인생의 유종의 미를 위해 어떻게 살아가야 할지 스스로 정리하게 하기 때문이다.

노인들에게 있어서 죽음 준비 교육은 전인적 신앙 형성의 통로로서 결코 삶의 종말만을 다루는 교육이 아니라 좋은 삶을 위한 생명 교육이며, 개인적 차원의 죽음 이해와 사회적, 공적 차원의 죽음 이해가 통합되어야 함을 강조하는 것이다. 그러므로 죽음 준비 교육은 신앙적인 신념 체계로 삶의 질을 더욱 의미 있게 고양시킬 수 있으며, 가족들과 더욱 의미 있는 관계를 갖게 할 수 있다.

리처드 백스터(Richard Baxter)는 그의 책 『성도의 영원한 안식』에서 죽음에 관해 이렇게 서술했다.

> 당신은 영원 전부터 영원까지 이어지는 사랑의 팔에 안길 것이다. 그 사랑은 하나님의 아들을 하늘에서 땅으로, 땅에서 십자가로, 십자가에서 무덤으로, 무덤에서 영광으로 이끌었다.
>
> 그 사랑은 지치고, 굶주리고, 시험당하고 조롱받고, 채찍을 맞고, 침 뱉음을 당하고, 십자가에 못 박히고 창에 찔리는 사랑이다. 금식하고, 기도하고, 가르치고, 치유하고, 울고, 땀 흘리고, 피 흘리며 죽는 사랑이다. 바로 그 사랑이 당신을 영원히 껴안을 것이다.[9]

---

9 리차드 백스터, 『성도의 영원한 안식』, 김기찬 옮김 (서울: CH크리스천다이제스트, 2019), 45.

예수님의 타임라인(Time line)은 태어나면서부터 죽음 준비를 하는 것이었다. 죽음 준비를 마쳤을 때 마지막 유언과 같은 대제사장적 기도를 드리셨다.

> 저는 더 이상 세상에 있지 않겠지만, 이 사람들은 계속 세상에 있습니다. 그리고 저는 아버지께로 갑니다. 거룩하신 아버지, 아버지께서 제게 주신 아버지의 이름으로 저들을 지켜 주셔서, 우리가 하나인 것과 같이, 그들도 하나가 되게 하여 주십시오. 제가 그들과 함께 지내는 동안은, 저는 아버지께서 제게 주신 아버지의 이름으로 그들을 지켰습니다. 저는 그들을 보호하였습니다. … 아버지께서 나를 세상에 보내신 것과 같이 저도 그들을 세상에 보냈습니다. 그들을 위해 내 자신을 거룩하게 하는 것은 그들도 진리 안에서 거룩해지도록 하기 위해서입니다(요 17:11-12, 18-19, 쉬운 성경).

상실 수업- 아파하는 자와 함께 울기

부모님이나 배우자 그리고 자녀를 먼저 하늘 나라로 보낸 분들에게는 상실 회복 프로그램이 중요하다. 상실 회복 프로그램은 배우자나 가족 중의 상실로 고통당하는 분들이 슬픔과 고독, 좌절과 외로움에서 회복하는 것을 말한다.

생활의 개선과 과학의 발달로 사람의 생명이 연장됐어도 노인들은 한두 번의 상실 경험이 있을 것이다. 노인은 배우자의 죽음, 형제자매 중의 죽음, 친구나 친족 중의 죽음을 경험할 나이이다.

죽음의 경험으로 인한 슬픔과 상실에서 헤어 나오는 것은 쉽지 않다. 특히, 배우자의 죽음은 너무도 큰 상실이고 충격이다. 그중에 배우자가 예기치 않은 사고로 죽음을 맞은 것이라면 그 슬픔과 상실감은 말로 표현하기 힘들 정도로 큰 충격으로 다가온다.

이 충격으로 인해 망연자실한 절망감과 슬픔을 느끼기도 하고 앞으로 혼자서 어떻게 살아가야 하는가에 대한 큰 두려움, 배우자가 살아 있을 때 잘해 주지 못함에 대한 죄책감과 함께 걱정을 가지게 한다. 반대로 자신을 혼자 남겨둔 채 죽은 배우자에 대한 원망과 분노, 미안함과 미운 감정들도 가진다.

이렇듯 배우자의 죽음으로 남겨진 아픔과 상실로 인해 여러 가지 복합적인 감정을 경험하게 되고, 이러한 모든 감정 변화는 충격적인 사건에 대한 정상적인 인간의 반응으로 나타난다. 또한, 상실의 슬픔에는 단순히 배우자를 잃은 슬픔만 있는 것이 아니라 시간의 상실도 포함된다.[10]

만약 슬픔을 풀어내지 못하면 어떤 일이 생길까?

어떤 분이 시어머니를 너무 미워했는데, 어느 날 시어머니가 돌아가셔서 슬퍼했다. 그 슬픔에는 시어머니가 그리운 연유도 있겠지만, 시집살이를 당했던 것에 대한 미운 마음도 당연히 있을 것이다.

애도 과정에는 시어머니에 대한 그리움이나 죄책감뿐 아니라 이런 미운 마음을 표출하는 과정까지 포함되어야 한다. 만약 풀어내지 않으면 살아가면서 시어머니와 비슷한 사람을 무조건 싫어할 수 있다. 시어머니와 외모만 닮았을 뿐임에도 그럴 수 있다. 그래서 애도의 과정이 필요하다. 고인과의 관계 속에서 생긴 묵은 감정을 다 풀어가는 과정이기 때문이다.

그렇다면, 어떻게 슬픔의 감정을 잘 표현하고 표출할 수 있을까?

첫째, 편안하고 믿을 만한 누군가에게 자신의 슬픈 마음을 나누는 것이다. 이때 들어주는 사람은 위로의 말을 전하거나 해결책을 제시해 줘야 한다고 느낄 필요는 없다. 슬픔을 표현하는 사람은 해답을 원하는 것이 아니기 때문에 그저 최선을 다해 진심으로 들어주는 것만으로도 도움이 된다.

둘째, 고인과 함께했던 아름다운 추억을 떠올리는 것이다. 고인이 좋아

---

10 이동원, 『노년 항해를 준비하라』(서울: 연합가족상담연구소, 2019), 159.

했던 노래나 물건 혹은 액세서리 같은 것을 떠올리며 고인을 추억하는 방법도 좋다. 이때 슬픔이 북받쳐 눈물이 날 수도 있는데, 그럴 때는 실컷 우는 것이 좋다. 마음껏 울고 나면 감정이 정화되어 마음이 편안해지기 때문이다.

셋째, 고인과의 추억들을 마음속에 담아 좀 더 소중하게 간직하는 것이다. 과거에는 고인의 존재를 빨리 잊어버려야 한다고 했는데, 요즘은 반대로 고인과의 친밀한 유대감을 마음속에 새롭게 다지는 것이 더 효과적이라고 말한다.

예컨대, 앨범을 보며 "이것은 엄마랑 나랑 단둘이 ○○○ 여행에서 찍은 사진이지" 하면서 그때의 추억과 함께 고인의 따뜻함을 마음에 새롭게 새기는 것이다. 이렇듯 고인이 이 땅에 더 이상 계시지는 않지만, 지금도 내 마음 안에서 내가 잘되기를 응원한다고 생각하는 것이다.[11]

기독교인이 겪는 고통 중에는 배우자나 가족의 상실이 있다. 이런 죽음을 경험한 분들은 말로 표현할 수 없는 아픔과 내색할 수 없는 슬픔을 겪게 된다.

어느 때는 애도 과정 중에 있는 사람들에게 전하는 위로의 말들이 오히려 더 큰 상처와 아픔이 되기도 한다. 한 예로, "천국 환송 예배"라고 하면서 울지도 못하게 하고, 떠나는 분에 대한 애도도 못 하게 한다. 개인적으로는 "천국 환송 예배"라는 용어나 그런 말조차 반대한다. 충분히 울 수 있게 해 줘야 하는데, 이렇게 말하는 분들이 있다.

"슬퍼하지 마세요, 천국에 가셨으니까 기뻐하세요."
"왜 그렇게 우세요, 천국 가셨는데."

---

11 강현숙, 『신중년, 신노년의 마음공부』(서울: 박영story, 2020), 130-132.

"믿음 없이 울지 마세요, 기쁜 마음으로 보내 주세요."

이런 말들은 사별을 한 분들에게 더 큰 상처와 상실을 주는 말이다. 상실한 분들에게 더 큰 상처를 주는 사람은 다름 아닌 목회자들이다.

"슬퍼하지 마세요."
"천국 갈 날, 기뻐하세요."
"죽음은 잠자는 것입니다."
"오늘 낙원에 계신 남편을 위해 기도하세요."
"감사하세요. 천국에서 다시 뵐 것입니다."
"인생은 흙이니 흙으로 돌아갔습니다. 너무 슬퍼하지 마시고 주님께서 위로해 주시길 바랍니다."

이런 무책임한 말이 어디 있는가?
때로는 이런 말도 건넨다.

"권사님(장로님)이 90세 연세에 돌아가셨으니 호상이니까 기쁘게 천국에 보내야지요. 천국에서 환송 잔치가 열릴 것입니다. 슬퍼하거나 애도할 필요 없습니다."
"집사님의 아들은 이 끔찍한 세상에 사는 것과는 비교도 안되는 아름답고 좋은 천국으로 하나님이 부르셔서 갔잖아요. 그러니 너무 상심하지 마세요."

이런 말들은 상실당한 분들의 입장에서 생각하면 너무도 끔찍하다. 상실로 인한 슬픔으로 가슴이 무너질 것 같은 분들에게 이런 말을 할 필요까지는 없다고 생각한다. 차라리 말보다는 한 번 안아 주는 것이 더 큰 위로가 될 수 있다. 또는 그저 옆에 있어 주는 것만으로도 위로가 된다.

충분한 애도 과정을 통해 슬픔의 감정을 표현할 수 있도록 주변에서 함께 있어 주다 보면 유가족이 애통하는 모습을 보면서 울지 않을 수 없다. 예수님도 그의 친구 나사로가 죽었을 때 얼마나 많이 울으셨는가?

> 예수께서 그가 우는 것과 또 함께 온 유대인들이 우는 것을 보시고 심령에 비통히 여기시고 불쌍히 여기사 … 예수께서 눈물을 흘리시더라(요 11: 33-35).

예수님이 믿음이 없어서 우신 것이 아니다. 슬퍼서 눈물을 흘리신 것이다. 이별의 고통과 상실의 슬픔을 아셨기에 우신 것이다. 예수님도 친구가 죽었을 때 슬픔과 아픔을 표현하셨다. 가족이나 배우자와의 사별은 친구와의 사별과는 비교도 할 수 없는 슬픔이고 아픔이다. 따라서 그 아픔을 치유할 수 있도록 해 줘야 한다.

사별 적응은 짧게는 1~3개월, 길게는 3~5년까지 영향을 미친다. 그러므로 배우자와의 사별을 경험한 분들에 대한 지속적인 관심과 배려가 요구된다. 사별은 심리적 영향뿐 아니라 건강과 사회적 관계까지 폭넓게 삶에 영향을 미치기 때문에 사별 목회는 목회의 핵심 사역이라고 할 수 있다.

사별 목회에 대한 배제대학교 기독교사회복지학과 손의성 교수의 의견은 다음과 같다.

첫째, 임종을 앞둔 분에 대해서는 죽어 가는 과정에서부터 사별 목회적 개입을 시작할 필요가 있다. 배우자가 죽어 가는 과정 속에서 경험하는 죽음의 상황에 대한 평가는 자신의 인생을 평가하는 일면의 지표가 될 수 있다. 따라서 본인을 위해서도 필요하지만, 배우자 및 가족을 위해서도 좋은 죽음을 맞이할 수 있도록 임박한 죽음에서 목회자는 가족과 협력할 수 있어야 한다.

즉, 임종 이전 단계에서 미리 죽음을 준비하는 과정을 거치도록 도우며 배우자(혹은 가족)가 임종할 때까지 가족들과 함께 죽음에 대해 긍정적으로 수용할 수 있도록 도와 부담을 덜어 준다. 마지막까지 부부 관계 및 가족들을 잘 이끌어 갈 수 있도록 돕는 것이다.

둘째, 배우자 사별 노인의 적응을 돕기 위해서는 최소한 3~6개월 정도는 지속적인 관심과 돌봄이 이루어져야 한다. 목회자만으로는 한계가 있으니 사별 목회를 도울 수 있는 훈련받은 사역팀을 구성할 필요가 있다. 사별 노인의 적응 상태에 따라 3개월에서 6개월까지, 혹은 심각한 경우 1년 정도까지 집중적인 관리가 이루어질 수 있도록 해야 한다.

셋째, 배우자(가족) 사별의 특성과 영향을 충분히 이해하고 사별 노인(가족)을 도울 수 있는 교육 과정을 마련해야 한다. 효과적인 사별 목회를 위해서는 죽음에 대한 성경적 의미만을 강조해서는 안 된다.

노년기 사별이 한 개인에게 얼마나 큰 영향을 미치는지 이해하고, 사별로 인해 어떠한 영향을 경험하게 되는지 그리고 사별 적응에 도움이 되는 요인이 무엇인지 등에 대해 깊은 이해를 가져야 하므로 이에 대한 사별 교육이 필요하다.

넷째, 사별 노인(가족)은 부정적인 영향을 받기 쉽지만, 동시에 긍정적인 삶의 변화를 가져오는 계기가 되기도 한다. 성공적인 적응은 개인의 성장 경험을 통해서 오는 경향이 많으므로, 사별 노인(가족)이 보람을 느낄 수 있는 의미 있고 생산적인 활동에 참여할 수 있는 기회를 제공할 필요가 있다. 개인의 선호와 특성에 따라 교회가 취미 활동이나 자원봉사 등의 기회를 제공함으로써 홀로서기에 성공할 가능성을 높일 수 있을 것이다.

C.S 루이스가 쓴 『헤아려 본 슬픔』은 루이스가 아내를 떠나보내는 과정에서 쓴 책이다. 그는 자신이 겪은 고통에 대해 이렇게 서술한다.

헤어진다는 것, 그것은 참을 수 없는 고통이다.¹²

배우자와 사별한 노인과 그 가족을 위해 단지 몇 번의 장례 예식으로 충분하다고 여기기보다는 사별 노인과 그 가족을 적극적으로 돌봄으로써 사별의 부정적 영향을 개인적 성장의 기회로 삼게 해야 한다. 더불어 우울과 불안과 같은 부정적 정서를 극복하고 하나님의 은총 속에서 노년기를 복되게 영위할 수 있도록 도와야 할 것이다.

주디스 바이어스트(Judith Viorst)는 『피할 수 없는 상실』에서 상실에 대해 다음과 같이 서술한다.

> 상실은 우리가 살아가는 데 지불해야 하는 대가다. 그것은 성장과 유익의 원천이기도 하다. 태어나서 죽는 순간까지 포기하고, 포기하고, 또 포기하는 고통의 길을 가야 한다 … 세월과 죽음에 의한 많은 상실을 직면하면서, 우리는 마지막 숨을 내쉴 때까지 매 순간을 창조적인 변화의 기회로 여기며 자기 자신을 애도하고 받아들인다.¹³

자기 자신이 상실을 받아들이고 애도할 수 있는 시간, 상실의 아픔을 회복할 수 있는 시간이 필요하다.

손경민 목사가 작사·작곡한 <은혜>라는 복음송이 있다.

> 내가 누려 왔던 모든 것들이
> 내가 지나왔던 모든 시간이
> 내가 걸어왔던 모든 순간이
> 당연한 것 아니라 은혜였소

---

12 강현숙, 『신중년, 신노년의 마음공부』, 247, 재인용.
13 스티븐스, 『나이듦의 신학』, 박일귀 옮김(서울: CUP, 2018), 210, 재인용.

아침 해가 뜨고 저녁의 노을
봄의 꽃향기와 가을의 열매
변하는 계절의 모든 순간이
당연한 것 아니라 은혜였소

내가 이 땅에 태어나 사는 것
어린아이 시절과 지금까지
숨을 쉬며 살며 꿈을 꾸는 삶
당연한 것 아니라 은혜였소

내가 하나님의 자녀로 살며
오늘 찬양하고 예배하는 삶
복음을 전할 수 있는 축복이
당연한 것 아니라 은혜였소

모든 것이 은혜 은혜 은혜
한없는 은혜
내 삶에 당연한 건 하나도 없었던 것을
모든 것이 은혜 은혜였소

애도하는 시간 속에서도, 상실과 슬픔 속에 있는 분들이라도 이런 고백을 했으면 한다.

"주님, 내 인생 모든 것이 하나님의 은혜였습니다, 내 삶을 돌아보면 당연한 건 하나도 없이 모든 것이 은혜 아닌 것이 없습니다."

"내가 지나왔던, 내가 걸어왔던 모든 순간이 다 주님의 은혜였습니다."

시니어즈블레싱라이프 사역원은 상실의 아픔을 겪은 분들에게 실컷 울라고 한다. 목놓아 울라고 한다. 때로는 박스를 뒤집어씌우고 울게 하기도 한다. 그래야 빨리 회복할 수 있다. 이런 말이 있다.

"골짜기에 내려가 보기까지는 산봉우리가 얼마나 높은 지 알 수가 없다." 그 아픔은 겪어 보지 않으면 알 수 없다. 또한, 사람마다 상실의 아픔은 천차만별이다. 다 똑같다고 판단해서는 안 된다.

상실이 너무도 커서 실신하기까지 하는 사람이 있는가 하면, 그 상실로 인한 충격에서 헤어나지 못 한 채 사는 분도 계신다. 그런가 하면 빨리 회복하는 분도 있다. 따라서 모두가 같을 수 없음을 인식해야 한다.

사역원에서 사용하는 사별 회복 모임 프로그램이 있다. 저녁에 모인다. 이유는 저녁이 되면 더 외롭고 상실의 아픔이 더 밀려오기 때문이다. 프로그램은 다음과 같다(<표 7> 참조).

사별 회복 모임 시간표

시간	내용	비고
오후 6:00~6:50	식사	다 함께
오후 7:00~7:30	찬양	다 함께
오후 7:40~8:20	나눔 이후 과제 제출	지난주 과제를 나눔 그리고 일상을 나눔
오후 8:30~9:20	강의(교재)	교재 및 부교재 사용
오후 9:30~10:00	오늘 강의 토의	소모임으로 모임
오후 10:10~10:20	마무리 및 과제	전체 모임
오후 10:20~10:50	찬양 및 기도	다 함께

<표 7> 사별 회복 모임 시간표

프로그램은 15주 과정으로 진행하는데, 첫 주는 소개 및 어떻게 진행하고 무엇을 준비해야 하는지 이야기한다. 그리고 각자의 상자를 주고 벽을 향해 서서 사별한 사람에게 죄책감이 있으면 다 고백하라고 한다. 그다음은 하고 싶은 말을 하라고 한다. 이때 찬양곡을 틀어 준다.

욕하는 분도 있고 죄책감 때문에 울기 시작한 사람은 1시간 내내 울다가 끝나기도 한다. 그런 후 자리에 앉게 하고 과제를 내준다. 과제는 매일 심정에 대한 일기 쓰기이다.

두 번째 모임부터는 교재로 진행한다. 교재는 '사별 가정 회복 모임'[14]에서 발행한 것을 사용한다.

15주째는 식사를 하고 지난 시간을 돌아보며 간증 및 나눔의 시간을 갖는다. 이때도 대부분 눈물바다. 이 눈물은 아직도 회복 중에 흐르는 눈물도 있지만, 회복과 기쁨의 눈물을 흘리는 경우가 많았다.

15주 만에 그 아픔이 다 위로가 되고 회복되지는 않았지만 많은 분이 어느 정도 안정되고 회복의 시간이 되었다고 말한다. 이분들 중에서 다음에 참여한 분들을 위해 조장으로 세우거나 도우미로 참여하게 하여 다시 치유와 회복의 시간으로 갖게 한다.

눈물은 슬픔을 해소하는 여러 방법 중 하나며, 몸 안에 내장된 놀라운 치유 장치이다. 슬플 때 눈물을 흘리는 것에 대한 핵심이 되는 두 가지 견해가 있다.

① 갑자기 닥쳐 온 슬픔에 북받쳤다고 생각한다.
② '울음을 멈춰야 해'라고 생각한다.

사람들은 대개 울기 시작하면 그 자연스러운 현상을 멈추게 하려고 재빨리 자리를 뜬다. 30분 동안 울어야 할 울음을 20분 만에 그치지 말라. 눈물이 전부 빠져나오게 두라. 그러면 스스로 멈출 것이다. 마지막 눈물 한 방울까지 흘리고 나면 기분이 홀가분할 것이다.[15]

---

[14] 사별 가정 회복 모임(GRIFT & SHARE): 슬픔에서 기쁨으로의 여정, korean.griefshare.org.
[15] 엘리자베스 퀴블러 로스, 데이비드 케슬러, 『인생 수업』, 류시화 옮김(서울: 이레, 2006), 70-71.

상실을 회복하기 위해서는 어느 정도의 시간이 필요하다. 그러나 오랜 세월이 흘렀는데도 죽음으로 오는 상실에서 여전히 헤어 나오지 못한 분들도 있다. 이런 분들을 향해 믿음이 없다고 하거나 그들을 판단해서도 안 된다.

말씀으로 회복된다고 생각하지 말고, 권고나 위로의 말로 된다는 생각도 하지 말라. 상실은 생각 이상의 아픔이고 고통이다. 또한, 상실로 온 아픔과 슬픔은 흉터와 같이 오래간다는 것을 잊어서는 안 된다.

삶은 시간이 지배한다. 우리는 시간에 의해 살고, 또 시간 속에서 살아가고 있다. 그리고 시간 속에서 생을 마친다. 우리는 시간을 쓰고 아끼는 것이 우리 자신에게 달린 일이라고 믿는다. 시간은 돈으로 살 수 없고 되돌릴 수 도 없다. 그럼에도 대부분의 시간을 허투루 쓰는 경우가 많다.

『웹스터 사전』은 시간을 "연속 선상의 두 지점 사이의 간격"이라고 정의한다. 흔히 탄생을 삶의 시작으로, 죽음을 삶의 끝으로 생각한다. 그러나 사실 탄생과 죽음은 연속 선상의 지점일 뿐이다. 시간에 대한 아인슈타인(Albert Einstein)은 이렇게 말한다.

> 시간은 절대적인 것이 아니며, 관찰자에게 좌우되는 상대적인 개념이다. 우리는 지금 우리가 정지해 있는가 움직이고 있는가에 따라 시간이 다른 속도로 흘러간다.[16]

시간은 누구에게나 똑같이 적용된다. 그러나 그 의미는 다르게 느껴질 수 있을 것이다. 똑같은 1분을 1시간, 또는 10시간으로 느끼는 사람이 있는가 하면, 어떤 사람은 1분이 눈 깜짝할 1초로 여기는 사람이 있다.

인생에도 이 시간은 적용될 수 있다. 10·20대가 느끼는 것과 40·50대 느

---

[16] 엘리자베스 퀴블러 로스, 데이비드 케슬러, 『인생 수업』, 134-135, 재인용.

끼는 것 그리고 70대 이후가 느끼는 시간은 다를 것이다. 많은 분이 60대는 60킬로미터의 속도, 70대는 70킬로미터의 속도, 80대는 80킬로미터의 속도를 달린다고 말한다. 그러므로 노인 목회를 하는 사역자나 목회자는 노인의 시간표에 맞춰져야 한다.

주체가 누구인지, 누가 이 프로그램을 필요로 하는가를 기억하고 사명감을 가지고 사역해야 한다는 것을 결코 잊지 말았으면 한다.

삶의 끝에서 그 누구도 당신에게 얼마나 많은 학위를 가졌으며, 얼마나 큰 집을 가지고 있는지, 얼마나 좋은 고급차를 굴리고 있는지 묻지 않는다. 중요한 것은 당신이 누구인가 하는 것이다. 이것이 죽어 가는 사람들이 당신에게 가르치는 것이다.[17]

노인 사역을 하면서 참으로 답답할 때가 있다. 변화가 일어나는 것 같지도 않고, 그렇게 이야기해도 여전히 똑같이 행동하고 말하는 것을 볼 때마다 가끔은 후회할 때도 있고 그만두고 싶을 때도 있다. 그러나 우리에게 준 사명감이라고 여기며 헤쳐 나가야 할 부분임을 잊어서는 안 될 것이다.

변화에 대한 두려움 때문에 변화를 원하지 않는 노인을 향해 인내를 갖고 사랑과 이해로 접근한다면 서서히 변화하고 있는 모습을 보게 될 것이다. 물론 그 변화의 속도는 미비하다. 그래도 몸짓과 행동과 말에서 조금씩 변화할 것을 믿는다.

지금 우리에게 필요한 것은 코페르니쿠스적(Copernican Revolution) 전환이다. 단순히 어떠한 지식의 발견이 아니라 인식의 틀, 즉 패러다임의 전환이 필요하다.

지금까지 노인을 바라보고 생각했던 구태의연한 사고로는 급변하는 4차 산업혁명 시대 속에 고령화되어 가고 있는 교회에 불어닥칠 대변혁의 바람에 적극적으로 대응할 수 없다. 지금까지 믿어 왔던 고정관념을 타파하고 사고

---

17 엘리자베스 퀴블러 로스, 데이비드 케슬러, 『인생 수업』, 105.

의 인식이 새롭고, 발전 지향적인 방향으로 바뀌어야 교회의 신동력을 구축할 수 있다.

지금이 바로 변화의 바람을 타고 전환을 시도할 때이다. 아마존 정글에서 나비의 작은 날갯짓이 몇 주일 또는 몇 달 후 미국 텍사스주에 폭풍우를 발생시킬 수 있게 변화를 일으키듯, 6080을 위한 오늘의 작은 몸부림은 전인적인 그리스도인으로서의 노인이라는 변화의 쓰나미가 될 것이다.

노인의 죽음은 도서관 하나를 태움이요. 노인 한 사람을 변화시킴은 한 도시를 변화시키는 것이다.

> 내가 새 하늘과 새 땅을 보니 처음 하늘과 처음 땅이 없어졌고 바다도 다시 있지 않더라 또 내가 보매 거룩한 성 새 예루살렘이 하나님께로부터 하늘에서 내려오니 그 준비한 것이 신부가 남편을 위하여 단장한 것 같더라 내가 들으니 보좌에서 큰 음성이 나서 이르되 보라 하나님의 장막이 사람들과 함께 있으매 하나님이 그들과 함께 계시리니 그들은 하나님의 백성이 되고 하나님은 친히 그들과 함께 계셔서 모든 눈물을 그 눈에서 닦아 주시니 다시는 사망이 없고 애통하는 것이나 곡하는 것이나 아픈 것이 다시 있지 아니하리니 처음 것들이 다 지나갔음이러라(계 21:1-4).

참고 문헌

1. 주석
종합자료시리즈Ⅰ, "창세기", 신앙도서출판, 2016.
WBC 주석, "출애굽기", 솔로몬, 2014.

2. 단행본
강현숙, 『신중년, 신노년의 마음공부』, 서울: 박영story, 2020.
고봉만 외, 『포스트휴먼 시대의 노년』, 서울: 신아사, 2018.
기널, 『성경배경주석』, 정옥배 외2역, 한국기독학생회출판부, 1998.
김병삼 외, 『올라인 교회』, 서울: 두란노, 2021.
김병숙, 『은퇴 후 8만 시간』, 서울: 조선, 2012.
김중은, 『한국교회와 노인목회』, 서울: 한국장로교출판부, 1995.
김정희, 『기독교 노인교육』, 경기: 한국학술정보, 2008.
김형석, 『백년을 살아보니』, 서울: Denstory, 2016.
김혜남, 『어른으로 산다는 것』, 서울: 걷는나무, 2016.
류쉬안, 『심리학이 이렇게 쓸모 있을 줄이야』, 서울: 다연, 2018.
류형기, 『노인: 성서사전』, 서울: 장로회신학대학출판부, 1980.
박신웅, 『노년 사용 설명서』, 서울: 생명의 양식, 2020.
박호근, 『하프타임 임팩트』, 서울: VIVI2, 2017.
이동원, 『노년 항해를 준비하라』, 서울: 연합가족상담연구소, 2019.
이어령, 『지성에서 영성으로』, 경기: 열림원, 2010.
이용규, 『같이 걷기』, 서울: 규장, 2010.
옥한흠, 『아름다움과 쉼이 있는 곳』, 서울: 국제제자훈련원, 2002.
이석철, 『기독교 성인 사역론:기독교 교육적 접근』, 대전: 침례신학대학교출판부, 2005.
이창복, 『삶을 위한 죽음의 미학』, 경기: 김영사, 2019.
임창복 외 4, 『교회노인교육 프로그램 2』, 서울: 한국기독교교육교역연구원, 2011.

장대숙, 『노인학의 이론과 적용』, 서울: 한국장로교출판사, 1998.
장신근, 『통전적 신앙과 생애주기별 기독교 교육』, 서울: 장로회신학대학교출판부, 2019.
정진웅, 『노년의 문화 인류학』, 서울: 한울아카데미, 2012.
최윤식, 『2020 2040, 한국교회 미래지도 2』, 서울: 생명의말씀사, 2015.
한경애 외 3 공저, 『노년학』, 서울: 신정, 2019.
한정란, 『노인교육론』, 서울: 학지사, 2019.
미래전략정책연구소, (e Book) 『2027 10년 후 4차 산업혁명의 미래』, 서울: 일상이상, 2017.
한국교회탐구센타 편저, 『인공지능과 기독교 신앙』, 서울: IVP, 2017.
고든 맥도날드(Gordon MacDonald), 『하나님이 축복하는 삶』, 윤종석 옮김, 서울: IVP, 2012.
달라스 윌라드(Dallas A Willard), 『잊혀진 제자도』, 윤종석 옮김, 서울: 복있는 사람, 2014.
도널드 맥가브란(Donald A McGavran), 『교회 성장 이해』, 전재옥 외 2인, 서울: 한국장로교출판사, 2012.
데릴 구더(Darrell L Guder), 『교회의 선교적 사명에 대한 신선한 통찰』, 조범연 옮김, 서울: 미션툴, 2005.
리차드 백스터(Richard Baxter), 『성도의 영원한 안식』, 김기찬 옮김, 서울: CH크리스천다이제스트, 2019.
릭 워렌(Rick Warren), 『목적이 이끄는 삶』, 서울: 국제제자훈련원, 디모데, 2003.
마이클 프로스트(Michael Frost), 『성육신적 교회』, 최현근 옮김, 서울: 새물결플러스, 2016.
마이클 프로스트, 앨런 허쉬(Michael Frost Michael Frost, Alan Hirsch), 『새로운 교회가 온다』, 지성근 옮김, 서울: IVP, 2016.
미치오 카쿠(Michio Kaku), (e book) 『불가능은 없다』, 박병철 옮김, 경기: 김영사, 2017.
밥 버포드(Bob Buford), 『하프타임』, 김성웅 옮김, 서울: 낮은울타리, 2005.
빌 헐(Bill Hull), 『온전한 제자도』, 박규태 옮김, 서울: 국제제자훈련원, 2009.
빌 하이벨스(Bill Hybels) 외 공저, 『네트워크 은사 배치 사역』, 백순 외 공역, 서울: 프리셉트, 1997.
에디 깁스(Eddie Gibbs), 『넥스트 처치』, 임신희 옮김, 서울: 교회성장연구소, 2010.
유발 노아 하라리(Yuval Noah Harari), 『사피엔스』, 조현욱 옮김, 경기: 김영사, 2015.
앤 이니스 대그(Anne Innis Dagg), 『동물에게 배우는 노년의 삶』, 서울: 시대의창, 2018.
앨빈 토플러(Alvin Toffler), 『미래 쇼크』, 이규행 옮김, 서울: 한국경제신문사, 2001.

엘리자베스 퀴블러 로스, 데이비드 케슬러(Elisabeth Kübler-Ross, David Kessler), 『상실수업』, 김소향 옮김, 서울: 이레, 2007.
조엘 드 로스네이 외 3(Joel de Rosnay), 『노인으로 산다는 것』, 권지현 옮김, 서울: 계단, 2014.
조엘 가로(Joel Garreau), 『급진적 진화』, 임지원 옮김, 서울: 지식의숲, 2007.
존 스토트(John RWStott), 『한 백성: 변하지 않는 교회의 특권 4가지』, 경기: 아바서원, 2012.
존 오트버그(John Ortberg), 『관계 훈련』, 정성묵 옮김, 서울: 두란노, 2018.
제임스 패커(J.IPacker), 『아름다운 노년』, 윤종석 옮김, 서울: 디모데, 2017.
크리스토퍼 라이트(Christopher JHWright), 『하나님 백성의 선교』, 정옥배 외 옮김, 서울: IVP, 2012.
폴 스티븐스(Paul Stevens), 『나이듦의 신학』, 박일귀 옮김, 서울: CUP, 2018.
피터 와그너(Peter Wagner), 『성령의 은사와 교회성장』, 권달천 옮김, 서울: 생명의말씀사, 2007.
클라우스 슈밥(Klaus Schwab), (e Book) 『제4차 산업혁명』, 송경진 옮김, 서울: 새로운현재, 2016.
헤르만 헤세(Hermann KHesse), 『데미안』, 전영애 옮김, 서울: 민음사, 2009.
J로버트 클린턴, 리처드 W클린턴(JRobert Clinton, Richard WClinton), 『당신의 은사를 개발하라』, 황의정 옮김, 서울: 베다니출판사, 2005.
『노인심리상담사 2급 과정 교재』, 서울: 한국평생교육원, 2014.

3. 통계
기독교 통계(176호) "미국 한인교회 교인 의식조사" 2023.1.18// www.mhdata.or.kr.
기윤실 "2008년 한국 교회의 사회적 신뢰도 여론조사" 발표 세미나 자료집, 2008.11.20,.11면.
대한예수교장로회총회(통합), 교세현황 http://new.pck.or.kr.
KOSIS 국가통계포털 https://kosis.kr.

4. 논문
김정희(2012), "노인 교육 프로그램에 대한 기독교 평생 교육적 입장에서의 논의 및 제언복음과 교육" 제11집 159-188 Gospel and Education, Vo11. 한국복음주의 기독교 교육학회, 2012.03.30.
문상철, 「한국선교연구원」, "4차 산업혁명과 선교 혁신", 2017.

박준서,「한국기독교신학논총」, "구약 신앙과 영성", 1989.
안영권,「빛과 소금」 "기독교 영성이란 무엇인가", 1993.10.
「목회와 신학」, 2009, "구약논단", 제14권 4호 통권 30집, 12월
"2015년 한국교회의 이슈와 전망"2015년 2월 11일 연세신학 100주년 기념 진리와 자유포럼.
장신근,「장신논단」, "통전적 기독교 노년 죽음 교육의 모색" Vol 50 No3, 2018.
대한내과학회지, "노쇠와 노인증후군", 한림대학교 의과대학, 유형준 .https://www.ekjm.org.
고령친화 산업 REPORT, p. 2. https: www.khid.or.kr.
J로버트 클린턴, "지도력 평생 개발론", ML 530/630, MK 750, lecture notesPasadena, CA: Fuller Theological Seminary, School of World Mission2014.
JCampbell White, "The Layman's Missionary Movement" in Perspectives on the World Christian Movement, edRalph DWinter and Steven CHawthorne (Pasadena, CA:William Carey Library, 1981),
Christian Spirituality and Spiritual Theology, Dialogue 21, 1982.
John HLeith, The Reformed Imperative (Philadelphia: Westminster Press,1988).
John MacArthur, Jr, "The Church-the Body of Christ"(Grand Rapids : Zondervan Publishing House, 1973,).
Segundo Galiles, The Way of Living Faith: A Spirituality of Liberation (San Francisco: Harper and Row, 1988).
김병호(2018), "고령화 시대의 노인 성도를 위한 목회 방안:미주 한인교회를 중심으로", Fullerm Theological Seminary, 박사학위논문(D.Min).
김병호(2023), "4차 산업혁명 시대의 미주 한인 노인 목회와 발전 방안", GMU, 박사학위논문(Ph,D).
World Health OrganizationMental health of older adultsAvailable at https://www.who.int/news- room/fact-sheets/detail/mental-health-of-older-adults [accessed on August 14, 2019].
2017, 제1차 고령사회 포럼 "적극적인 노인의 역할 모색", https://www.kihasa.re.kr > news > event >view, p.183.

4. 웹사이트

https://www.naver.com 네이버 사전.
https://ko.wikipedia.org>wiki> 위키백과, "노인의 정의"
https:// "기계·로봇 연구정보센터" 2018.2.12., "인공지능·빅데이터 4차 산업혁명 시대, '설교봇' 등장할까?"